Frank Hinkelmann

# *EVANGELIKAL* in Deutschland, Österreich und der Schweiz

Frank Hinkelmann

# *EVANGELIKAL* in Deutschland, Österreich und der Schweiz

## Ursprung, Bedeutung und Rezeption eines Begriffes

Verlag für Kultur und Wissenschaft
Culture and Science Publ.
Dr. Thomas Schirrmacher
Bonn 2017

**Bibliografische Information der Deutschen Nationalbibliothek**
Die Deutsche Nationalbibliothek verzeichnet diese Publikation in der Deutschen Nationalbibliografie; detaillierte bibliografische Daten sind im Internet unter http://dnb.d-nb.de abrufbar.

**Bibliographic information published by the Deutsche Nationalbibliothek**
The Deutsche Nationalbibliothek lists this publication in the Deutsche Nationalbibliografie; detailed bibliographic data are available on the Internet at http://dnb.d-nb.de

© Copyright 2017 by
Verlag für Kultur und Wissenschaft
(Culture and Science Publ.)
Prof. Dr. Thomas Schirrmacher
Friedrichstraße 38 · D-53111 Bonn
Fax +49 228 9650389
www.vkwonline.de · info@vkwonline.de

ISBN 978-3-86269-141-8

Umschlaggestaltung:
BoD Verlagsservice Beese · Friedensallee 76 · 22765 Hamburg
www.rvbeese.de · info@rvbeese.de
Foto auf Covervorderseite: Alexandru Longodor
Foto auf Coverrückseite: Fotostudio Riedler
Satz: Heike Schneider · Wetzlar
Gesamtherstellung:
CPI Books · Clausen & Bosse GmbH · 25917 Leck
www.cpi-print.de · info@cpi-print.de

Verlagsauslieferung:
IC-Medienhaus
D-71087 Holzgerlingen · Tel. 07031 7414-177 · Fax -119
www.icmedienhaus.de
Gesamtverzeichnis für den Buchhandel:
www.vkwonline.de/gesamtprospekt
Privatkunden: in jeder Buchhandlung

Den Generalsekretären der Evangelischen Allianz

*Hartmut Steeb* (Deutschland)
*Christoph Grötzinger* (Österreich)
*Marc Jost* und *Matthias Spiess* (Schweiz)

in Freundschaft gewidmet

# Inhaltsverzeichnis

# Zum Geleit

Die Zahl der Evangelikalen nimmt weltweit stark zu, gleichzeitig aber wird der Begriff in manchen Regionen der Welt immer vager verwendet. „Evangelikal", „evangelical" und ihre Entsprechungen in anderen wichtigen Sprachen der Welt bedeuten zudem oft von Land zu Land zumindest ein wenig etwas anderes. In manchen Ländern schwingt dabei ein ausgesprochen positiver Unterton mit (wie in Korea, wo man den Evangelikalen besonders die Rolle zuschreibt, die Demokratie gegen die Diktatur erkämpft zu haben), so dass sich manch einer als evangelikal bezeichnet, der es wohl eher nicht ist. In anderen Ländern schwingt dabei aber oft auch ein negativer Unterton mit (etwa in Deutschland, wo sich Evangelikale oft für alles verantworten sollen, was Evangelikale im weitesten Sinne in den USA tun). Daraus ergibt sich, dass sich in verschiedenen Ländern in der Statistik Unterschiede auftun, wie viele Christen sich selbst als evangelikal bezeichnen und wie viele von Forschern der Evangelikalen Bewegung zugerechnet werden können.

Dies ist Grund genug, einmal für die deutschsprachigen Länder historisch zu untersuchen, wie der Begriff aufkam und verwendet wurde – schon hier ergeben sich drei ganz verschiedene Anmarschwege. Wer wäre für die Forschung besser geeignet, als Dr. Frank Hinkelmann, der schon mehrere grundlegende wissenschaftliche Untersuchungen im Umfeld des Themas vorgelegt hat, und auch diesmal wieder in Archiven in den betroffenen drei Ländern viel Material eingesehen hat, das vor ihm noch keiner berücksichtigt hat. Als Präsident der Europäischen Evangelischen Allianz und Sekretär des Internationalen Rates der Weltweiten Evangelischen Allianz hat er zudem einen sehr guten Einblick in die Breite der evangelikalen Geschichte weltweit. Trotz seiner Zugehörigkeit zu den Evangelikalen gilt er aber allseits als unvoreingenommener Kirchengeschichtler, zum einen, weil er sich nicht scheut, der Evangelikalen Bewegung immer wieder Hausaufgaben mitzugeben, zum anderen, weil er als Konfessionskundler sehr fair und gut recherchiert schreibt, sodass beispielsweise die katholische Erzdiözese Wien einen Druckkostenzuschuss für seine „Konfessionskunde" (Verlag Böhlau: Wien, 2016) gewährte, in der natürlich ausführlich auch diese Kirche selbst dargestellt wird. So ist es auch kein Wunder, dass sich die drei deutschsprachigen Allianzen, als sie das fertige Manuskript sahen, bereit erklärt haben, es zu fördern, um so eine Diskussion unter ihren eigenen Mitgliedern anzustoßen.

Dass der Autor aus dem historischen Material und der weltweiten Diskussion am Ende eine eigene theologische Definition von „evangelikal" zur Diskussion stellt, widerspricht dem nicht, vielmehr dürfte jeder Leser erwarten, dass aus der recherchierten Geschichte auch etwas für uns heute Anwendbares folgt.

Prof. Dr. theol. Dr. phil. Thomas Schirrmacher, DD
Stellvertretender Generalsekretär der Weltweiten Evangelischen Allianz, zuständig für Theologie, Theologische Ausbildung, Ökumene, Religionsdialog und Religionsfreiheit

# Vorwort

*Reizwort evangelikal*[1] – *so* lautet der prägnante deutschsprachige Titel eines in den 1990er Jahren erschienenen Buches, dessen englischer Originaltitel viel weniger emotionsbeladen klingt: *Who are the Evangelicals? – Tracing the roots of today's movement.*
Treffend beschreibt der deutsche Buchtitel jedoch die gegenwärtige Ausgangslage: In der (medialen) Öffentlichkeit sind Evangelikale unpopulär,[2] werden als Bedrohung empfunden und mit radikalen Islam-Predigern wie dem deutschen Pierre Vogel,[3] wenn nicht gar gleich mit Terroristen des sogenannten Islamischen Staates (IS)[4] gleichgestellt. Bestenfalls gelten sie als sektiererische Fundamentalisten.[5]
Doch was bedeutet eigentlich der Begriff *evangelikal*? Wo liegen seine Ursprünge? Wann und wie wurde die Bezeichnung *evangelikal*

---

[1]  Derek J. Tidball, *Reizwort Evangelikal: Entwicklung einer Frömmigkeitsbewegung*, Stuttgart: Edition Anker, 1999.

[2]  Vgl. hierzu http://www.taz.de/!5048455 [1.3.2017]. Dort stellt Friederike Gräff fest: „Die Evangelikalen sind die Buhmänner unter den Christen" und einige Zeilen weiter: „Die Evangelikalen sind aus unterschiedlichen Gründen in weiten Kreisen unpopulär, [...]."

[3]  So der in Bern lehrende Islamwissenschaftler Reinhard Schulze, der in der *Neuen Zürcher Zeitung* schreibt: „Der Islamprediger Pierre Vogel, in der Schweiz unerwünscht, ist ähnlich einzuschätzen wie Evangelikale US-Geistliche". Vgl. https://www.nzz.ch/vogel-islamischer-zentralrat-schulze-1.4689887 [1.3.2017].

[4]  So Thorsten Denkler in der *Süddeutschen Zeitung* vom 13. Juni 2016, nachdem ein Anhänger des IS einen Anschlag in einer Schwulenbar in Orlando verübte, bei der rund 50 Personen starben. Denkler schrieb: „Für diese Tat hätte er genauso gut auch ein evangelikaler Christ gewesen sein können." Vgl. http://www.sueddeutsche.de/politik/schiesserei-in-orlando-warum-orlando-kein-angriff-auf-die-offene-gesellschaft-war-1.3031086 [1.3.2017].

[5]  So Gerfried Sperl im österreichischen *Standard*. Er schreibt: „Es gibt sie in Norwegen, es gibt sie in Dänemark und in Schweden: kleine fundamentalistische Sekten, hervorgegangen aus protestantischen Strömungen, die in den USA und in Lateinamerika als ‚Evangelikale' zusammengefasst werden." Siehe http://derstandard.at/1310512027578/Der-Fundamentalismus-hinter-dem-Massaker [1.3.2017].

im deutschsprachigen Bereich eingeführt? Wie hat sich das Verständnis des Begriffes weiterentwickelt?

Dieses Buch möchte zu einer Versachlichung der gegenwärtigen Diskussion beitragen. Umfassend wird die Entstehungsgeschichte der *Evangelikalen Bewegung* in historischer und theologischer Perspektive dargestellt, wobei der Schwerpunkt bewusst auf den deutschsprachigen Bereich gelegt wird. In weiteren Kapiteln wird jeweils gesondert auf die Ausgangslage in Deutschland, Österreich und der deutschsprachigen Schweiz eingegangen, da sich die weitere Entwicklung und Ausprägung des Begriffes in den einzelnen Ländern durchaus unterscheidet. Hieran schließt sich eine Analyse der öffentlichen Rezeption der *Evangelikalen Bewegung* an, wobei der Schwerpunkt auf führende Tages- und Wochenzeitungen sowie politischen Magazinen aus allen drei Ländern gelegt wird. Das abschließende Kapitel legt eine Definition des Begriffs *evangelikal* in theologischer Perspektive vor.

Dieses Buch greift auf ein Kapitel aus meiner Dissertation zur *Geschichte der Evangelikalen Bewegung in Österreich*[6] zurück. Es wurde überarbeitet, aktualisiert und um das Kapitel zur Schweiz und zur öffentlichen Rezeption ergänzt.

Ein herzliches Dankeschön ergeht an Pastor Jürg Wüthrich und Pfr. Mag. Benjamin Battenberg für das gründliche Korrekturlesen des Mansukripts sowie an Heike Schneider für das professionelle Layout des Buches.

Dieses Buch ist den Generalsekretären der Evangelischen Allianz in Deutschland, Österreich und der Schweiz in Freundschaft gewidmet: Hartmut Steeb (Deutschland), Christoph Grözinger (Österreich) sowie Marc Jost und Matthias Spiess (Schweiz).

Frank Hinkelmann, im April 2017

---

[6]  Frank Hinkelmann, *Geschichte der Evangelikalen Bewegung in Österreich: Grundzüge ihrer historischen und theologischen Entwicklung 1945-1998*, Bonn: VKW, 2014.

# 1 Einleitung

Der deutsche Begriff *evangelikal* stellt ein Lehnwort aus der englischen Sprache dar. Um seine Bedeutung zu verstehen, gilt es, sowohl seine historischen als auch seine theologischen Wurzeln näher zu betrachten. Dies soll im folgenden Kapitel einleitend geleistet werden. Allerdings kann an dieser Stelle keine umfassende Geschichte der *Evangelikalen Bewegung* geboten werden, zum einen, weil dies schon an anderer Stelle sowohl für den deutschsprachigen Bereich[7] als auch für den globalen Kontext[8] ausführlich geschehen ist und

[7] Die Geschichte der Evangelikalen Bewegung in Deutschland ist in mehreren Werken untersucht worden. Hier sind vor allem zu nennen: Friedhelm Jung, *Die Deutsche Evangelikale Bewegung: Grundlinien ihrer Geschichte und Theologie*, 2. Aufl., Bonn: VKW, 1994; Gisa Bauer, *Evangelikale Bewegung und evangelische Kirche in der Bundesrepublik Deutschland: Geschichte eines Grundsatzkonflikts (1945 bis 1989)*, Arbeiten zur Kirchlichen Zeitgeschichte, Reihe B: Darstellungen, Bd. 53, Göttingen: Vandenhoeck & Ruprecht, 2012; sowie Eberhard Busch, „Der Pietismus in Deutschland seit 1945", *Geschichte des Pietismus, Bd. 3, 19. und 20. Jahrhundert*, hg. von Ulrich Gäbler. Göttingen: Vandenhoeck & Ruprecht, 2000, S. 533–562. Einen guten Überblick über die heutige Evangelikale Bewegung in Deutschland bieten außerdem: Stephan Holthaus, *Die Evangelikalen: Fakten und Perspektiven*, Lahr: Johannis, 2007 und Ulrich Betz, Theo Wendel und Hartmut Steeb, (hg. im Auftrag der Deutschen Evangelischen Allianz), *Zwischenbilanz: Evangelikale unterwegs zum Jahr 2000*, Stuttgart: Deutsche Evangelische Allianz, 1991; Matthias Dworak, *Die Evangelisationsbewegung der Deutschen Evangelischen Allianz nach 1949*, Gießen: Unveröffentlichte Hausarbeit, 1998, sowie die Dissertation von: Robert L. Kennedy, *Turning Westward: Anglo-American Evangelical and German Pietist Interactions Through 1945*, Aberdeen: Unveröffentlichte Dissertation, 1988. Kennedy liefert die bislang detaillierteste und umfassendste Studie zur Verbindung zwischen Evangelikaler Bewegung im angelsächsischen Bereich und dem deutschen Pietismus, Neupietismus, der Erweckungsbewegung, der Heiligungsbewegung bis zu den Evangelikalen der 1950er Jahre. Für die Geschichte der Evangelikalen Bewegung in Österreich vgl. Frank Hinkelmann, *Die Evangelikale Bewegung in Österreich: Grundzüge ihrer historischen und theologischen Entwicklung*.

[8] Hier sei auf die seit kurzem vollständig vorliegende fünfbändige Reihe „A History of Evangelicalism: People, Movements and Ideas in the English-Speaking World", Downers Grove: IVP, 2004–2017. verwiesen. Weitere Standardwerke schließen ein: Mark Ellingsen, *The Evangelical Movement: Growth, Impact, Controversy, Dialog*, Minneapolis: Augsburg Publishing House, 1988; David Bebbington, *Evangelica-*

zum anderen, weil es auch bei Weitem den Rahmen dieses Buches sprengen würde.

Eine weitere Schwierigkeit gilt es zu bedenken. Die *Evangelikalen* formieren sich als Bewegung. Doch eine Bewegung lässt sich nur schwer exakt fassen bzw. festlegen und bleibt in ständiger Weiterentwicklung begriffen.[9] Dieser Sachverhalt erschwert eine allgemeine Definition des Begriffes *evangelikal*. „Versuche, diese Frömmigkeitsbewegung klar zu definieren, gleichen dem Bemühen, ein schlüpfriges Stück Seife mit nassen Händen anzufassen."[10] Das rasante Wachstum der *Evangelikalen* in all ihrer Vielschichtigkeit im *Globalen Süden*,[11] dessen Auswirkungen auch zunehmend im europäischen Kontext deutlich werden,[12] verstärkt die Schwierigkeiten einer sachgemäßen Definition.

Dies zu bedenken ist umso wichtiger, da kaum ein christlich-theologischer Sammelbegriff in den vergangenen Jahren sowohl in der

---

lism in Modern Britain: A History from the 1730s to the 1980s, Grand Rapids: Baker, 1992; George A. Rawlyk & Mark A. Noll (Hg.), *Amazing Grace: Evangelicalism in Australia, Britain, Canada and the United States,* Grand Rapids: Baker, 1993; W. R. Ward, *Early Evangelicalism: A Global Intellectual History, 1670–1789,* Reprinted, Cambridge: Cambridge University Press, 2010; Garth M. Rosell, *The Surprising Work of God: Harold Ockenga, Billy Graham and the Rebirth of Evangelicalism,* Grand Rapids: Baker, 2008.

[9]   Darauf weist Friedhelm Jung, *Deutsche Evangelikale Bewegung,* S. 1 hin. Vgl. auch Stephan Holthaus, *Konfessionskunde: Handbuch der Kirchen, Freikirchen und christlichen Gemeinschaften,* Hammerbrücke: Jota Publikationen, 2008, S. 245. Gisa Bauer gibt zu bedenken, es sei „nicht unproblematisch, von ‚evangelikaler Bewegung' zu sprechen", da es sich nicht um eine homogene Gruppe handele. Sie spricht stattdessen von „evangelikalen Trägergruppen"; vgl. Gisa Bauer, *Evangelikale Bewegung,* S. 31–32.

[10]  Derek J. Tidball, *Reizwort Evangelikal: Entwicklung einer Frömmigkeitsbewegung,* S. 53.

[11]  Der Begriff meint die Länder Asiens, Afrikas und Lateinamerikas, die in der Vergangenheit oftmals als *Dritte Welt* bezeichnet wurden. Vgl. zum Christentum im Globalen Süden vor allem Philip Jenkins, *The New Faces of Christianity: Believing the Bible in the Global South,* New York: Oxford University Press, 2006 sowie Elijah J. F. Kim, *The Rise of the Global South: The Decline of Western Christendom and Rise of Majority World Christianity,* Eugene: Wipf & Stock, 2012.

[12]  Vgl. hierzu Philip Jenkins, *Gottes Kontinent? Über die religiöse Krise Europas und die Zukunft von Islam und Christentum,* Freiburg: Herder, 2008.

kirchlichen als auch in der medialen Öffentlichkeit emotionaler und kontroverser diskutiert worden ist als der Begriff *evangelikal* – auch innerhalb der *Evangelikalen Bewegung*. Den einen ist er „too vague to be useful"[13], die anderen stellen die *Evangelikale Bewegung* inzwischen grundsätzlich als von ihren ursprünglichen Zielen abgefallen infrage.[14] Hinzu gesellt sich eine zunehmend öffentliche Kritik, vor allem seitens der Medien.[15]

Im Folgenden soll daher versucht werden, die *Evangelikale Bewegung* und den Begriff *evangelikal* in historischer und in theologischer Perspektive einer Klärung zuzuführen.

[13]  John Kent, „Evangelicals and Evangelicalism", *Expository Times*, 101 (October 1989), S. 24–25.

[14]  Z. B. Georg Walter, *Der Angriff auf die Wahrheit: Wie Postmoderne, Charismatik, Neoevangelikalismus, Gnostizismus und Psychologie das Evangelium verändern*, Bielefeld: CLV, 2008 oder auch Roland McCune, *Promise Unfulfilled: The Failed Strategy of Modern Evangelicalism*, Greenville/Belfast: Ambassador International, 2004.

[15]  Z. B. Oda Lambrecht u. Christian Baars, *Mission Gottesreich: Fundamentalistische Christen in Deutschland*, Berlin: Ch. Links Verlag, 2009 und Kapitel 6 dieses Buches.

## 2 Der Begriff evangelikal in historisch-theologischer Perspektive

Eine gute Hinführung zur terminologischen Problemskizzierung in historischer Perspektive bietet Mark Ellingsen:

*„The problem of how to identify or define the Evangelical movement is occasioned by a number of factors, not only by the rich history of the term evangelical and the widespread, often indiscriminate use of the term of late in the secular media. It is a particularly poignant problem for English-language Protestants, who have largely been deprived of their historic right to designate themselves as Evangelicals, as the term has come to be exclusively attributed to a distinct subculture of theologically conservative Protestants. (The problem is somewhat less acute in German-speaking lands as a new word, evangelical, has been coined in order to distinguish members of the Evangelical movement from the historic Protestant community in general [evangelische].*[16]

Der englische Begriff *evangelical* ist ein Wort, das mit der Reformation im 16. Jahrhundert als Übersetzung des deutschen Begriffes *evangelisch* bekannt wurde. In seiner ursprünglichen Bedeutung ist er als Synonym zur englischen Bezeichnung *protestant* verstanden und zur Bezeichnung von Anhängern der Reformation sowohl lutherischer als auch reformierter Prägung verwendet worden.[17] Allerdings setzte sich im Englischen die Bezeichnung *protestant* für die Anhänger der reformatorischen Kirchen im Laufe der folgenden zwei Jahrhunderte durch.[18]

Erst seit den 1730er Jahren[19] erfuhr der Begriff *evangelical* eine Umprägung bzw. Neuprägung. Im Zuge der Verkündigung von *John*

---

[16] Mark Ellingsen, *Evangelical Movement*, S. 43.

[17] Vgl. Denton Lotz, „*The Evangelization of the World in this Generation": The Resurgence of a Missionary Idea Among the Conservative Evangelical,* Unveröffentlichte Dissertation. Hamburg, 1970, S. 66–67.

[18] Fritz Laubach, *Aufbruch der Evangelikalen,* Wuppertal: Brockhaus, 1972, S. 13.

[19] Diese von David Bebbington eingeführte Datierung hat sich in der Wissenschaft zwischenzeitlich als Konsens durchgesetzt. Vgl. Timothy Larsen, „The

Wesley[20] und *George Whitefield*[21] brach zuerst in Großbritannien und binnen kurzer Zeit auch in Nordamerika eine „evangelikale Erweckung"[22] aus, die nicht nur die englische Staatskirche erfasste, sondern auch auf Freikirchen und andere Gruppierungen übergriff.[23] In weiterer Folge galten *evangelicals* als Christen, die die persönliche Aneignung des Heils, die Sammlung aller Gläubigen, einen geheiligten Lebenswandel und Evangelisation und Mission betonen.[24]

Ein weiterer Aspekt muss an dieser Stelle berücksichtigt werden: Die Evangelikale Bewegung in ihrer Wechselbeziehung zur Aufklärung. Derek Tidball führt aus:

> „Die Aufklärung führte die Menschen [...] zu der Überzeugung, dass sich unser Wissen auf das gründet, was unsere Sinne erfahren und nicht auf Konzepte, die aus unseren Ideen stammen. Der evangelikale Glaube dagegen war ein ,experimenteller' Glaube. Die Lehre von der Heilsgewissheit, die den Evangelikalismus aller Schattierungen verband, war sicherlich etwas, das nur erfahren werden konnte. Die Vernunft hatte ihre Bedeutung und wurde nicht zugunsten von Begeisterung und Gefühl abgewertet. Der rational zugängliche Schriftbeweis war Grundlage des Glaubens. Religion

---

Reception Given: ,Evangelicalism in Modern Britain' since Its Publication in 1989"; Michael A. G. Haykin & Kenneth J. Stewart, *The Emergence of Evangelicalism. Exploring Historical Continuities*, Nottingham: IVP, 2008, S. 23–24.

[20] Vgl. zu Leben und Werk Wesleys John Pollock, *John Wesley*, Stuttgart: Christliches Verlagshaus, 1990.

[21] Vgl. zu Leben und Werk Whitefields Otto Riecker, *Ruf an alle: George Whitefield - Bahnbrecher der modernen Evangelisation und Erweckungsträger in zwei Kontinenten*, Wuppertal: R. Brockhaus, 1962; Mark Noll, *The Rise of Evangelicalism: The Age of Edwards, Whitefield and the Wesleys*, Leicester. IVP, 2004, sowie Benedikt Peters, *George Whitefield: Der Erwecker Englands und Amerikas*, Bielefeld: CLV, 1997.

[22] Derek Tidball, *Reizwort Evangelikal*, S. 79.

[23] Vgl. hierzu vor allem Mark Noll, *Rise of Evangelicalism*; David W. Bebbington, *Evangelicalism in Modern Britain*, S. 20–74; Mark A. Noll, *Das Christentum in Nordamerika*, Kirchengeschichte in Einzeldarstellungen IV/5, Leipzig: Evangelische Verlagsanstalt, 2000: S. 79–96; George Rawlyk & Mark A. Noll (Ed.), *Amazing Grace: Evangelicalism in Australia, Britain, Canada and the United States*, Grand Rapids: Baker, 1993.

[24] Fritz Laubach, *Aufbruch der Evangelikalen*, S. 13–14; Friedhelm Jung, *Deutsche Evangelikale Bewegung*, S. 5–6.

*und Wissenschaft stritten nicht miteinander. Die natürliche Theologie wurde zur Glaubenshilfe.*

*Die Evangelikale Bewegung reflektierte auch die Grundannahmen der Aufklärung im Hinblick auf deren Fortschrittsglauben. Die Erfahrung des persönlichen Glaubens führte zur Ablehnung jedes Schicksalsglaubens. [...]. Die Sichtweise des Postmillennialismus war die theologische Entsprechung des aufklärerischen Optimismus. Heiligkeit führte notwendigerweise zum Glücklichsein, und niemand konnte mehr Freude kennen als der wahre Christ. Durch Nächstenliebe und soziales Handeln entsprach man der aufklärerischen Verpflichtung zur Güte und zum Eintreten für Freiheit."*[25]

Obwohl die *Evangelikale Bewegung* der Aufklärung ablehnend bis feindlich gegenübersteht, so ist sie gleichzeitig auch ein Kind ihrer Zeit: „The Evangelical version of Protestantism was created by the Enlightenment."[26]

Im 19. Jahrhundert sollten es neuere *Erweckungsbewegungen,* die aufkommende *Heiligungsbewegung*[27] sowie auch die Mitte des Jahrhunderts in London gegründete *Weltweite Evangelische Allianz*[28] sein, die sich zu Hauptträgern der *Evangelikalen Bewegung* entwickelten. Es

---

[25]  Derek Tidball, *Reizwort Evangelikal,* S. 85. Vgl. hierzu vor allem auch David W. Bebbington, *Dominance of Evangelicalism,* S. 109–137, wo Bebbington der Thematik ein ganzes Kapitel widmet: „The Legacy of the Enlightenment" sowie das Kapitel bei David J. Bosch, *Mission im Wandel: Paradigmenwechsel in der Missionstheologie,* Gießen: TVG Brunnen, 2012, S. 308 ff.

[26]  David W. Bebbington, *Evangelicalism in Modern Britain,* S. 74.

[27]  Vgl. vor allem Paul Fleisch, *Die Heiligungsbewegung: Von den Segenstagen in Oxford 1874 bis zur Oxford-Gruppenbewegung Frank Buchmans,* hg. u. eingeleitet von Jörg H. Ohlemacher, Gießen: TVG Brunnen, 2003 und Stephan Holthaus, *Heil – Heilung – Heiligung: Die Geschichte der deutschen Heiligungs- und Evangelisationsbewegung (1874–1909),* Gießen: TVG Brunnen, 2005.

[28]  Vgl. zu den Anfängen der Evangelischen Allianz vor allem das herausragende Werk von: Gerhard Lindemann, *Für Frömmigkeit in Freiheit: Die Geschichte der Evangelischen Allianz im Zeitalter des Liberalismus (1846–1879),* Münster: LIT-Verlag, 2011. Des Weiteren: Hans Hauzenberger, *Einheit auf evangelischer Grundlage: Vom Werden und Wesen der Evangelischen Allianz,* Gießen: TVG Brunnen, 1986; Karl Heinz Voigt, *Die Evangelische Allianz als ökumenische Bewegung,* Stuttgart: Christliches Verlagshaus, 1990; John W. Ewing, *Godly Fellowship: A Centenary Tribute to the Life and Work of the World's Evangelical Alliance 1846–1946,* London/Edinburgh:

waren Persönlichkeiten wie *William Wilberforce* (1759–1859)[29], der die Abschaffung der Sklaverei im Vereinigten Königreich durchsetzte, zum Vater einer evangelikalen Sozialethik wurde und durch seine politische Stellung evangelikale Überzeugungen einer breiten Öffentlichkeit vorstellte. Es waren Erweckungsprediger wie *Charles Finney* (1792–1875)[30] oder einige Jahrzehnte später *Dwight L. Moody* (1837–1899)[31], deren Verkündigung auch aufgrund ihrer Reisetätigkeit eine immense Wirkung in Europa und Nordamerika erzielten. Es waren Theologen und Prediger wie *Charles H. Spurgeon* (1834–1892), dessen Predigten tausendfach gedruckt wurden und bis heute immer wieder aufgelegt werden. Auch ist festzuhalten, dass es den *evangelicals* in der *Anglikanischen Kirche* gelang, prägenden Einfluss auf ihre Kirche auszuüben.

Neben der Gründung der *Weltweiten Evangelischen Allianz* als erster transkonfessionellen Bewegung entstehen im 19. Jahrhundert auch zahlreiche Werke und Einrichtungen, wie Missionswerke und Bibelgesellschaften, deren Mitarbeiter aus unterschiedlichen Kirchen kommen, die aber das gemeinsame Anliegen der Ausbreitung des Evangeliums eint. Auch ihr Einfluss auf die *Evangelikale Bewegung* ist nicht zu unterschätzen. Zurecht überschreibt David Bebbington daher auch die zweite Hälfte des 19. Jahrhunderts als eine Periode der „Dominanz des Evangelikalismus"[32] und gelangt zum Schluss, dass es, ganz abgesehen von den neu entstehenden christlichen Gemeinden auf dem Missionsfeld in Übersee, zu einem rasanten Wachstum

---

Marshall, Morgan & Scott, 1946, sowie Frank Hinkelmann, *Geschichte der Evangelischen Allianz*, S. 18–21.

[29]  Vgl. zu Wilberforce: Garth Lean, *Wilberforce – Lehrstück christlicher Sozialreform*, Theologie und Dienst. Bd. 3, Gießen: Brunnen, 1974.

[30]  Vgl. zu Finney vor allem: Keith J. Hardman, *Charles Grandison Finney, 1792–1875: Revivalist and Reformer*, Grand Rapids: Baker, 1987; Ulrich Gäbler, „*Auferstehungszeit": Erweckungsprediger des 19. Jahrhunderts, Sechs Porträts*, München: C. H. Beck, 1991: S. 11–128; Stephan Holthaus, *Heil – Heilung – Heiligung*, S. 26–27.

[31]  Vgl. zu Moody vor allem: Ulrich Gäbler, „*Auferstehungszeit"*, S. 136–159; Stephan Holthaus, *Heil – Heilung – Heiligung*, S. 27–28; David W. Bebbington, *Dominance of Evangelicalism*, S. 42–46.

[32]  So der übersetzte Titel seines Buches. David W, Bebbington, *The Dominance of Evangelicalism*, siehe hier vor allem ab S. 235.

der *Evangelikalen Bewegung* in Europa und Amerika in dieser Phase gekommen sei.[33] Für den deutschsprachigen Bereich kann an dieser Stelle auf die zahlreichen Einrichtungen und Initiativen im Dunstkreis von *Erweckungsbewegung, Heiligungsbewegung* und *Pietismus*[34] verwiesen werden.[35]

[33]  David W. Bebbington, *The Dominance of Evangelicalism,* S. 237. Wesentlich kritischer sieht Tidball die Entwicklung in der zweiten Hälfte des 19. Jahrhunderts. Er schreibt: „Im zweiten Teil des Jahrhunderts plätscherten die beiden evangelikalen Strömungen so vor sich hin; … In Wirklichkeit stand die Sache der Evangelikalen bei aller Wertschätzung nicht zum besten." Derek Tidball, *Reizwort Evangelikal,* S. 90. Allerdings ist die von Bebbington gebotene Beweislage so stark, dass sie Tidball Position zu widerlegen vermag.

[34]  In der Pietismusforschung wird seit längerem intensiv diskutiert, wie eng oder weit der Begriff Pietismus verstanden werden muss. Handelt es sich um einen Epochen- oder einen typologischen Begriff? An dieser Stelle kann nur auf die Diskussion der führenden Pietismusforscher (Johannes Wallmann, Martin Brecht, Hartmut Lehmann, sowie kürzlich Fred van Lieburg) über Weite und Enge des Pietismusbegriffs verwiesen werden, da sie unser eigentliches Thema nur am Rande streift. Allerdings schließt sich der Autor dem weiteren Pietismusbegriff von Martin Brecht und in weiterer Folge von Hartmut Lehmann an. Daher wird der Pietismus als Vorläufer der Evangelikalen Bewegung verstanden. Vgl. zur Pietismusdiskussion die wichtigsten Beiträge: Martin Brecht, „Einleitung", Martin Brecht (Hg.), *Geschichte des Pietismus, Bd. 1: Der Pietismus vom siebzehnten bis zum frühen achtzehnten Jahrhundert,* Göttingen: Vandenhoeck & Ruprecht, 1993: S. 1–10; Johannes Wallmann, „Pietismusforschung: Gesamt- und übergreifende Darstellungen und Aufsatzbände", *Theologische Rundschau,* 76 (2011): S. 222–254 und S. 296–322 (dieser Beitrag fasst Wallmanns Position und Diskussionsbeitrag treffend zusammen); Hartmut Lehmann, „Pietism in the World of Transatlantic Religious Revivals", Hartmut Lehmann, *Religiöse Erweckung in gottferner Zeit: Studien zur Pietismusforschung,* Göttingen: Wallstein, 2010: S. 21–30; Hartmut Lehmann, „Die Bedeutung des Pietismus für die neueste Kirchengeschichte im internationalen Kontext", Hartmut Lehmann, *Religiöse Erweckung in gottferner Zeit: Studien zur Pietismusforschung,* Göttingen: Wallstein, 2010: S. 133–143; Hartmut Lehmann, „Pietism Research at a Crossroad", Hartmut Lehmann, *Religiöse Erweckung in gottferner Zeit: Studien zur Pietismusforschung,* Göttingen: Wallstein, 2010: S. 144–153; Hartmut Lehmann, „Aufgaben der Pietismusforschung im 21. Jahrhundert", Hartmut Lehmann, *Transformation der Religion in der Neuzeit: Beispiele aus der Geschichte des Protestantismus,* Göttingen: Vandenhoeck & Ruprecht, 2007: S. 104–119; Hartmut Lehmann, „Grenzüberschreitungen und Grenzziehungen im Pietismus", Hartmut Lehmann, *Transformation der Religion in der Neuzeit: Beispiele aus der Geschichte des Protestantismus,* Göttingen: Vandenhoeck & Ruprecht, 2007: S. 120–127;

Zum einem wichtigen Wendepunkt in der Geschichte der Evangelikalen Bewegung sollte das Aufkommen des sogenannten *Fundamentalismus* innerhalb der *Evangelikalen Bewegung* in den USA zu Beginn des 20. Jahrhunderts werden.[36] Dieser entstand als Gegenbewegung zur Säkularisierung und einer von Europa nach Amerika überschwappenden modernistischen und liberalen Theologie infolge der Aufklärung, die ab ca. 1850 in den theologischen Universitäten verstärkt populär wurde und in weiterer Folge die histo-

Hartmut Lehmann, „Zur Charakterisierung der entschiedenen Christen im Zeitalter der Säkularisierung", Hartmut Lehmann, *Transformation der Religion in der Neuzeit: Beispiele aus der Geschichte des Protestantismus*, Göttingen: Vandenhoeck & Ruprecht, 2007: S. 128–143; Hartmut Lehmann, „Erledigte und nicht erledigte Aufgaben der Pietismusforschung: Eine nochmalige Antwort an Johannes Wallmann", *Pietismus und Neuzeit*, Bd. 31, Göttingen: Vandenhoeck und Ruprecht, 2005: S. 13–20; Hartmut Lehmann, „Four Competing Concepts for the Study of Religious Reform Movements, Including Pietism, in Early Modern Europe and North America", Fred van Lieburg (Hg.), *Confessionalism and Pietism: Religious Reform in Early Modern Europe*, Mainz: Verlag Philipp von Zabern, 2006: S. 313–322; Fred van Lieburg, „Wege der niederländischen Pietismusforschung: Traditionsaneignung, Identitätspolitik und Erinnerungskultur", *Pietismus und Neuzeit*, Bd. 37, Göttingen: Vandenhoeck & Ruprecht, 2012: S. 211–253; Fred van Lieburg, „Conceptualizing Religious Reform Movements in Early Modern Europe", Fred van Lieburg (Hg.), *Confessionalism and Pietism: Religious Reform in Early Modern Europe*, Mainz: Verlag Philipp von Zabern, 2006: S. 1–9, Hartmut Lehmann, „Perspektiven für die Pietismusforschung", *Theologische Rundschau*, 77 (2012): S. 226–240.

35   Einen interessanten Beitrag liefert Erich Beyreuther, in dem er auf die Wechselwirkung nordamerikanischer Entwicklungen des 19. und 20. Jahrhunderts auf Deutschland hinweist. Vgl. hierzu: Erich Beyreuther, „Die Rückwirkung amerikanischer kirchengeschichtlicher Wandlungen auf das evangelische Deutschland im 19. und 20. Jahrhundert", *Ökumenische Rundschau*, 13 (1964): S. 237–256.

36   Vgl. zur Geschichte der Evangelikalen in den USA vor allem: George A. Rawlyk u. Mark A. Noll (Hg.), *Amazing Grace: Evangelicalism in Australia, Britain, Canada and the United States*, Grand Rapids: Baker, 1993; Michael Hochgeschwender, *Amerikanische Religion: Evangelikalismus, Pfingstlertum und Fundamentalismus*, Frankfurt a. Main: Verlag der Weltreligionen, 2007; Mark A. Noll, *Das Christentum in Nordamerika* und speziell zum christlichen Fundamentalismus: E. Glenn Hinson, „Christlicher Fundamentalismus: Hoffnung oder Katastrophe für das europäische Christentum?", *Ökumenische Rundschau*, 41 (1992): S. 449–463.

risch-kritische Methode zur Auslegung biblischer Texte auch in die Gemeinden einführte.[37]

Neue naturwissenschaftliche Erkenntnisse und neue exegetische Ansätze stellten plötzlich die bislang überwiegend unwidersprochene *Irrtumslosigkeit* der Bibel infrage, und es kam in vielen Gemeinden zu Lagerbildungen. „Zwischen 1878 und 1906 hatten nahezu alle größeren Kirchen mit dieser Frage zu kämpfen"[38], und erst recht die theologischen Hochschulen wurden vor diesen Auseinandersetzungen nicht verschont.

In weiterer Folge kam es zwischen 1910 und 1915 zur Veröffentlichung einer Reihe von zwölf Broschüren unter dem Titel *The Fundamentals* durch evangelikale Theologen, in denen die traditionell christlichen Glaubensgrundsätze bestätigt wurden.[39] Zwar blieb ihre Breitenwirkung trotz einer Gesamtauflage von zweieinhalb Millionen Exemplaren[40] eher begrenzt, doch erzielten sie mit einigen Jahren Verzug eine ganz andere Wirkung: Der Begriff *Fundamentalismus* wurde vor allem ab den 1920er Jahren als ein Begriff für den Abwehrblock gegen jedweden Modernismus verstanden, der durch diese zwölf Broschüren repräsentiert wurde, selbst wenn nur Wenigen der eigentliche Inhalt der Broschüren wirklich bekannt gewesen sein dürfte.[41]

Mitte der 1920er Jahre kam es schließlich rund um die Frage der Evolutionslehre zu scharfen Auseinandersetzungen, die im einschlägig bekannten *Scopes-Prozess*[42] ihren Höhepunkt fanden. In weiterer Folge kam es schon bald zu einer Radikalisierung innerhalb der fun-

---

[37]     Vgl. hierzu vor allem das Standardwerk von George M. Marsden, *Fundamentalism and American Culture*, Joel A. Carpenter, Revive Us Again: The Reawakening of American Fundamentalism, New York: Oxford University Press, 199, sowie Robert Jewett/Ole Wangerin, *Mission und Verführung: Amerikas religiöser Weg in vier Jahrhunderten*, Göttingen: Vandenhoeck & Ruprecht, 2008, S. 145–150.

[38]     Derek Tidball. *Reizwort Evangelikal*, S. 124.

[39]     Vgl. Denton Lotz, „*Evangelization of the World*", S. 82–84 und George M. Marsden, *Fundamentalism and American Culture*, S. 118–123.

[40]     Denton Lotz, „*Evangelization of the World*", S. 83.

[41]     George M. Marsden, *Fundamentalism and American Culture*, S. 119.

[42]     Vgl. u. a. George M. Marsden, *Fundamentalism and American Culture*, S. 184–188; Derek Tidball, *Reizwort Evangelikal*, S. 127 und Mark Ellingsen, *Evangelical Movement*, S. 90–93.

damentalistischen Bewegung, die Spaltungen mit sich brachte. Vor allem gemäßigte Evangelikale begannen sich von der Bewegung zu distanzieren, die parallel an „geistlichem und geistigem Niveau einbüßte und [ihre] Aktivitäten zunehmend auch auf politische Bereiche ausdehnte."[43]

Dies führte in weiterer Folge zu einem Niedergang des *Fundamentalismus* bis Ende der 1940er Jahre,[44] und sein Einfluss auf Kirche und Gesellschaft nahm spürbar ab.

George Marsden führt für Mitte der 1940er Jahre drei Hauptströme des Fundamentalismus an. Da ist zum einen die Gruppe, die innerhalb der Hauptkonfessionen geblieben ist und trotz liberalem Umfeld an ihren persönlichen, fundamentalistischen Überzeugungen festhielt. Da waren zweitens vor allem in den Heiligungskirchen und der Pfingstbewegung pietistische Traditionen am Leben, die durch den Fundamentalismus geformt und bereichert wurden. Und es gab drittens die separatistischen Gruppen, die ihre eigenen fundamentalistischen Kirchen und Gemeinden gegründet hatten. Nur die zuletzt genannte Gruppe hielt an dem Begriff fundamentalistisch als Selbstbezeichnung auf Dauer fest.[45]

Als einschneidendes Ereignis für die weitere Entwicklung und Widerbelebung der *Evangelikalen Bewegung* ist die Gründung der *National Association of Evangelicals (NAE)*, der Amerikanischen Evangelischen Allianz, im Jahr 1942 anzusehen.[46] Die *NAE*[47] hielt an den ursprünglichen evangelikalen Glaubensüberzeugungen und an der Autorität der Heiligen Schrift fest, lehnte aber den polemischen und separatistischen Ansatz der Fundamentalisten ab.[48] Träger der er-

---

[43]    Friedehelm Jung, *Deutsche Evangelikale Bewegung*, S. 16.

[44]    Fritz Laubach, *Aufbruch der Evangelikalen*, S. 22.

[45]    George M. Marsden, *Fundamentalism and American Culture*, S. 195.

[46]    Joel Carpenter beschreibt die Entstehungsgeschichte der NAE und zeigt auf, warum die Neugründung nicht einfach als Fortsetzung der Evangelischen Allianz aus dem 19. Jahrhundert zu verstehen ist. Joel A. Carpenter, *Revive us Again*, S. 141 ff. Vgl. auch: Robert L. Kennedy, *Turning Westward*, S. 338 ff.

[47]    Vgl. zur NAE auch: Denton Lotz, „*Evangelization of the World*", S. 103–110 und Mark Ellingsen, *Evangelical Movement*, S. 98–102.

[48]    „Der Neoevangelikalismus gilt als die zur Gesellschaft hingewandte Form des Fundamentalismus", so die etwas verkürzte Aussage von Uta Andrea Balbier

neuerten *Evangelikalen Bewegung* wurden die *New Evangelicals*[49] mit Schlüsselpersonen wie *Harold J. Ockenga, Carl F. Henry* und vor allem *Billy Graham*.[50] Über diese Verbindungslinie erreicht der Begriff *evangelikal* schließlich auch den deutschsprachigen Bereich.

Auch die *Evangelische Allianz* übte einen entscheidenden Einfluss zur weiteren Entwicklung und Prägung der Evangelikalen in globaler Sicht aus. Unter führender Mitwirkung der *National Association of Evangelicals* kam es 1951 zur Neugründung der *World Evangelical Fellowship (WEF)*, die sich erst 2002 wieder zur *World Evangelical Alliance (WEA)* umbenannte. Als evangelikaler Dachverband – in Europa entstand die *European Evangelical Alliance (EEA)*[51] – versteht sie sich bis heute als Vertreterin der Evangelikalen.[52]

in: Uta Andrea Balbier, „Billy Grahams Crusades der 1950er Jahre: Zur Genese einer neuen Religiosität zwischen medialer Vermarktung und nationaler Selbstvergewisserung", Frank Bösch u. Lucian Hölscher (Hg.), *Kirchen – Medien – Öffentlichkeit: Transformationen kirchlicher Selbst- und Fremddeutungen seit 1945*, Göttingen: Wallstein, 2009, S. 69.

[49]  Vgl. hierzu die aufschlussreiche Studie von George M. Marsden, *Reforming Fundamentalism* und Derek Tidball, *Reizwort Evangelikal*, S. 128–131, sowie Garth M. Rosell, *The Surprising Work of God*.

[50]  Vgl. hierzu die Aufsätze von: Uta Andrea Balbier, *Billy Graham in West Germany: German Protestantism between Americanization and Rechristianization, 1954–70*, Zeithistorische Forschungen/Studies in Contemporary History, Online-Ausgabe, 7 (2010), H. 3, URL: http://www.zeithistorische-forschungen.de/16126041-Balbier-3-2010 [20.6.2012] und Uta Andrea Balbier, „Billy Grahams Crusades der 1950er Jahre", S. 66–86. Zur neueren Entwicklung der Evangelikalen in den USA vgl. vor allem: Marcia Pally, *Die Neuen Evangelikalen in den USA: Freiheitsgewinne durch fromme Politik*, Berlin: Berlin University Press, 2010,

[51]  Die EEA wurde ursprünglich als europäische Gegenbewegung zur WEF vor allem auf Initiative der kontinentaleuropäischen Evangelischen Allianzen gegründet, da man sowohl in der Schriftfrage den von der NAE in die Glaubensgrundlagen der WEF hinein getragenen Begriff *infallible* als auch den ökumene-kritischen Kurs der NAE und mit ihr der WEF ablehnte. Vgl. hierzu vor allem: Frank Hinkelmann, *Die Glaubensbasis der Europäischen Evangelischen Allianz: Ihre Entstehungs- und Wirkungsgeschichte in den fünfziger Jahren des 20. Jahrhunderts*, Unveröffentlichtes Manuskript, 2005 sowie Robert L. Kennedy, *Turning Westward*, S. 525 ff.

[52]  Vgl. hierzu und zu folgendem: Rolf Hille, „Exkurs: Was heißt eigentlich ‚evangelikal'? Notizen zur Geschichte und begrifflichen Bestimmung der weltweiten evangelikalen Bewegung", Christian Herrmann (Hg.). *Wahrheit und Erfahrung*

Als weitere zentrale Bewegung muss an dieser Stelle noch die *Lausanner Bewegung für Weltevangelisation* erwähnt werden. Schon 1966 initiierte Billy Graham in Berlin einen ersten internationalen Missionskongress unter dem Thema *One Race, One Gospel, One Task*.[53] Acht Jahre später, im Juli 1974, folgte mit rund 4000 Teilnehmern ein globaler Kongress für Weltevangelisation in Lausanne unter dem Thema *Alle Welt soll sein Wort hören*.[54] Die dort verabschiedete *Lausanner Verpflichtung*[55] sollte mehr und mehr Bekenntnischarakter für die *Evangelikale Bewegung* gewinnen und spiegelt bis in unsere Tage die theologischen Grundüberzeugungen der Evangelikalen wider.

Doch wenden wir uns im Folgenden der Entwicklung der Evangelikalen in Deutschland zu und schreiten noch einmal einige Jahre zurück.

---

– *Themenbuch zur Systematischen Theologie, Bd. 1. Einführende Fragen der Dogmatik und Gotteslehre*, Wuppertal: Brockhaus, 2004. S. 212.

[53] Vgl. die offiziellen Berichtsbände: Carl F. Henry und W. Stanley Mooneyham (Ed.), *One Race, One Gospel, One Task: World Congress on Evangelism, Official Reference Volumes 1 & 2*, Minneapolis: World Wide Press, 1967.

[54] Vgl. die offiziellen Berichtsbände: Peter Beyerhaus et al. (Redaktion), *Alle Welt soll sein Wort hören: Lausanner Kongreß für Weltevangelisation*, Dokumente, Bd. 1 & 2, Neuhausen: Hänssler, 1974.

[55] Vgl. http://www.lausannerbewegung.de/data/files/content.publikationen/55. pdf [29.8.2010].

# 3 Der Begriff evangelikal in Deutschland

Eine frühe Verwendung des Begriffs evangelikal findet sich bei dem Theologen und Publizisten *Christian Gottlob Barth* (1799–1862), einer der führenden Persönlichkeiten der deutschen Erweckungsbewegung des 19. Jahrhunderts.[56] Allerdings bezieht Barth ihn im Rahmen eines Reiseberichts auf die Evangelikalen innerhalb der Anglikanischen Kirche.[57]

Der Begriff *evangelikal* als Bezeichnung einer theologischen Strömung innerhalb des Protestantismus wurde in den 1960er Jahren ins Deutsche eingeführt. Peter Schneider, Übersetzer Billy Grahams bei seinen Veranstaltungen in Deutschland und später Generalsekretär der *Deutschen Evangelischen Allianz*, nimmt für sich in Anspruch, bei einer evangelistischen Veranstaltung im Jahr 1960 die Aufforderung Billy Grahams, sich einer *evangelical church* anzuschließen, mit der Bezeichnung *evangelikale Gemeinde* simultan übersetzt zu haben. So wollte er einer vorschnellen Assoziation des Begriffs *evangelical church* mit einer deutschen evangelischen Landeskirche entgegenwirken.[58]

In einer deutschen Übersetzung der „Verfassung" der *World Evangelical Fellowship* aus den frühen 1960er Jahren heißt es unter „Klausel 4 Mitgliedschaft":

*„Die Gemeinschaft soll aus nationalen ‚evangelical' x) Gruppen bestehen, die von Zeit zu Zeit gewählt werden können, und deren Leitung die vorher beschriebene Glaubensgrundlage jährlich unterzeichnet."*

---

[56]  Karl Werner, *Christian Gottlob Barth*, Bd. 3, Calw: Vereinsbuchhandlung, 1869, S. 70. Hier findet sich die englische Schreibweise „evangelicals". Diesen Hinweis fand ich in: Siegfried Hermle, „Die Evangelikalen als Gegenbewegung", Siegfried Hermle, Claudia Lepp u. Harry Oelke (Hg.), *Umbrüche: Der deutsche Protestantismus und die sozialen Bewegungen in den 1960er und 1970er Jahren*, Göttingen: Vandenhoeck & Ruprecht, 2007, S. 325.

[57]  Vgl. zu C.G. Barth die Dissertation von Werner Raupp, *Christian Gottlob Barth: Studien zu Leben und Werk*, Stuttgart: Calwer Verlag, 1998.

[58]  Vgl. die Ausführungen bei Gisa Bauer, *Evangelikale Bewegung*, S. 29.

Zu dem „x)" hinter dem Wort „evangelical" heißt es in einer Fußnote:

> „x) ‚Evangelical' ist in englischsprachigen Ländern ein Fachausdruck für die, welche
> 1. im Gegensatz zu den Liberalen auf einen [sic!] konservativen Bibelglauben stehen;
> 2. im Gegensatz zu Ritualisten einen einfachen Gottesdienst vorziehen, in welchem das volle Evangelium gepredigt wird;
> 3. eine persönliche Bekehrung für notwendig halten."[59]

Leider fehlt auf dem Dokument jeglicher Hinweis auf die Entstehungszeit. Weitere Dokumente in dem Akt stammen aus dem Jahr 1962, was eine Datierung Anfang der 1960er Jahre nahelegt. Zumindest der zweite Punkt der Definition wirft Fragen nach dem Verfasser dieser Fußnote auf, die ja scheinbar extra für die deutsche Leserschaft eingefügt wurde.

Gesicherte schriftliche Hinweise für die Verwendung der Bezeichnung *evangelikal* finden sich erst im Jahr 1964: In der *Allianzumschau*, dem internen schriftlichen Bericht des deutschen Allianzvorsitzenden Paul Schmidt an den Hauptvorstand der DEA, heißt es im Juni 1964 über ein in englischer Sprache von einem Niederländer verfasstes Buch zum Thema *Die Evangelische Allianz und das Problem der christlichen Einheit*:

> „Das Ganze [gemeint ist das Fazit des Buches, Anm. d. Verf.] klingt so aus: Mut zum Überwinden des Individualismus im negativen Sinn und Zusammenfassen aller Fundamentalisten, Konservativen, Evangelicalen und Biblisch-Gläubigen zu einem sichtbaren Zeugnis der Einheit."[60]

Hier wird im Rahmen des DEA Vorstands der Begriff *evangelikal*, wenn auch noch mit „c" geschrieben, erstmals verwendet. Auch im auf Deutsch vorliegenden Jahresbericht der Englischen Evangeli-

---

[59]   Vgl. zu diesem und zum voraus gegangenen Zitat: World Evangelical Fellowship. *Weltweite Evangelische Gemeinschaft. Verfassung.* Maschinenschriftliches Dokument, o. J., S. 2. Archiv des Evangelischen Gnadauer Gemeinschaftsverbandes, Kassel, Ordner 912.

[60]   Paul Schmidt, *Allianzumschau*, Deutsche Evangelische Allianz, Hauptvorstandssitzung vom 2.–4. Juni 1964 in München, S. 2.

schen Allianz für die Ratstagung der *Europäischen Evangelischen Allianz* aus der Feder von George Dolman vom September 1964 findet sich mehrfach der Begriff *evangelikal*.[61]

Eine erste veröffentlichte Verwendung des Begriffs findet sich im Jahr 1964. Da erscheint eine vom Methodisten Paulus Scharpff verfasste *Geschichte der Evangelisation*, zu der Billy Graham ein Vorwort schreibt.[62] Scharpff verwendet darin mehrfach die Bezeichnung *evangelikal* zur Beschreibung der Entwicklungen im angelsächsischen Bereich bis zur Mitte des 19. Jahrhunderts,[63] allerdings mit einer bemerkenswerten Ausnahme: über die nach dem Ersten Weltkrieg entstandene *Inter Varsity Fellowship (IVF)* berichtet er, dass sich „Gemeinschaften evangelikaler Vereinigungen auf den Universitäten verschiedener Länder"[64] der IVF anschlossen. Einige Sätze weiter wird angemerkt: „In Deutschland arbeitet die IVF unter dem Namen ‚Studenten-Mission in Deutschland' (SMD)."[65] Indirekt wird damit die SMD als eine evangelikale Vereinigung bezeichnet.

Im Protokoll der Hauptversammlung vom 24.–26. November 1964 heißt es im Rahmen einer Diskussion zu einem Vortrag von Professor Dr. Johannes Schneider, Berlin: „Prof. Schneider: Spricht zu dem Begriff ‚evangelical' in Anlehnung an Scharpffs Buch ‚Geschichte der Evangelisation'"[66]; hier zeigt sich, dass die Verwendung des Begriffs *evangelikal* durch Scharpff schon rasch durchaus prägende Wirkung hatte.

Im Rahmen einer Sondersitzung der DEA am 10. September 1964 in Siegen wird in einer „lebhaften Debatte" über den geplanten Evangelisations-Kongress 1966 in Berlin und die Haltung der DEA über damit zusammenhängende „theologische und methodische Fragen"

---

[61] George Dolman, *Der Jahresbericht der Englischen Evangelischen Allianz 1964 für die Ratstagung der Europäischen Evangelischen Allianz in Paris, Sept. 1964*. Maschinenschriftliches Dokument.

[62] Paulus Scharpff, *Geschichte der Evangelisation: Dreihundert Jahre Evangelisation in Deutschland, Großbritannien und USA*, Gießen/Basel: Brunnen, 1964.

[63] Paulus Scharpff, *Geschichte der Evangelisation*, S. 33, 69, 78, 85, 86 ff., 93, 95, 97, 98 ff. und 102.

[64] Paulus Scharpff, *Geschichte der Evangelisation*, S. 335.

[65] Paulus Scharpff, *Geschichte der Evangelisation*, S. 335.

[66] Protokoll der Herbstsitzung des HV der Deutschen Evangelischen Allianz vom 24. bis 26. November 1964 im Haus der Kirche in Berlin-Schwanenwerder, S. 12.

diskutiert. Auch hier taucht der Begriff *evangelikal* auf. Dort heißt es: „Was heißt Fundamentalismus? Was verstehen wir unter Evangelicals? ‚Evangelicals' sind nicht zugleich auch Fundamentalisten."[67] Diese kurzen Protokollauszüge verdeutlichen einen zumindest in den Gremien stattfindenden Gärungsprozess rund um den Begriff *evangelikal*.

Dieser schreitet voran. Schon in seiner Allianzumschau vom November 1964 merkt Schmidt im Kontext einer Diskussion um das Bibelverständnis an:

> *„Die Bibelfrage, verbunden mit Klärung des evangelicalen Verständnisses, wartet weiter auf unsere Antwort. [...] Der Gastvortrag von Prof. Dr. Johannes Schneider zum Begriff ‚Evangelical' kann uns zu weiterer Klärung und besserem Verständnis [...] verhelfen."*[68]

Einige Monate später übersetzt Peter Schneider einen ursprünglich am 18. Juni 1965 in der amerikanischen Zeitschrift *Christianity Today* erschienenen Artikel aus der Feder von Harold Lindsell unter der Überschrift „Wer ist evangelisch?"[69] In einer „Anmerkung des Übersetzers" am Ende des Artikels heißt es:

> *„Ich habe das englische Wort ‚evangelical' in diesem Artikel ausnahmslos mit ‚evangelisch' übersetzt, da es im Englischen ohnehin nur ein Wort dafür gibt. Die im Deutschen zeitweilig notwendig werdende Unterscheidung zwischen ‚evangelisch' und ‚evangelikal' zeigt, daß die vom Autor beschriebene Begriffsverwirrung offenbar auch in Deutschland um sich gegriffen hat, und daß sich viele ‚evangelisch' nennen, ohne es in Wahrheit noch zu sein. In diesem Artikel ist also bewußt kein Unterschied zwischen ‚evangelisch' und ‚evangelikal' gemacht."*[70]

---

[67] Deutsche Evangelische Allianz, Protokoll einer Sitzung vom 10. September 1964 in Siegen/Westf., S. 2.

[68] Deutsche Evangelische Allianz. Hauptvorstandsitzung vom 24.–26. November 1964 in Berlin-Schwanenwerder, Allianzumschau, S. 4. Leider liegt der Vortrag von Prof. Dr. J. Schneider nicht mehr vor.

[69] Harold Lindsell, *Wer ist evangelisch? Mit den Augen eines Amerikaners gesehen*, übersetzt von Peter Schneider aus „Christianity Today" vom 18.6.1965. Maschinenschriftliches, unveröffentlichtes Manuskript.

[70] „Anmerkung des Übersetzers", Harold Lindsell, *Wer ist evangelisch?*, S. 8.

Es wird deutlich: Peter Schneider versteht den Begriff evangelikal in seiner theologischen Dimension, wie es auch Harold Lindsell in dem Originalartikel tut, auch wenn er ihn am liebsten vermeiden würde. Im selben Jahr zitiert der *Evangelische Pressedienst* (epd) in einem Artikel den Vorsitzenden des *Arbeitskreises christlicher Kirchen in Deutschland* (AcK), Hanfried Müller, der von „sogenannten evangelikalen Kreise[n]" und von „konservativen Evangelikalen" spricht (somit ist *evangelikal* zuerst eine Fremdbezeichnung aus ökumenischen Kreisen).[71] Auch im *Evangelischen Allianzblatt*, dem Organ der *Deutschen Evangelischen Allianz* wird *evangelikal* im gleichen Jahr 1965 erstmals als Bezeichnung für die mit der Evangelischen Allianz verbundenen Christen verwendet.[72] Schon vorher findet sich zwar der Begriff vereinzelt in deutschsprachigen Veröffentlichungen, allerdings dann immer als Bezeichnung für Evangelikale in der angelsächsischen Welt.[73]

Vor allem seit 1966 setzt sich der Gebrauch des Wortes *evangelikal* im deutschen Bereich zunehmend durch. Hierzu trug sicher der im selben Jahr in Berlin von amerikanischen Evangelikalen unter der Schirmherrschaft von Billy Graham durchgeführte *Weltkongress für Evangelisation*[74] entscheidend bei. Es

> „ist anzunehmen, daß die amerikanischen Evangelikalen um Billy Graham während des Berliner Kongresses unbeabsichtigt die deutschen (aus dem Bereich der Ev. Allianz kommenden)[75] Konferenzteilnehmer anregten, sich selbst als in evangelikaler Tradition stehend zu erkennen und

---

[71] Gisa Bauer, *Evangelikale Bewegung*, S. 28.

[72] *Evangelisches Allianzblatt*, Nr. 7 (1965), S. 129 u. 138.

[73] Erich Beyreuther, *Die Erweckungsbewegung*, Die Kirche in ihrer Geschichte Bd. 4 R, Göttingen: Vandenhoeck & Ruprecht, 1963, S. 9. Dort spricht Beyreuther in Fußnote 20 von der „Verschmelzung evangelikaler und anglokatholisch-hochkirchlicher Tradition" und verwendet mehrfach den Begriff „Evangelikalismus". Auf S. 23 spricht der Autor von der „evangelikale[n] Bewegung in England". Friedhelm Jung, *Deutsche Evangelikale Bewegung*, S. 230 weist in der Fußnote 16 auf einige wenige weitere Beispiele hin.

[74] Vgl. die zwei offiziellen Berichtsbände: Carl F. H. Henry u. W. Stanley Mooneyham (Ed.), *One Race, One Gospel, One Task*.

[75] Laut Berichtsbänden sprachen u. a. folgende deutsche Referenten auf dem Kongress: Gerhard Bergmann, Anton Schulte, Paul Deitenbeck, Johannes Schnei-

durch Übernahme dieses Begriffes auch terminologisch den Anschluß an die im angelsächsischen Raum schon zu einem breiten Strom angeschwollene E[vangelikale] B[ewegung] zu vollziehen."[76]

Dabei darf nicht übersehen werden, dass Billy Graham schon seit 1953 zu regelmäßigen Großevangelisationen, sogenannten *Feldzügen* nach Deutschland gekommen war, die tausende Menschen anzogen.[77] So nahmen an der ersten Evangelisation im Berliner Olympiastadion 80.000 Menschen teil. Als maßgeblicher Organisator und Förderer der Großevangelisationen trat seit 1955 die *Deutsche Evangelische Allianz* auf, deren Bekanntheitsgrad dadurch stetig stieg. Sie war es auch, die im Oktober 1968 in ihrem Organ, dem *Evangelischen Allianzblatt*, der Leserschaft eine ausführliche Erklärung des Begriffes *evangelikal* bot und somit dazu beitrug, dass fortan „,evangelikal' als Bezeichnung für theologisch konservative Christen aus verschiedenen Denominationen, die der D[eutschen] E[vangelischen] A[llianz] verbunden sind, üblich"[78] wird.

der, Paul Schmidt, Ernst Schrupp, Hans Rohrbach, Walter Künneth, und Leo Janz.

[76] So Friedhelm Jung. *Deutsche Evangelikale Bewegung*, S. 7 mit Verweis auf Peter Beyerhaus.

[77] Vgl. zu diesen und den folgenden Ausführungen vor allem. Erich Beyreuther, *Der Weg der Evangelischen Allianz in Deutschland*, Wuppertal: R. Brockhaus, 1969, S. 127–138; Matthias Dworak, *Die Evangelisationsbewegung der Deutschen Evangelischen Allianz nach 1949*, die bisher umfassendste Untersuchung zur den Evangelisationen von Billy Graham in den 1950er und 60er Jahren. Auch Uta Andrea Balbier untersuchte Grahams Evangelisationen in Deutschland zwischen 1953 und 1970 und zeigt auf, dass Grahams Wirken auch als politische Aktion vor dem Hintergrund des Kalten Krieges zu verstehen und zu interpretieren sei. Vgl. Uta Andrea Balbier, *Billy Graham in West Germany*. Meines Erachtens liegt allerdings eine Überinterpretation seitens Gisa Bauers vor, wenn sie schreibt: „Wie Uta Andrea Balbier nachgewiesen hat, ist Grahams Wirken viel stärker als politische Kampagne vor dem Hintergrund des Kalten Krieges, denn als Evangelisationsereignis" zu verstehen (Gisa Bauer, *Evangelikale Bewegung*, S. 204). Sie übersieht dabei die von Balbier durchaus deutlichen Ausführungen zu Grahams vordergründigem, geistlich-theologischen Anliegen: „the organizing committee and the preacher himself constantly emphasized the religious core of his work, [where as] the German press embedded his crusades into the discourse on the Cold War", S. 10.). Auch wer die Protokolle der Vorbereitungssitzungen liest, spürt das tiefe geistliche Anliegen der Verantwortlichen.

[78] Friedhelm Jung, *Deutsche Evangelikale Bewegung*, S. 7.

Ab Ende der 1960er Jahre sollte es verstärkt zu einer Institutionalisierung der Evangelikalen Bewegung in Deutschland kommen.[79] So entstand 1967 die *Konferenz evangelikaler Missionen*,[80] die sich 1969 als *Arbeitsgemeinschaft evangelikaler Missionen (AEM)* konstituierte.[81] Im Jahr 1970 folgte die Gründung des *Informationsdienstes der Evangelischen Allianz (idea)*,[82] der schon bald zu einem viel beachteten und gelesenen Sprachrohr der Evangelikalen Bewegung wurde. „Es war nicht zuletzt dieser ‚Informationsdienst', durch den der Begriff ‚evangelikal' planmäßig protegiert und in Deutschland bekannt gemacht wurde".[83] Allerdings muss beachtet werden, dass *idea* zwar auf Initiative der Deutschen Evangelischen Allianz (DEA) gegründet wurde, aber nie offizielles Organ der DEA war. So gibt die DEA mit *EINS* seit einigen Jahren eine eigene Informationszeitschrift heraus.[84]

Im Jahr 1977 erfolgte schließlich die Gründung von *Hilfe für Brüder*, einem überkonfessionellen Hilfswerk, das 1985 durch *Christliche Fachkräfte International (CFI)* ergänzt wurde, einer Einrichtung, die christliche Entwicklungshelfer vermittelt.[85] Nicht unerwähnt bleiben darf an dieser Stelle die Gründung des *Arbeitskreises für evange-*

---

[79]  Ulrich Betz führt auch die Studentenmission in Deutschland (SMD) und den Evangeliumsrundfunk (ERF) als entscheidende evangelikale Institutionen. Vgl. hierzu: Ulrich Betz, „Evangelikale in Deutschland", S. 314.

[80]  Vgl. hierzu: Ulrich Betz, „Evangelikale in Deutschland", S. 315f.

[81]  Vgl. zur AEM Wilfried Mann, „Arbeitsgemeinschaft evangelikaler Missionen (AEM)", *Lexikon für Theologie und Gemeinde*, Bd. 1. Wuppertal: R. Brockhaus, 1992: S. 113–114, sowie auch http://www.aem.de/und http://de.wikipedia.org/wiki/Arbeitsgemeinschaft_Evangelikaler_Missionen [beide 30.4.2013].

[82]  Vgl. hierzu Gisa Bauer, Evangelikale Bewegung, S. 644–647. Eine kritische Auseinandersetzung mit *idea*, vor allem mit dessen politischer Haltung, findet sich bei: Erich Geldbach, „Montt, Reagan, Junge Freiheit und ‚idea': Evangelikalismus und Politik", *ZThG*, 17 (2012): S. 12–25.

[83]  Siegfried Hermle, „Die Evangelikalen als Gegenbewegung", S. 344. Vgl. zu *idea* im Allgemeinen: http://www.idea.de/ueber-uns.html, sowie http://de.wikipedia.org/wiki/Evangelische_Nachrichtenagentur_Idea [beide 30.4.2013].

[84]  Vgl. http://www.ead.de/materialien/materialien/eins-magazin.html [30.4.2013].

[85]  Vgl. hierzu Siegfried Hermle, „Die Evangelikalen als Gegenbewegung", S. 344. Vgl. zu *Hilfe für Brüder* und CFI im Allgemeinen: http://www.gottes-liebe-welt.de/start [30.4.2013].

likale Theologie (AfeT) im Jahr 1977. Diese Initiative steht in direkter Verbindung mit der Internationalisierung der Evangelikalen Bewegung, die vor allem seit den 1970er Jahren neben ihre Institutionalisierung tritt.[86] Ausgelöst von dem Berliner Weltkongress für Evangelisation (1966)[87] und vor allem vom ersten Lausanner Kongress 1974, kam es zu verstärkten Kontakten und neuen Netzwerken im internationalen Kontext. So entstand 1975 eine theologische Kommission der WEF. In weiterer Folge formierte sich 1976 die Fellowship of European Evangelical Theologians (FEET)[88] in St. Chrischona (Schweiz) und 1977 folgte schließlich die Gründung eines Arbeitskreises für evangelikale Theologie (AfeT) als deutschsprachiger Zweig. In all diesen Gremien engagierten sich auch deutsche Theologen.

Ziehen wir ein Zwischenfazit: Von einer Evangelikalen Bewegung kann man in Deutschland seit den 1960er Jahren sprechen. Sowohl durch die Deutsche Evangelische Allianz in Folge der evangelistischen Feldzüge von Billy Graham in Deutschland, als auch durch Vertreter der ökumenischen Bewegung wird der international gebräuchliche Begriff für eine theologisch konservative Gruppierung eingeführt, die sich sowohl durch ihren überkonfessionellen Charakter als auch durch gemeinsame theologische Grundüberzeugungen kennzeichnet, die inhaltlich in direkter Linie zu Pietismus und Erweckungsbewegung der vergangenen Jahrhunderte steht und in Form der Evangelischen Allianz seit 1846 eine Sammelbewegung gefunden hat, die sich in erster Linie nicht institutionell, sondern als Geschwisterbund versteht.[89]

---

[86]  Vgl. hierzu: Ludwig Rott, „Aus der theologischen Arbeit der Evangelikalen", Theologische Beiträge, 8 (1977): S. 82–87 sowie http://www.afet.de/ueber/geschichte.htm [30.4.2013].

[87]  So Ulrich Betz, „Evangelikale in Deutschland", S. 311.

[88]  Vgl.: http://www.feet-europe.net/introduction [30.4.2013].

[89]  Es ist für mich nicht nachvollziehbar, wieso Klaus vom Orde zu dem Schluss kommt, dass der Begriff evangelikal im Deutschen eine „polemische und abgrenzende Konnotation deutlich erkennen" lässt. Vgl. hierzu: Klaus vom Orde, „Paul Deitenbeck – Protagonist der Evangelikalen in Westfalen", Siegfried Hermle und Jürgen Kampmann (Hg.), Die evangelikale Bewegung in Württemberg und Westfalen: Anfänge und Wirkungen, Hannover: Luther-Verlag, 2012, S. 286, Fußnote 4. Einen völlig gegensätzlichen Ansatz vertritt z.B.: Rolf Scheffbuch, „Evangelikal: Ein neuer Begriff für eine neue Sache", Licht und Leben, 84 (1973: S. 140–141.

An dieser Stelle soll auf eine Untersuchung zur Geschichte der deutschen Evangelikalen Bewegung gesondert eingegangen werden. Denn mit ihrer grundlegenden und detaillierten Untersuchung *Evangelikale Bewegung und evangelische Kirche in der Bundesrepublik Deutschland* bietet Gisa Bauer eine „Analyse im Schnittbereich von Institutionen-, Bewegungs- und Mentalitätshistoriographie"[90] und legt die bisher ausführlichste Darstellung der Geschichte der *Evangelikalen Bewegung* in ihren Anfängen in Deutschland vor. Allerdings lässt sie bewusst sowohl den *pfingstlich-charismatischen* als auch den *freikirchlichen Bereich* außen vor.[91] Vielmehr versteht sie die *Evangelikale Bewegung* als eine überwiegend innerkirchliche Gegenbewegung zu „neuen sozialen Bewegungen" in der Evangelischen Kirche, die bei verschiedenen evangelikalen Trägergruppen (Gemeinschaftsbewegung,[92] Evangelisations- und Missionsbewegung, Missions- und Bibelschulen sowie der Deutschen Evangelischen Allianz) zu verorten sei[93] und in den kirchenpolitischen Auseinandersetzungen und der Abwehr der theologischen Standpunkte Rudolf Bultmanns ein gemeinsames Anliegen fanden. So sieht Bauer den *Dortmunder Bekenntnistag* am 6. März 1966[94] als „die Geburtsstunde der evangelikalen Bewegung im engeren Sinne"[95].

Der These einer „Entstehung des deutschen Evangelikalismus aus dem US-amerikanischen Evangelikalismus" kann Bauer hingegen nichts abgewinnen, da sie ihrer Meinung „jeder historisch verifizierbaren Grundlage" entbehre.[96] Stattdessen sei festzuhalten, „dass

---

[90] Gisa Bauer, *Evangelikale Bewegung*, S. 22.

[91] So die Abgrenzung zu Beginn ihrer Arbeit. Gisa Bauer, *Evangelikale Bewegung*, S. 22–23.

[92] Ob sich die Gemeinschaftsbewegung bzw. der Gnadauer Verband als ihr Dachverband je zur Gänze als *evangelikal* verstanden hat, muss erst noch bewiesen werden.

[93] Gisa Bauer, *Evangelikale Bewegung*, S. 40 ff.

[94] Vgl. hierzu: Hartmut Stratmann, *Kein anderes Evangelium: Geist und Geschichte der neuen Bekenntnisbewegung*, Hamburg: Furche, 1970, S. 63 ff.

[95] Gisa Bauer, „Wie entsteht eine protestantische ‚neue soziale Bewegung'? Die Vorgeschichte der evangelikalen Bewegung in Westdeutschland 1945 bis 1966", *MzKZG* 5 (2011), S. 93.

[96] Gisa Bauer, *Evangelikale Bewegung*, S. 40.

mit der Evangelisationsbewegung in Deutschland, insbesondere der organisatorischen Leitung der Billy-Graham-Evangelisationen, der DEA eine wachsende Bedeutung in Rahmen der Gruppen, die die evangelikale Bewegung beförderten, zufiel"[97] und ihr so unter dem zunehmenden Konkurrenzdrucks seitens der ökumenischen Bewegung eine neue Identität und Relevanz zukam.[98] Bauer spricht in weiterer Folge von einer „Vereinnahmung der evangelikalen Bewegung durch die DEA".[99] Dies führte schließlich – so Bauer – dazu, dass sowohl die heutige Selbstcharakterisierung als auch die Selbst- und Außenwahrnehmung der Evangelischen Allianz als *Sammelbewegung der Evangelikalen* in Spannung zur eigentlichen Gründungsintention der EA im Jahr 1846 stehe.[100]

Es ist der Verdienst Bauers, zahlreiche Details der Frühgeschichte der deutschen *Evangelikalen Bewegung* im Kontext der Evangelischen Kirche in Deutschland erstmals ausführlich erforscht zu haben. Allerdings kann Bauer mit ihrer Reduzierung der *Evangelikalen Bewegung* auf eine „neue soziale Gegenbewegung" im innerkirchlichen, evangelischen deutschen Kontext keineswegs überzeugen. Die deutsche Evangelikale Bewegung des 20. Jahrhunderts kann zum einen nicht adäquat und losgelöst vom kirchenhistorischen Kontext des 18. und 19. Jahrhunderts mit seinen *Erweckungsbewegungen*, der *Heiligungsbewegung*, der Gründung der *Evangelischen Allianz* 1846 sowie den zahlreichen sich daraus ergebenden Netzwerken und gegenseitigen Kontakten verstanden werden. Dies trifft sowohl auf Deutschland als auch auf den europäischen und nordamerikanischen Bereich zu.[101]

---

[97] Gisa Bauer, *Evangelikale Bewegung*, S. 221.

[98] Gisa Bauer, *Evangelikale Bewegung*, S. 41. Bauer sieht die EA aufgrund des Erstarkens der ökumenischen Bewegung zurückgedrängt und sich in einer Krise befindend. Sie übersieht dabei jedoch, dass sich der ÖRK als eine institutionelle (kirchliche) Vereinigung versteht, währenddessen die EA sich seit ihrer Gründung als Bund einzelner Gläubiger verstand.

[99] Gisa Bauer, *Evangelikale Bewegung*, S. 56.

[100] Gisa Bauer, *Evangelikale Bewegung*, S. 222.

[101] Vgl. hierzu die schon mehrfach erwähnte detaillierte Dissertation von Robert L. Kennedy, *Turning Westward*, die bisher in der deutschsprachigen Forschung mit Ausnahme von Stephan Holthaus, *Fundamentalismus in Deutschland*, zur

Zum anderen ist es völlig unzutreffend, eine Definition von *evangelikal* bzw. *Evangelikaler Bewegung* in einer exklusiv evangelisch-innerkirchlichen Betrachtungsweise vorzulegen, wie Bauer dies tut, wenn sie schreibt: „Die Evangelikalen in Westdeutschland bis 1989 stellen eine innerkirchliche evangelische Bewegung dar".[102]

Wie sah die freikirchliche Landschaft Deutschlands zu Beginn der 1960er Jahre aus? Erich Beyreuther sprach schon für das Jahr 1961 von 350.000 Mitgliedern in Freikirchen und gelangte 1964 zum Schluss, dass die Zahl derer, die sich im Dunstkreis der deutschen Freikirchen bewegen, „jetzt mit einer Million deutscher Menschen nicht zu hoch angesetzt" sei.[103] Und bezüglich der 1950er Jahre beobachtete er eine schnelle „Amerikanisierung des westeuropäischen und auch des deutschen Lebenszuschnitts"[104] und weist zutreffend darauf hin: „Nach dem zweiten Weltkrieg erfolgte eine neue Intensivierung der deutsch-amerikanischen kirchlichen und freikirchlichen Begegnungen."[105] Da Bauer selbst über die „freikirchliche Euphorie für Graham" spricht, „die sich in der DEA niederschlug",[106] ist es umso erstaunlicher, dass weder der freikirchliche Einfluss auf

---

Gänze übersehen wurde. Ein Grund mag darin liegen, dass die Arbeit in englischer Sprache in Aberdeen verfasst und bisher nicht veröffentlicht wurde.

[102]  Gisa Bauer, *Evangelikale Bewegung*, S. 663.

[103]  Erich Beyreuther, „Rückwirkung amerikanischer kirchengeschichtlicher Wandlungen", S. 252. Leider fehlen Vergleichszahlen für die Gemeinschaftsbewegung um das Jahr 1960. Wenn man jedoch Vergleichszahlen der Freikirchen und des Gnadauer Verbandes aus den letzten Jahren anschaut, dann ist das freikirchliche Lager zahlenmäßig sicher nicht schwächer als die Gemeinschaftsbewegung anzusehen. Vgl. z.B. die Angaben bei Stephan Holthaus, *Konfessionskunde*. Für das Jahr 2013 wird die Anzahl der sich mit dem Gnadauer Verband verbundenen Christen mit 200.000 angegeben. Vgl. http://www.epd.de/landesdienst/landesdienst-mitte-west/schwerpunktartikel/gnadauer-gemeinschaftsverband-feiert-125-jub [29.4.2013].

[104]  Erich Beyreuther, „Rückwirkung amerikanischer kirchengeschichtlicher Wandlungen", S. 247.

[105]  Erich Beyreuther, „Rückwirkung amerikanischer kirchengeschichtlicher Wandlungen", S. 252.

[106]  Gisa Bauer, *Evangelikale Bewegung*, S. 221. Vgl. daher hier auch noch einmal: Matthias Dworak, *Die Evangelisationsbewegung der Deutschen Evangelischen Allianz nach 1949*.

die DEA, noch auf die *Evangelikale Bewegung* insgesamt von ihr in Betracht gezogen werden.

So ist es schon im Jahr 1966 der Baptist Adolf Pohl, der in einem Aufsatz für die *Ökumenische Rundschau* den Begriff *evangelikal* für „innerkirchliche und freikirchliche Gruppen" im „Gefolge der Erweckungsbewegungen"[107] des 19. Jahrhunderts sieht und zur Einschätzung gelangt: „Besonders prägt sie [die Evangelikale Bewegung] einige freikirchliche Bewegungen und bemerkenswert auch die Evangelische Allianz"[108] und weiter: „Bekanntlich haben sich die Evangelikalen ziemlich einmütig der Evangelischen Allianz als einem Bruderbund einzelner Christen angeschlossen".[109] Und Otmar Schulz gelangt im gleichen Jahr 1966 schon zum Schluss: „hat man die Allianz vor Augen, weiß man, was ‚evangelikal' ist".[110] Dies widerspricht Bauers These der *Evangelikalen Bewegung* als einer innerkirchlichen evangelischen Bewegung, sowie der Ansetzung ihrer *Geburtsstunde* im März 1966. Die Behauptung, dass die DEA die *Evangelikale Bewegung* vereinnahmt habe, sahen Zeitzeugen wie Pohl und Schulz schon 1966 anders.

Auch die These, die Betonung der Evangelisation durch die DEA stünde in Spannung bzw. Widerspruch zu der ursprünglichen Zielsetzung der Evangelischen Allianz, ist faktisch falsch. Wer sich mit der Geschichte der Evangelischen Allianz im 19. Jahrhundert beschäftigt, stellt fest, dass neben anderen Aspekten wie dem Einsatz für Religionsfreiheit, sowohl Mission[111] – und der Begriff schließt

---

[107]  Adolf Pohl, „Die konservativen Evangelikalen und der ökumenische Rat der Kirchen", *Ökumenische Rundschau*, 15 (1966), S. 361.

[108]  Adolf Pohl, „Die konservativen Evangelikalen", S. 362.

[109]  Adolf Pohl, „Die konservativen Evangelikalen", S. 364. Erstaunlich ist, dass Pohl an keiner Stelle seines Beitrags auf den Bekenntniskampf um Bultmanns Theologie eingeht, sondern eher die internationale ökumenische Diskussion aufgreift.

[110]  Otmar Schulz, „Noch in dieser Generation: Gedanken zum Weltkongreß für Evangelisation", *Deutsches Pfarrerblatt*, 66 (1966), S. 797.

[111]  Vgl. Gerhard Lindemann, *Für Frömmigkeit in Freiheit*, S. 351, 444f. oder auch Hans Hauzenberger, *Einheit auf evangelischer Grundlage*, S. 226ff. Hauzenberger gelangt bzgl. der EA zu dem Schluss: „Mission und Einheit unter Christen gehören untrennbar zusammen". Ebd. S. 174.

Evangelisation mit ein – aber eben auch die Abwehr eines theologischen Rationalismus[112] von Anfang an in der *Evangelischen Allianz* einen zentralen Stellenwert einnahmen.

Zu bemängeln bleibt abschließend, dass Bauer in ihrem Ansatz einer „neuen sozialen Gruppe" die theologische Ausprägung der Evangelikalen Bewegung sowohl in ihrer historischen Fortführung zu Pietismus und Erweckungsbewegung als auch in ihrem globalen Kontext und der globalen Entwicklung völlig außer Acht lässt.[113] Dies ist umso erstaunlicher, da sie die Evangelikale Bewegung als eine Bewegung sieht, „die nahezu ausschließlich auf der Ebene der Frömmigkeits- und Theologiegeschichte fassbar ist".[114] Gerade dieser Aspekt verlangt jedoch eine Betrachtung der *Evangelikalen Bewegung* im größeren historischen und internationalen Zusammenhang.[115] So findet beispielsweise der *Berliner Weltkongress für Evangelisation* in Berlin (1966) bei ihr keinerlei besondere Erwähnung. Es überrascht auch, dass beispielsweise die Hamburger Dissertation des Ameri-

---

[112]  Vgl. z. B. Gerhard Lindemann, *Für Frömmigkeit in Freiheit*, S. 87. Er zitiert den deutschen Teilnehmer Kuntze, der im Rückblick im Jahr 1853 berichtete, dass es bei der Erstellung der Glaubensbasis eben darum gegangen sei „allen Rationalismus" auszuschließen.

[113]  Aufschlussreich ist beispielsweise, dass Bauer grundlegende angelsächsische Standardwerke zur Evangelikalen Bewegung wie z. B. die Arbeiten von David Bebbington scheinbar nicht einmal kennt, zumindest jedoch nicht zur Kenntnis nimmt. Einen anderen Weg hat Maria Stettner in ihrer Erlanger Dissertation eingeschlagen und bezieht als eine der wenigen deutschen Autoren auch die internationale Standardliteratur in ihre ausführliche Untersuchung der Evangelikalen Bewegung mit ein. Gerade in der Einbeziehung sowohl des deutschen als auch des globalen Kontextes liegt die Stärke des Werkes. Vgl. Maria Stettner, *Missionarische Schülerarbeit*, München: Herbert Utz Verlag, 1999, S. 28–64.

[114]  Gisa Bauer, *Evangelikale Bewegung*, S. 663.

[115]  Hier noch einmal der Hinweis auf: Robert L. Kennedy, *Turning Westward*. Gisa Bauer hat zwischenzeitlich einen Aufsatz veröffentlicht, in dem sie auf internationale Einflüsse eingeht: Gisa Bauer, „Internationale Einflüsse auf die westdeutsche evangelikale Bewegung", Siegfried Hermle und Jürgen Kampmann (Hg.), *Die evangelikale Bewegung in Württemberg und Westfalen: Anfänge und Wirkungen*, Hannover: Luther-Verlag, 2012: S. 75–95. Der Aufsatz erschließt zumindest ansatzweise die komplexen, wechselseitigen internationalen Beziehungen.

kaners Denton Lotz aus dem Jahr 1970,[116] die vertieft auf die Beziehung zwischen *Evangelikaler Bewegung* und Ökumenischem Rat der Kirchen eingeht und Definitionen zum Begriff *evangelikal* in seinem historischen und theologischen Kontext bietet, gar nicht einmal wahrgenommen wurde.[117] Gerade aufgrund ihrer zeitlichen Nähe zu den Anfängen der Evangelikalen Bewegung in Deutschland und der persönlichen Kenntnisse sowohl der deutschen als auch der nordamerikanischen Ausgangslage kommt dieser Arbeit eine wichtige Bedeutung zu.[118]

Schon weiter oben wurde darauf hingewiesen, dass es sich bei den Evangelikalen um eine Bewegung handelt, die in ihrer Vielschichtigkeit und Vielfalt oft schwer greifbar bzw. einordbar ist. Im Folgenden werden einige Ansätze zur Gruppierung der Evangelikalen in der wissenschaftlichen Literatur angeführt.

In seinem Grundlagenwerk zur deutschen *Evangelikalen Bewegung* aus dem Jahr 1992 teilt Friedhelm Jung die *Evangelikale Bewegung* in drei Untergruppen ein: *Allianzevangelikale*, die mit der Deutschen Evangelischen Allianz verbunden sind, *Bekenntnisevangelikale*[119], die

---

[116] Vgl. Denton Lotz, „*The Evangelization of the World in this Generation*".

[117] Es ist auffallend, dass in einer Reihe von Artikeln, die in der Ökumenischen Rundschau veröffentlicht wurden, an keiner Stelle auf den *Bekenntniskampf* in Deutschland eingegangen wird, doch stattdessen die Evangelikale Bewegung als eine globale Bewegung in den Auseinandersetzungen mit dem Ökumenischen Rat der Kirchen (ÖRK) vorgestellt wird. Hier rückt dann wieder der überkonfessionelle Charakter der Bewegung in den Vordergrund, selbst wenn man deutsche Protagonisten erwähnt. Vgl. beispielsweise: Eugene L. Smith, „Die ökumenische Bewegung und die konservativen Evangelikalen", *Ökumenische Rundschau*, 17 (1968): S. 52–57; Hendrikus Berkhof, „Berlin gegen Genf: Unser Verhältnis zu den ‚Evangelikalen'", *Ökumenische Rundschau*, 24 (1975): S. 507–513; Ulrich Betz, „Evangelikale in Deutschland: Skizze einer neuen geistlichen Bewegung im deutschen Protestantismus". *Ökumenische Rundschau*, 22 (1973): S. 309–319. Ähnlich auch der schon vorher erwähnte Beitrag von Adolf Pohl.

[118] Vgl. hierzu auch den Aufsatz: Denton Lotz, Wer sind die Evangelikalen? Versuch einer Klärung", *Evangelische Kommentare*, 7 (1974), S. 428–430.

[119] Vgl. hierzu die Kritik an dieser Kategorisierung bei: Gisa Bauer, *Evangelikale Bewegung*, S. 56. Allerdings liegt das Problem m. E. eher bei Bauer, die die Anfänge der Evangelikalen Bewegung im Gesamten auf die Frage des Bekenntniskampfes reduziert und die deutsche Evangelikale Bewegung in ih-

sich im Rahmen der *Bekenntnisbewegung „Kein anderes Evangelium"* engagieren und sich zur Evangelischen Kirche in Deutschland zählen[120] und drittens, als eher untergeordnetem Arm, die *Pfingstevangelikalen.*[121] Mag diese Einteilung auf die Zeit bis 1990 zutreffen, so stellt sich heute die Lage sicher differenzierter dar. So ist die *Bekenntnisbewegung „Kein anderes Evangelium"*[122] innerhalb der *Evangelischen Kirche in Deutschland* (EKD) durch zahlreiche interne Kontroversen zwischenzeitlich fast in der Bedeutungslosigkeit versunken und ihre Hauptvertreter distanzieren sich heute vielfach selbst von

ren Anfängen vor allem auf den Bereich einer evangelisch-innerkirchlichen „Protestbewegung" gegen die Theologie Bultmanns. Dabei übersieht sie jedoch, dass diese Fragestellung für die Freikirchen weniger im Vordergrund stand. Einen gänzlich gegensätzlichen Ansatz vertritt Roger J. Bush, der sich gegen eine Vereinnahmung der Bekenntnisbewegung durch die Evangelikale Bewegung verwehrt: Roger J. Bush, *Einzug in die festen Burgen?* S. 99 und 314 ff. Allerdings übersieht Bush dabei zur Gänze, dass Peter Beyerhaus selbst den Begriff der „Bekennenden Evangelikalen als Kategorisierung einführt. Vgl. Peter Beyerhaus, „Lausanne zwischen Berlin und Genf", S. 308. Bush liegt daher falsch, wenn er schreibt: „Als Kurzbezeichnung wird der Begriff angeboten, von ... Beyerhaus ... aber nicht aufgenommen." Ebd. S. 314.

[120]   Vergleich zu den ersten beiden Gruppen vor allem: Gisa Bauer, *Evangelikale Bewegung*, sowie Siegfried Hermle, „Die Evangelikalen als Gegenbewegung". Es erscheint mir jedoch historisch und theologisch verkürzt, die Einführung der Bezeichnung *evangelikal* auf einen „kirchenpolitischen Kampfbegriff" der Evangelikalen als Gegenbewegung zu reduzieren, wie Hermle dies tut (S. 326).

[121]   Vgl. Friedhelm Jung, *Deutsche Evangelikale Bewegung*, S. 35–36 und die jeweiligen Kapitel sowie: Friedhelm Jung, *Was ist „evangelikal"?* idea Dokumentation Nr. 1 (2007), Dillenburg: Christliche Verlagsgesellschaft, 2007: S. 18–53. Vgl. zum lange Jahre schwierigen Verhältnis der DEA zur deutschen Pfingstbewegung: Richard Krüger, „Von der Berliner zur Kasseler Erklärung: Stand der Beziehungen zwischen DEA und BFP um 1980", *Freikirchenforschung*, 19 (2010): S. 104–113.

[122]   Vgl. zur frühen Geschichte der Bekenntnisbewegung: Hartmut Stratmann, *Kein anderes Evangelium* und Friedhelm Jung, „Die Entstehung der ‚Bekenntnisbewegung ‚Kein anderes Evangelium'", Siegfried Hermle und Jürgen Kampmann (Hg.), *Die evangelikale Bewegung in Württemberg und Westfalen: Anfänge und Wirkungen*, Hannover: Luther-Verlag, 2012: S. 63–73 sowie das kürzlich erschienene Werk von Peter Beyerhaus, *Christliches Zeugnis in unserer Zeit: Der Glaubenskampf der Bekennenden Evangelischen Gemeinschaften in Deutschland in autobiographischer Perspektive dargestellt*, Bd. 1, Nürnberg: VTR, 2015.

der *Evangelischen Allianz*. Insgesamt hat damit aber auch ihr Einfluss, der vor allem in den 1960er und 1970er Jahren in der theologischen Auseinandersetzung um eine liberale Theologie nicht unerheblich war, innerhalb der Evangelikalen Bewegung in Deutschland stark abgenommen. An ihre Stelle ist seit Mitte der 1980er Jahre eine neue Strömung getreten, die Jung als *unabhängige Evangelikale* bezeichnet und die aus Aussiedlergemeinden, der *Konferenz für Gemeindegründung* und Teilen der Brüderbewegung besteht.[123]

Eine ältere Einordnung der weltweiten Evangelikalen Bewegung durch einen Deutschen Theologen soll an dieser Stelle noch angeführt werden. So teilte *Peter Beyerhaus* im Jahr 1973 die Evangelikale Bewegung in sechs Untergruppen ein: *Neue Evangelikale* (rund um Billy Graham), die *Fundamentalisten*, die eine gänzliche Separation vertreten (rund um Carl McIntire), die *bekennenden Evangelikalen* (hier würde sich Beyerhaus selbst einordnen), die *Pfingstler* und *Charismatiker*, die *radikalen Evangelikalen* (hier sind vor allem die lateinamerikanischen Evangelikalen eingeordnet, die ein sozialpolitisches Engagement fordern, sowie die ökumenischen Evangelikalen, die die ökumenische Bewegung bewusst bejahen.[124] Allerdings erfuhr diese Einteilung keinerlei größere Rezeption und ist eher Ausdruck der persönlichen Perspektive von Peter Beyerhaus.

Einen anderen Weg der Gruppierung geht die evangelikale Nachrichtenagentur *idea*. In einer Graphik zu einem Aufsatz von Helge Stadelmann unter der Frage „Was ist ,evangelikal'?" führt sie fünf „Dachverbände der evangelikalen Bewegung" an: die *Deutsche Evangelische Allianz*, den *Evangelischen Gnadauer Gemeinschaftsverband*, die *Lausanner Bewegung Deutscher Zweig – Koalition für Evangelisation*, die *Konferenz Bekennender Gemeinschaften* sowie den *Kreis charismatischer Leiter in Deutschland*.[125] Doch auch diese Einteilung ist nicht unproblematisch, würden sich doch Teile des Gnadauer Verbandes nicht un-

---

[123]   Friedhelm Jung, Was ist „evangelikal"? S. 53–63.

[124]   Peter Beyerhaus, „Lausanne zwischen Berlin und Genf", Walter Künneth und Peter Beyerhaus (Hg.), *Reich Gottes oder Weltgemeinschaft? Die Berliner Ökumene-Erklärung zur utopischen Vision des Weltkirchenrates*, Bad Liebenzell: Verlag der Liebenzeller Mission, 1975, S. 307–308.

[125]   Sonderdruck aus *ideaSpektrum* 20.2007, S. 2.

bedingt als evangelikal bezeichnen, und auch die Pfingstbewegung, die wahrscheinlich entweder der Evangelischen Allianz oder dem Kreis charismatischer Leiter in Deutschland zugeordnet würde, sich nur begrenzt als Teil der Evangelikalen Bewegung sieht.[126]

Reinhard Hempelmann, Leiter der *Evangelischen Zentralstelle für Weltanschauungsfragen* in Berlin, bietet eine systematische bzw. konfessionelle Ein- und Zuordnung des evangelikalen Spektrums. Er spricht dabei von unterschiedlichen

*„Typen evangelikaler Bewegungen, die sich berühren, überschneiden, teilweise auch deutlich unterscheiden.*

*1. Der klassische Typ, der sich in der Evangelischen Allianz (gegründet 1846), der Gemeinschaftsbewegung und der Lausanner Bewegung konkretisiert und vor allem Landeskirchler und Freikirchler miteinander verbindet. Dieser Strang knüpft an die ‚vorfundamentalistische' Allianzbewegung an und stellt den Hauptstrom der evangelikalen Bewegung dar.*

*2. Der fundamentalistische Typ, für den ein Bibelverständnis charakteristisch ist, das von der absoluten Irrtumslosigkeit (inerrancy) und Unfehlbarkeit (infallibility) der ‚ganzen Heiligen Schrift in jeder Hinsicht' ausgeht (vgl. Chicago-Erklärung). Kennzeichnend ist ebenso sein stark auf Abwehr und Abgrenzung gerichteter Charakter im Verhältnis zur historisch-kritischen Bibelforschung, zur Evolutionslehre, in ethischen Fragen (Abtreibung, Pornographie, Feminismus etc.). Da ein fundamentalistisches Schriftverständnis unterschiedliche Frömmigkeitsformen aus sich heraus entwickeln kann, differenziert sich der fundamentalistische Typ in verschiedene Richtungen:*

*3. Der bekenntnisorientierte Typ, der an die konfessionell orientierte Theologie, die altkirchlichen und die reformatorischen Bekenntnisse anknüpfen möchte und sich in der Bekenntnisbewegung „Kein anderes Evangelium" und der „Konferenz Bekennender Gemeinschaften" konkretisiert.*

*4. Der missionarisch-diakonisch orientierte Typ, der die Notwendigkeit einer ganzheitlichen Evangelisation hervorhebt, in der Evangelisation und soziale Verantwortung in ihrer engen Zusammengehörigkeit ak-*

---

[126]  Vgl. Terry Cross, „Sind Pfingstler Evangelikale? Eine Betrachtung der Theologischen (sic!) Differenzen und Gemeinsamkeiten", *Freikirchenforschung*, 19 (2010): S. 114–138.

zentuiert werden. Dieser Typ ist unter anderem in der ,Dritten Welt' bei den ,social concerned evangelicals' verbreitet, im deutschsprachigen Raum ist er eher unterrepräsentiert. Er findet seinen Ausdruck z. B. in Projekten, die an einer Kontextualisierung von Evangelisation und Mission interessiert sind.

5. *Der pfingstlich-charismatische Typ, dessen Merkmal eine auf den Heiligen Geist und die Gnadengaben bezogene Frömmigkeit ist und der sich seinerseits nochmals vielfältig ausdifferenziert und mindestens drei verschiedene Richtungen ausgebildet hat: pfingstkirchliche Bewegungen, innerkirchliche Erneuerungsgruppen, neocharismatische Zentren und Missionswerke, die sich als konfessionsunabhängig verstehen, theologisch und in der Frömmigkeitspraxis eine große Nähe zur Pfingstbewegung aufweisen."*[127]

Wer die evangelikale Szene näher betrachtet und analysiert, wird nicht umhinkommen, ihre Vielgestaltigkeit anzuerkennen.

*",Evangelikal' ist mittlerweile ein Begriff geworden, der so schillernd ist, dass wir ihn eigentlich fallen lassen müssten. Der ,Evangelikalismus' ist ein großes Sammelbecken geworden, dass eine auch nur einigermassen adäquate Klärung, was sich darin befindet, aufs erste unmöglich erscheint. Dazu kommt, dass der Begriff ,Evangelikalismus' auch emotional stark belastet ist. Immer wieder erscheinen Berichte über den ,Evangelikalismus' oder evangelikale Anliegen, die entweder tendenziös sind und zeigen, wie schwierig es ist, mit dem ,Evangelikalismus' als riesiger Bewegung umzugehen. Nicht selten müssen Evangelikale für Dinge hinhalten[128], die nur für einen ganz kleinen Teil des Evangelikalismus oder eher für den Fundamentalismus gelten."*[129]

---

[127] Reinhard Hempelmann, *Evangelikale Bewegungen: Beiträge zur Resonanz des konservativen Protestantismus*, EZW-Texte 206, Berlin: Evangelische Zentralstelle für Weltanschauungsfragen, 2009, S. 10–11.

[128] Als klassisches Beispiel hierfür sei Lambrecht u. Baars *Mission Gottesreich* erwähnt.

[129] Hansjörg Kägi, *Die Evangelikalen – Eine Übersicht über Geschichte und Theologie der Bewegung*. Sonderdruck des Artikels von Pfr. Dr. Hansjörg Kägi, ,Evangelikalismus – Versuch eines Überblicks über Geschichte und Theologie', *Basileia – Festschrift für Eduard Buess*, Basel 1993 mit Ergänzungen des Autors. idea schweiz Dokumentation 143 (1993), S. 7.

Ziehen wir ein Fazit: Die Zu- und Einordung der deutschen *Evangelikalen Bewegung* seit ihren Anfängen in den 1960er Jahren kann vorerst nicht eindeutig und endgültig geklärt werden. Wir halten aber die theologiegeschichtlich begründete und deskriptive Beschreibung von Friedhelm Jung, die die Evangelikale Bewegung in mehrere Hauptströme unterteilt, für angemessen. Mit ihrer Einteilung in (anfangs) Bekenntnisevangelikale, Allianzevangelikale, Pfingstevangelikale und Charismatiker sowie in neuerer Zeit unabhängige Evangelikale wird die evangelikale Wirklichkeit Deutschlands während der letzten 50 Jahre zutreffend charakterisiert.

# 4 Der Begriff evangelikal in Österreich

In Österreich ist die Bezeichnung *evangelikal* erstmals im Jahr 1969 schriftlich nachweisbar. So findet sich im *Weckruf*, der österreichischen Zeitschrift der *Wiedenester Brüdergemeinden* vom Frühjahr 1969, ein Artikel über „50 Jahre Bibelschule Wiedenest" aus der Feder des Wiedenester Gesamtleiters *Ernst Schrupp*. Er berichtet über die Entwicklung in Deutschland und spricht über „eine erste Tagung evangelikaler (d. i. bibelgläubiger) Missionen aus dem deutschsprachigen Raum".[130] Ein Jahr später ist eine breitere Aufnahme des Begriffes wahrzunehmen. Der Wiener Superintendent der Evangelischen Kirche A.B. Georg Traar,[131] gleichzeitig Vorsitzender der *Europäischen Evangelischen Allianz*[132] und Herausgeber der evangelischen Kirchenzeitung *Die Saat*, berichtet im Juli 1970 von der „2. Konferenz bibelgläubiger (im angelsächsischen Raum redet man gerne von ‚evangelikal') Missionen, die im Feber dieses Jahres in Frankfurt getagt hat."[133]

Im darauffolgenden Bericht über die Konferenz fasst Traar die Ausführungen von Peter Beyerhaus zusammen und nimmt wie selbstverständlich die Bezeichnung „die Evangelikalen" auf.[134] Es ist offensichtlich, dass Traar u. a. den Begriff in Anlehnung an den Gebrauch in Deutschland verwendet. Auch im *Weckruf* vom Frühjahr 1970 findet sich ein Bericht über dieselbe Tagung unter der Über-

---

[130]  Ernst Schrupp, „Fünfzig Jahre Bibelschule Wiedenest", *Weckruf*, 20 (April/Mai 1969), S. 8.

[131]  Superintendent Georg Traar war zu der Zeit gleichzeitig auch Präsident der Europäischen Evangelischen Allianz, stand also in einem Naheverhältnis zur Deutschen Evangelischen Allianz und somit zur Evangelikalen Bewegung. Vgl. zu seinem Wirken auch: Hans Fischer, „Ein Personalakt erzählt ...: Georg Traar als Gruß zu seinem 70. Geburtstag zur Erinnerung an die Zeit von 1925 bis 1949: Von der geistlichen Hilfskraft zum Superintendenten von Wien", *Amt und Gemeinde*, 20 (1969): S. 61–62.

[132]  Frank Hinkelmann, *Geschichte der Evangelischen Allianz in Österreich*. S. 119–120.

[133]  G[eorg] T[raar], „Ein Wort der Einleitung", *Die Saat*, 17 (5. Juli 1970), S. 7.

[134]  Georg Traar, „Mission – Träger der Erweckung Gottes: Aus der Arbeit der 2. Konferenz bibelgläubiger Missionen", *Die Saat*, 17 (5. Juli 1970), S. 7.

schrift: „Verlautbarung der Konferenz Evangelikaler Missionen 1970".[135]

War die bisherige Verwendung des Begriffes immer auf die deutsche Situation bezogen, sollte sich dies nun rasch ändern. Schon im Herbst 1970 ist in *Quelle des Lebens*, Zeitschrift der mennonitischen Brüdergemeinden, über die Gründung einer neuen österreichischen Bibelschule zu lesen, die von *Baptisten*, den *Wiedenester Brüdergemeinden* und den *Mennoniten-Brüdergemeinden in Österreich* verantwortet werden soll. Auch wenn dies eine freikirchliche Initiative darstellt, war es den verantwortlichen Personen wichtig, auch zu den „übrigen evangelikalen-biblisch-missionarisch gesinnten Gruppen" in guter Beziehung zu stehen und Gastlehrer aus diesen Kreisen einzubeziehen.[136] Ein knappes Jahr später, im Frühjahr 1971, findet sich wieder im *Weckruf* ein Bericht über die geplante „Zweite Schulungswoche in Gröbming". Im Untertitel wird die Zielgruppe näher beschrieben: „Für Prediger, Missionare und Mitarbeiter evangelikaler Kreise in Österreich".[137] Da diese Schulungswoche anfangs auf Allianzebene durchgeführt wurde, wird deutlich, dass die österreichische Verwendung des Begriffes *evangelikal* dem der deutschen entsprach.

Nur wenige Monate später erklärt Helmut Funck, Pastor der *Mennoniten-Brüdergemeinde* in Wien in einem ausführlichen Artikel die Bedeutung des Begriffs *evangelikal*. Dieser Artikel wird sowohl in der Zeitung der Mennoniten-Brüdergemeinden, *Quelle des Lebens*, als auch im *Weckruf* abgedruckt[138] und damit in zwei der wenigen österreichisch-freikirchlichen Periodika der damaligen Zeit. Funck be-

---

[135]   Anon., „Verlautbarung der Konferenz Evangelikaler Missionen 1970", *Weckruf*, 21 (April/Mai) 1970, S. 8.

[136]   Helmut Funck, „Österreich bekommt eine Bibelschule", *Quelle des Lebens*, 13 (1970) Nr. 6, S. 118.

[137]   Anon., „Zweite Schulungswoche in Gröbming", *Weckruf*, 22 (Februar/März 1971), S. 9. In einem Bericht über die erste Schulungswoche im November 1969 findet sich der Hinweis, dass dort Ernst Schrupp zum Thema „Neutestamentliche Gemeinde Jesu Christi und ‚Evangelikale' – Evangelische Allianz – Ökumene" sprach. Vgl. Irene Neufeld, „Ein Erlebnis in Gröbming", *Quelle des Lebens*, 13 (1970) Nr. 2, S. 35.

[138]   Helmut Funck, „Die Evangelikalen", *Quelle des Lebens*, 14 (1971): S. 54–58 und Helmut Funck, „Die ‚Evangelikalen", *Weckruf*, 22 (April/Mai 1971): S. 6–8.

gründet eingangs des Artikels, warum es zur Aufnahme eines neuen
Begriffes gekommen ist:

> *„In allen Bereichen des modernen Lebens, auch dem kirchlichen, kommt es
> zu immer neuen Begriffsbildungen oder zur Übernahme von Begriffen aus
> anderen Sprachen, die dem Laien zunächst unverständlich und darum,
> einer Deutung bedürfen. So ist in den letzten Jahren der Begriff „evange-
> likal" als eine Bezeichnung bestimmter christlicher Kreise in die deutsche
> Sprache eingegangen. Dem aufmerksamen Beobachter wird dabei nicht
> entgangen sein, daß ,Evangelikal' nicht einfach für ,Evangelisch' steht."*[139]

Es folgt eine ausführliche Erklärung der historischen Wurzeln und
der theologischen Position:

> *„Ein so vielschichtiges Gebilde wie die evangelikale Bewegung macht es
> unmöglich, den theologischen Standort hinreichend zu beschreiben. Trotz
> der recht starken Aufsplitterung haben diese Kreise aber eine gemein-
> same ,evangelikale Position'. ,Die Evangelikalen erheben den Anspruch,
> daß ihre evangelikale Position geschichtlich auf den Boden der Reforma-
> tion zurückzuführen ist, und daß die Reformation selbst eine Revolution
> war, die die grundsätzliche Bedeutung des neutestamentlichen Christen-
> tums wieder hergestellt hat.' (Dr. E. G. Gibson) Im einzelnen beinhaltet die
> evangelikale Position die Anerkennung der Autorität der Heiligen Schrift,
> die persönliche Heilserfahrung, d. h. Bekehrung und Wiedergeburt durch
> den Glauben an den Sühnetod Jesu Christi, Heiligung des Lebens, Samm-
> lung der Gläubigen und nicht zuletzt Evangelisation und Mission."*[140]

Zu beachten ist eine Klammeranmerkung unterhalb des Artikels.
Dort gibt Funck an, dass er seinen Artikel „nach Aufsätzen von Dr.
Ludwig Rott und Direktor Ernst Schrupp[141] im *Evangelischen Allianzblatt*"[142] verfasst hat. Wie stark die Entwicklung in Deutschland
Mitte der 1970er Jahren auch das Verständnis des Begriffs *evangelikal* in Österreich prägte, zeigt auch ein Artikel des Generalsekretärs
der *Deutschen Evangelischen Allianz*, Peter Schneider, unter der Über-

---

[139]  Helmut Funck, „Die Evangelikalen", *Quelle des Lebens*, S. 54–55.
[140]  Helmut Funck, „Die Evangelikalen", *Quelle des Lebens*, S. 56.
[141]  Damaliger Leiter des Missionshauses Bibelschule Wiedenest.
[142]  Helmut Funck, „Die ,Evangelikalen", *Weckruf*, 22 (1971) Nr. 2, S. 8.

schrift „Was ist evangelikal? Versuch einer Klärung", der sowohl in deutschen Zeitschriften[143] als auch in der evangelischen Kirchenzeitung *Die Saat* in Österreich abgedruckt wurde.[144]

Deutlich wird die überkonfessionelle Prägung der *Evangelikalen Bewegung* auch in Österreich zumindest Anfang der 1970er Jahre u. a. darin, dass die evangelische Kirchenzeitung *Die Saat* regelmäßig über zahlreiche freikirchliche Personalia, Veranstaltungen und Entwicklungen berichtet. So findet sich beispielsweise ein Bericht über die Mitarbeiterschulungswoche in Gröbming im Jahr 1973, bei der der baptistische Theologe Dr. Günther Wieske der Hauptreferent war.[145]

Einige Jahre später erscheint noch einmal in der evangelischen Kirchenzeitung *Die Saat* ein Bericht, diesmal über eine Tagung der Bekenntnisbewegung „Kein anderes Evangelium" in Deutschland unter der Überschrift: „Die Evangelikalen, die eigentlichen Vertreter der evangelischen Kirche".[146]

Ziehen wir ein erstes Fazit: Die Evangelikale Bewegung in Österreich, das verdeutlicht die Analyse sowohl evangelischer als auch freikirchlicher Publikationen der Zeit, ist in ihrem Selbstverständnis und in der öffentlichen Wahrnehmung eine überkonfessionelle Bewegung, die Christen aus der Evangelischen Kirche und den Freikirchen aufgrund gemeinsamer theologischer Überzeugungen vor allem im Umfeld der Evangelischen Allianz zusammenführt.

Ab Mitte der 1970er Jahre sollte es jedoch zu einer langsamen und graduellen Veränderung in der Verwendung und im Verständnis des Begriffs *evangelikal* kommen. Zum einen fällt auf, dass nach 1975 das Wort *evangelikal* in den freikirchlichen Zeitschriften kaum mehr aufgegriffen wird[147] und wenn, dann eher als Beschrei-

---

[143]  So z. B. Peter Schneider, „Was ist evangelikal? Versuch einer Klärung", *Neues Leben*, 19 (August 1974), S. 5.

[144]  So in der evangelischen Kirchenzeitung *Die Saat*, 21 (2. Juni 1974), S. 8.

[145]  Anon, „Schulungswoche in Gröbming", *Die Saat*, 20 (2. Dezember 1973), S. 6.

[146]  „Die Evangelikalen, die eigentlichen Vertreter der evangelischen Kirche", *Die Saat*. 24 (19. Juni 1977), S. 2. Wahrscheinlich hat der Hg. der Zeitung, Georg Traar, diese Überschrift formuliert.

[147]  Eine der Ausnahmen bildet *Weckruf*, 30 (Dez. 1979/Jan 1980), S. 11. Dort findet sich ein Artikel. Unter der Überschrift: „Evangelikale Gemeinden Innsbrucks evangelisieren". Allerdings wird der Begriff nicht auf Freikirchen reduziert.

bung von Gruppierungen im internationalen Kontext.[148] Auch *Die Saat* berichtet mit dem Ausscheiden des langjährigen Herausgebers Georg Traar im Spätjahr 1977 nur noch sehr vereinzelt über Evangelikale;[149] hier ist eine grundlegende Neuausrichtung der Blattlinie durch den neuen Herausgeberkreis unschwer zu erkennen.[150] Gleichzeitig scheint in evangelischen Kreisen die Haltung zu freikirchlichen Gruppen kritischer zu werden. So heißt es in einer Meldung vom Mai 1979 unter der Überschrift „Vermehrtes Auftreten von freikirchlichen Gruppen":

> „Das starke Auftreten und Gründungen von freikirchlichen Gemeinden [...] im Raum Niederösterreich, wird im Jahresbericht des Evangelischen Jugendwerkes in Österreich hervorgehoben. Daher sei eine vermehrte theologische Auseinandersetzung mit diesen freikirchlichen Gruppen auf der Grundlage des Wortes Gottes notwendig gewesen."[151]

---

[148]  Vgl. u. a. *Weckruf,* 28 (Dezember 1977/Jänner 1978), S. 16. *Weckruf,* 30 (Juni/Juli 1979), S. 15; Beilage „Materialdienst zu Gemeindefragen Nr. 4 (Dez. 1979/Jan 1980). *Weckruf,* 31 (Februar – Mai 1980) und die dortige Beilage „Materialdienst zu Gemeindefragen Nr. 5 zum Thema ‚Die Evangelikalen'. Auffallend ist, dass überall entweder der Informationsdienst *idea* oder die Deutsche Evangelische Allianz als Bezugsquelle der Information angegeben ist.

[149]  Dass der Abschied Georg Traars von der Herausgeberschaft nicht unbedingt freiwillig erfolgte – Traar war immerhin schon 79 Jahre alt – deutet G. Reingrabner an: „Die letzten Jahre der Tätigkeit von Georg Traar im Presseverband waren durch zunehmende wirtschaftliche wie persönliche Schwierigkeiten gekennzeichnet." Gustav Reingrabner, „Sechzig Jahre Evangelischer Presseverband in Österreich", *Glaube und Heimat.* Evangelischer Kalender für Österreich, 39 (1985), S. 49. An anderer Stelle heißt es: „Traar vermochte sich von seinen Aufgaben nur schwer trennen. Allianz und Presseverband, dazu seine Sammlungen hielten ihn am längsten fest. Erst 1977 hat er dann – und nicht ohne Druck von anderen – auch die letzten Funktionen abgegeben. Zum Niederschreiben seiner Lebenserinnerungen fehlte ihm aber schon die Kraft." Gustav Reingrabner, „Wolke der Zeugen. Georg Traar", *Glaube und Heimat,* Evangelischer Kalender für Österreich. 45 (1991), S. 46.

[150]  Vgl. hierzu auch die Anmerkung bei Gustav Reingrabner: „Die ‚Saat' konnte mit einer neuen Redaktion neue Konzepte erarbeiten und damit den vorher ständig gesunkenen Abonnentenstand wenigstens einigermaßen halten." *Glaube und Heimat,* 39 (1985), S. 49.

[151]  Anon, „Vermehrtes Auftreten von freikirchlichen Gruppen", *Die Saat,* 26 (6.5.1979), S. 7.

Zwei Jahre später ist von der „Ausbreitung freikirchlicher Evangelisation mit oft unguten Folgeerscheinungen" die Rede, denen entgegengewirkt werden soll.[152] Trotzdem lädt die Evangelische Kirche die Freikirchen zu einer Zusammenarbeit anlässlich des Jubiläums „200 Jahre Evangelische Kirche in Österreich" im Jahr 1981 ein:

> „Auf Einladung der Evangelischen Allianz hat [...] ein Kontaktgespräch zwischen Vertretern der Evangelischen Kirche in Österreich und der Freikirchen, der freikirchlichen Gemeinschaft und Werke in Wien stattgefunden. Im Mittelpunkt standen die Vorbereitungen der Veranstaltungen und Aktivitäten im Jahr 1981 [...]. Seitens der evangelischen Kirche wurde neuerlich die Einladung zur Mitarbeit aller Interessierten ausgesprochen."[153]

Im Jahr 1980 findet sich erstmals im freikirchlichen Bereich ein Hinweis auf eine beginnende Konzentrierung des Begriffs evangelikal auf den freikirchlichen Raum. So heißt es in einem Bericht über die inzwischen überwiegend freikirchlich geprägte Schulungswoche im November 1980 auf Schloss Mittersill:

> „Der Gedanke an einen ,Dachverband', eine Arbeitsgemeinschaft evangelikaler Missionare und freikirchlicher Gemeinden beschäftigt manche Brüder schon seit Jahren. Auf der Schulungswoche wurden diese Ideen von verschiedenen Seiten wieder aufgegriffen. Nach Aussagen von Graham Lange, Graz, soll Anfang 1981 konkret an den ersten Schritten in Richtung einer solchen Arbeitsgemeinschaft gearbeitet werden."[154]

Auch wenn zwischenzeitlich noch einmal von einer „Arbeitsgemeinschaft evangelisch-freikirchlicher Gemeinden" die Rede ist,[155] so stellt sich bald heraus, dass es zur Gründung einer Arbeitsgemeinschaft evangelikaler Gemeinden in Österreich (ARGEGÖ) kommen soll.

[152]   Hier wird Pfarrer Klaus Eickhoff zitiert, der auf einer Konferenz der evangelischen Superintendenten sprach, bei der die Gründung eines Missionarischen Amtes besprochen wurde. Anon, „Amt für missionarischen Gemeindeaufbau befürworten", Die Saat, 27 (16.11.1980), S. 5.
[153]   Anon, „1981: Bereitschaft zur Zusammenarbeit", Die Saat, 26 (23.12.1979), S. 5.
[154]   Weckruf, 31 (Dezember 1980/Januar 1981), S. 9.
[155]   Weckruf, 32 (Februar/März 1981), S. 12.

Diese Gründung wird am 9. November 1981 vollzogen, auch wenn eine Vereinsgründung erst im Februar 2015 erfolgte.¹⁵⁶ Doch schon vor der Gründung in November 1981 war es zu einer inhaltlichen Kontroverse gekommen, die für die Entwicklung des Begriffs evangelikal in Österreich von weitreichender Bedeutung sein würde. So heißt es im Protokoll der Vorbesprechung vom 4. April 1981 in Salzburg unter Top 1, Glaubensgrundsätze:

*„Die meisten Punkte wurden ohne Bedenken angenommen. Beim 2. Artikel (Inspiration und Autorität der Heiligen Schrift) entspann sich ein längeres Gespräch über dessen Formulierung. Es ging um die Frage, ob nicht gerade bei diesem so entscheidend wichtigen Bekenntnis zur Bibel auch festgehalten werden sollte, daß wir uns zu ihrer völligen Unfehlbarkeit und Irrtumslosigkeit bekennen.*

*Wir kamen überein, daß über die genaue Formulierung erst noch einmal gearbeitet werden sollte."*¹⁵⁷

Doch ein Konsens konnte nicht mehr erreicht werden.¹⁵⁸ Hieß es im ursprünglichen Entwurf zu Punkt 2 der Glaubensgrundsätze, die an die Glaubensgrundsätze der Evangelischen Allianz angelehnt waren, noch: „Es ist das Bekenntnis zur göttlichen Inspiration der Heiligen Schrift, ihrer völligen Zuverlässigkeit und einzigen Autorität in allen Fragen des Glaubens und der Lebensführung,"¹⁵⁹ so hieß es in den Glaubensgrundsätzen, die zur Gründungsversammlung für den

¹⁵⁶  Vgl. hierzu die Angaben im Zentralen Vereinsregister Österreich (ZVR). Vgl. zur ARGEGÖ allgemein Frank Hinkelmann, *Kirchen, Freikirchen und christliche Gemeinschaften in Österreich: Handbuch der Konfessionskunde*, Wien/Köln/Weimar: Böhlau, 2016, S. 289–291. Vgl. auch: Fritz Börner, *Freikirchlicher Gemeindebau in Österreich*, S. 192- 199.

¹⁵⁷  Vgl. Protokoll des ersten Arbeitsgespräches über eine Arbeitsgemeinschaft Evangelisch-freikirchlicher Gemeinden in Österreich vom Samstag, 4. April 1981 in Salzburg, Schuhmacherstraße 18. S. 2.

¹⁵⁸  Vgl. Protokoll des zweiten Arbeitsgespräches über eine Arbeitsgemeinschaft evangelisch-freikirchlicher Gemeinden in Österreich vom Samstag, 26. September 1981 in Salzburg, Schuhmacherstr. 18. Wörtlich heißt es hier, dass man „zu keiner einmütigen Formulierung" kam.

¹⁵⁹  Vgl. Anschreiben unterzeichnet von Graham Lange und Hermann Eyl, um zum Treffen am 4. April 1981 einzuladen.

9. November 1981 vorgelegt wurden unter demselben Punkt: „Es ist das Bekenntnis zur göttlichen Inspiration der ganzen Heiligen Schrift, ihrer völligen Zuverlässigkeit, Irrtumslosigkeit und einzigen Autorität in allen ihren Aussagen".[160] In einem Beiblatt mit „Änderungen des Grundsatzpapiers"[161] wurde später der Zusatz „in den Urschriften" eingefügt. Dieser Formulierung im Schriftverständnis konnten nicht alle Personen zustimmen, und so zogen sich einige der freikirchlichen Initiatoren zur Gründung der ARGEGÖ noch während der Gründungsphase zurück.

Zum ersten Mal wird *evangelikal* nun auf Gemeinden bezogen, die ein bestimmtes Schriftverständnis (Unfehlbarkeit und Irrtumslosigkeit der Heiligen Schrift) vertreten, das zwar von einem sicher nicht unerheblichen Teil der Evangelikalen Bewegung, aber durchaus nicht von allen Evangelikalen geteilt wird. Hinzu kommt eine Fokussierung auf Freikirchen. Zwar heißt es noch im Protokoll der ersten Vollversammlung vom 25. Oktober 1982:

*„Ein Heilsarmeeoffizier aus Linz ersucht die AeGÖ, nochmals über ihren Namen nachzudenken. Seiner Ansicht nach könnten sich nicht freikirchliche evangelikale Christen zurückgestzt [sic!] fühlen. Wir bitten Fritz Lippert den Brief zu beantworten und klarzustellen, daß die AeGÖ weder ein evangelikaler Gemeindebund oder Dachorganisation noch ein Zusammenschluß evangelikaler Christen, sondern eine Arbeitsgemeinschaft von Gemeinden ist."[162]*

Auf der ARGEGÖ Vollversammlung im Herbst 1990 gibt es erneut eine Diskussion um die Frage *evangelikal* oder *evangelisch*. Während

---

[160]  Grundsatzpapier der Arbeitsgemeinschaft evangelikaler Gemeinden in Österreich. Beiblatt zum Anschreiben vom 29. Oktober 1981, mit dem zur Gründungsversammlung der ARGEGÖ für den 9. November 1981 eingeladen wird.

[161]  Leider fehlt bei dem Dokument jegliches Datum. Es bleibt unklar, ob die Ergänzung schon 1981 oder erst später vorgenommen wurde. Wahrscheinlich geschah dies auf der Vollversammlung 1984, doch auch hier bleibt das Protokoll unklar. Es heißt einzig unter „IV. Glaubensgrundsaetze" „in einigen Worten soll die Stellung der Schrift präzisiert werden". Vgl. Protokoll der 3. Vollversammlung, abgehalten am 28. Oktober 1984 auf Schloss Mittersill.

[162]  Protokoll der 1. Vollversammlung, abgehalten am 25. Oktober 1982 auf Schloss Mittersill.

es einige Gemeindeverantwortliche bedauern, den Begriff evangelisch aufzugeben, lautet eine andere Stimme: „Vielleicht gibt es auch Gemeinden unter uns, die keinen besonderen Wert auf das Wort ‚evangelisch' legen"?[163]

Ende der 1980er Jahre sollte eine weitere Entwicklung eine Engführung des Begriffs evangelikal begünstigen. Die Evangelische Kirche A. B. in Österreich begann Rechtsschritte gegen Freikirchen einzuleiten, die in ihrer Namensbezeichnung den Begriff *evangelisch* verwendeten. So hieß es u. a. in einem Schreiben des Evangelischen Oberkirchenrats A. u. H. B. in Wien vom 17. Mai 1989 an die Verantwortlichen der *Freien evangelischen Gemeinde* Außerfern:

> *„Ihr Vereinsname verletzt das Namensrecht der Evangelischen Kirche in Österreich gemäß § 43 ABGB, weshalb die Evangelische Kirche berechtigt ist, von Ihnen die Unterlassung der Namensverwendung zu fordern.*
>
> *Daß Ihre Gemeinschaft keine ‚Gemeinde' im Rechtssinn ist und ‚frei' als Begriffsgegensatz zu ‚unfrei' in Österreich verstanden wird, soll hier nicht weiter erörtert werden ... Ein heute geführtes Telefonat mit Herrn Amtsrat Ainetter ergab, daß Sie bisher keine Namensänderung der Tiroler Sicherheitsdirektion meldeten und sind Sie daher nunmehr unter Fristsitzung aufzufordern, was hiermit geschieht: Binnen 4 Wochen*
> 1. *die Namensänderung vereinsrechtlich wirksam zu beschließen und*
> 2. *die Namensänderung bei der Sicherheitsdirektion für das Bundesland Tirol als Änderung Ihrer Vereinsstatuten zu beantragen;*
> 3. *eine Kopie Ihres Änderungsantrages dem Evangelischen Oberkirchenrat vorzulegen.*
>
> *Sollten Sie, sehr geehrte Herren, der Aufforderung nicht fristgerecht nachkommen, wird ohne weitere Verständigung beim örtlich und sachlich zuständigen Landesgericht Innsbruck gegen Ihren Verein die Klage auf Unterlassung der Verwendung des Namens ‚Evangelisch' erhoben. Sollten wir von Ihnen innerhalb der gesetzten Frist nichts hören, erfolgt die Klagserhebung ohne weitere Rückfrage."[164]*

---

[163]  Vgl. Protokoll der ARGEGÖ-Vollversammlung vom 3.11.1990 in Spital/Pyhrn, S. 2.

[164]  Schreiben des Evangelischen Oberkirchenrats A. u. H. B. Wien vom 17.5.1989, Zahl 932/89/M.

In weiterer Folge gab es zwar zahlreiche internationale Proteste gegen diese Vorgehensweise seitens der Evangelischen Kirche, allerdings führten auch Vermittlungsversuche seitens der Europäischen Evangelischen Allianz zu keinen Ergebnissen. Da sich keine der betroffenen Freikirchen wagte, den Rechtsweg einzuschlagen, änderten die betroffenen Gemeinden ihre Selbstbezeichnung von *evangelisch* auf *evangelikal* um. Damit war ein weiterer Schritt genommen, die Bezeichnung *evangelikal* als Synonym für gewisse freikirchliche Gemeinden zu verwenden.[165]

Bemerkenswert ist eine weitere Entwicklung: Hieß es seitens der Evangelischen Kirche bzgl. der freikirchlichen Gemeinden noch im Jahr 1989: „Schon der Ausdruck ‚evangelikal' steht unangefochten zur Verfügung",[166] bzw. nur wenige Tage später:

> *„Ein Name ‚evangelikal' ist von einem Namensschutz zugunsten unserer Kirche leider nicht umfaßt, weshalb eine Bezeichnung Ihrer Gemeinschaft als evangelikale Gemeinschaft, solange dieses Wort nicht abgekürzt wird, aus unserer Sicht rechtlich unbedenklich ist"*[167],

so änderte die Evangelische Kirchenleitung ihre Position im Verlauf der folgenden zwei Jahre. Als es um die vereinsrechtliche Gründung der *Evangelikalen Freikirche Wörgl* ging, schrieb der Evangelische Oberkirchenrat A. u. H. B. Wien an das Bundesministerium für Unterricht und Kunst u. a.:

> *„Der Begriff ‚evangelikal' erfaßt eine bestimmte Frömmigkeitsrichtung in der Evangelischen Kirche und entspricht in bestimmter Form dem Neu-Pietismus, eine kirchliche Gruppierung, die in der Evangelischen Kir-*

---

[165]　An dieser Stelle kann nicht auf die kritische, innerkirchliche Diskussion über die inhaltlich-theologische Position der Evangelikalen eingegangen werden, wie sie z. B. von der Salzburger Gruppe in den 1980er Jahren forciert wurde.

[166]　Brief des evangelischen Bischofs A. B. Dieter Knall an Pfarrer Willi Sartorius, reformierter Pfarrer in der Schweiz und Präsident der Europäischen Evangelischen Allianz, vom 12.6.1989, der sich für die freikirchliche Verwendung der Bezeichnung evangelisch verwendet hatte.

[167]　Schreiben des evangelischen Kirchenkanzlers Dr. Fritz an Pastor Willy Heusser vom 20.6.1989.

*che seit ihrem Bestehen vorhanden war und ist. Der Begriff ‚evangelikal'*
*ist genauso fehlentlehnt wie der Begriff ‚Freikirche'."*[168]
So versucht man, allerdings erfolglos, der Freikirche auch die Verwendung der Bezeichnung *evangelikal* zu verbieten.

Die Situation verschärft sich jedoch noch einmal, als sich die Evangelische Kirche aufgrund einer Anfrage des Bundesministeriums für
Unterricht und Kultur gegen die vereinsrechtliche Gründung des
*Bundes Evangelikaler Gemeinden (BEG)* im Jahr 1991 ausspricht. Infolge
wird dem Verein die Gründung in erster Instanz untersagt. Allerdings wird der Berufung gegen den ersten Bescheid mit der Begründung stattgegeben, dass der Evangelischen Kirche keine begutacht-
ende Stellung in dem Verfahren zustehen würde.[169]

Die Folgen all dieser Auseinandersetzungen zwischen Evangelischer Kirche und einem Teil der Freikirchen sind gravierend. Mehr
und mehr findet eine entscheidende Umprägung im Begriffsver-
ständnis von *evangelikal* statt: *evangelikal* meint zunehmend exklusiv
*freikirchliche Gruppen* im theologischen Umfeld der ARGEGÖ.

Als Zwischenfazit bleibt festzuhalten: Der Begriff *evangelikal*, der
1969 erstmals in Österreich aufgenommen wird, wird kongruent
zum Verständnis des Begriffs evangelikal in Deutschland eingeführt
und verwendet. Erst durch die kirchenpolitische Auseinandersetzung zwischen Evangelischer Kirche und freikirchlichen Gemeinde
in den 1980er Jahren erfährt *evangelikal* eine Engführung, die durch
die Gründung sowohl der ARGEGÖ wie später auch des BEG noch einmal verstärkt wird und schließlich zu einer konfessionellen Umprägung des Begriffs *evangelikal* führt.

Als Einschub soll an dieser Stelle gesondert auf die Veröffentlichungen des Referats für Weltanschauungsfragen der Erzdiözese
Wien zum Begriff und Verständnis von *evangelikal* eingegangen werden, auch wenn wir damit die chronologische Darstellung sprengen
und in die Anfänge der 1980er Jahre zurückkehren.

---

[168]  Brief des Evangelischen Oberkirchenrats A. u. H. B. an das Bundesministerium
       für Unterricht und Kunst vom 24.6.1991.
[169]  Vgl. Frank Hinkelmann, *Geschichte der Evangelischen Allianz in Österreich*,
       S. 159–162.

Denn die Veränderungen im Verständnis des Begriffs *evangelikal* werden auch in den Veröffentlichungen des Referats für Weltanschauungsfragen der römisch-katholischen Erzdiözese Wien deutlich. So heißt es in Broschüren zum Thema „*Evangelikal" – was ist das eigentlich?* aus dem Jahr 1981 noch:

> „*Es handelt sich um eine vielgestaltige Strömung, vor allem im protestantischen Bereich: in der evangelischen Kirche und in den sogenannten Freikirchen (z. B. Methodisten, Baptisten, Mennoniten). Ihre Hauptimpulse stammen aus bibelorientierten Erweckungsbewegungen des 18. und 19. Jahrhunderts.*"[170]

Zwei Jahre später findet sich eine erste vorsichtige Absetzung zur *Evangelischen Kirche*:

> „,*Evangelikale' ist eine Sammelbezeichnung für eine vielgestaltige und schwer abgrenzbare Strömung vor allem im reformatorischen Bereich: in der evangelischen Kirche und in den sogenannten Freikirchen (z. B. Methodisten, Baptisten, Mennoniten). In ihrer Lebens- und Denkhaltung, in ihrer Bibelauslegung und Theologie bestehen deutliche Unterschiede zum vorherrschenden Stil der großen evangelischen Kirchen.*"[171]

Im Jahr 1981 erschien auch eine ausführliche Dokumentation über Entwicklung, theologische Prägung und Praxis der Evangelikalen. Hugo Mayr, selbst Mitglied einer Freikirche und vormals Vorsitzender der Österreichischen Evangelischen Allianz, sowie hauptberuflich Direktor des Wiener Bibelhauses, betont in seinem Artikel:

> „*Obwohl sich manche Freikirchen und Gemeinschaften als Gesamterscheinung evangelikal einstufen (das könnte z. B. für die Baptisten, die Freien Christengemeinden und die Gemeinde Tulpengasse in Wien zutreffen), bilden die Evangelikalen doch keine eigene Konfession. Sie sind, soweit dies feste Strukturen im Sinne einer verfaßten Kirche betrifft, eigentlich nicht*

---

[170]   Erzbischöfliches Pastoralamt (Hg.), „*Evangelikal" – was ist das eigentlich?* Mit Druckerlaubnis des erzbischöflichen Ordinariats Wien vom 13. Mai 1981, ZI 1576/81.

[171]   Erzbischöfliches Pastoralamt (Hg.), „*Evangelikal" – was ist das eigentlich?* Mit Druckerlaubnis des erzbischöflichen Ordinariats Wien vom 23.11.1983, ZI 3463/83.

*greifbar. Obwohl der Großteil der Evangelikalen im protestantischen Be-*
*reich zu finden ist, bilden sie doch nicht etwa eine ausschließlich protes-*
*tantische Bewegung.*"[172]

Auffallend ist, dass in dem Heft nur wenig auf die konfessionelle
Frage eingegangen wird und stattdessen zahlreiche Werke aus dem
Bereich der evangelikalen Bewegung vorgestellt werden. Gleichzeitig wird bei der Definition des Begriffes stark auf deutsche Quelle
zurückgegriffen. In einer überarbeiteten Neuauflage heißt es dann
jedoch schon im November 1983:

*„‚Evangelikal' – dieses Wort weckt oft Assoziationen mit ‚evangelischer Kir-*
*che'. Hierzu ist anzumerken, daß dieser Text nicht Erneuerungsbewegun-*
*gen innerhalb der Landeskirche und schon gar nicht diese selbst im Auge*
*hat, sondern vielmehr die freien Werke und eigenständigen Gemeinden.*"[173]

Auffallend ist weiterhin, dass in derselben Veröffentlichung Anna
Steinböck, die ihre Diplomarbeit an der Katholisch-theologischen
Fakultät der Universität Wien über die Evangelikale Bewegung geschrieben hat,[174] gewisse konservative Positionen, die zwar durchaus
unter Evangelikalen vertreten werden, aber nicht von der ganzen
Bewegung geteilt werden, als für die gesamte Bewegung zutreffend
festschreibt, auch wenn der Aufsatz im Ganzen gesehen sachlich
und differenziert ist. So heißt es u. a. zum Schriftverständnis der
Evangelikalen:

---

[172]  Referat für Weltanschauungsfragen (Hg.), *Die Evangelikalen. Entwicklung – Theo-*
*logische Prägung – Praxis,* Dokumentation 3/81, Wien: 1981, S. 2–3.

[173]  Referat für Weltanschauungsfragen (Hg.), *Schwerpunkte evangelikaler Theologie,*
Pastorale Hilfe 3/83, Wien: 1983, S. 4.

[174]  Anna Steinböck, *Die evangelikale Bewegung,* Unveröffentlichte Diplomarbeit,
Wien, 1984. Ihr Aufsatz in der Veröffentlichung des Referats für Weltanschauungsfragen gibt in den wesentlichen Teilen die Ergebnisse ihrer Diplomarbeit
wieder. Insgesamt geht Steinböck allerdings stark von der deutschen Situation aus. So bezieht sie sich vor allem auf deutsche Veröffentlichungen. Prob-
lematisch erscheint es darüber hinaus, die Überzeugungen einzelner Personen wie z. B. Herbert Masuch und Ernest Wilder Smith als die repräsentative
Meinung aller Evangelikalen darzulegen. Einzig die verschiedenen Werke, die
am Ende der Arbeit behandelt werden, spiegeln den besonderen österreichischen Kontext wieder.

*„Die Frage, warum Evangelikale die Bibel anders verwenden als es die Christen allgemein gewohnt sind, wird meist mit dem Hinweis auf das wörtliche Verständnis biblischer Texte beantwortet. Das ist aber eine vordergründige Beurteilung. Denn Evangelikalen geht es weniger um die Einhaltung des genauen Wortlautes, es muß vielmehr jede Interpretation biblischer Texte vermieden werden, die das Eingeständnis eines Fehlers in der Hl. Schrift zur Folge hätte. Die zentrale Aussage über die Bibel, daß sie göttlich inspiriert und daher unfehlbar ist, bedeutet noch nicht, daß Wort für Wort als inspiriert betrachtet wird. Entscheidend ist, daß die Bibel immer irrtumsfrei ist und sich als Irrtumslosigkeit auf das theologische, historische, biologische oder geographische Gebiet erstreckt. Das erfordert vom evangelikalen Leser und Interpreten biblischer Texte fallweise ein wörtliches, und manchmal ein nichtwörtliches Verstehen."*[175]

Aufschlussreich ist ferner, wie das Thema Taufe aufgegriffen wird. Steinböck schreibt:

*„Jene sakramentale Praxis, die zum Gegenstand der Kontroversen geworden ist, ist die Kindertaufe. Nach streng evangelikalem Verständnis scheint es selbstverständlich, daß die Taufe nur von Erwachsenen nach einer persönlichen Glaubensentscheidung empfangen werden kann. Damit stehen sie in der baptistischen Tradition."*[176]

Gleichzeitig heißt es aber auch: „Innerhalb der evangelikalen Bewegung finden sich ... Vertreter der Kindertaufe, sie bilden die Mehrheit".[177] Trotzdem folgt auf den folgenden Seiten nur eine Diskussion der Glaubenstaufe. Bewusst oder unbewusst wird so der Eindruck vermittelt, als wäre eine *streng evangelikale* eine bewusst freikirchliche Position.

Im Jahr 1994 sollte eine weitere überarbeitete Publikation des *Referats für Weltanschauungsfragen* in Wien über Evangelikale erscheinen. Präzise und im Rahmen des international gebräuchlichen Verständ-

---

[175]    Referat für Weltanschauungsfragen (Hg.), *Schwerpunkte evangelikaler Theologie*, Pastorale Hilfe 3/83, Wien: 1983, S. 5–6.

[176]    Referat für Weltanschauungsfragen (Hg.), *Schwerpunkte evangelikaler Theologie*, S. 37.

[177]    Referat für Weltanschauungsfragen (Hg.), *Schwerpunkte evangelikaler Theologie*, S. 37.

nisses werden die theologischen Schwerpunkte der Evangelikalen als einer überkonfessionellen Bewegung dargestellt. Allerdings beginnt der darauffolgende Teil, unter der Kapitelüberschrift „Praxis" mit den Worten:

> „Bedeutende Freikirchen gab es bereits im Mittelalter [...] Hier geht es vielmehr vor allem um die Gründung und den Aufbau der Gemeinden, die nach dem Zweiten Weltkrieg bzw. in den letzten 25 Jahren entstanden sind"[178]

Von Evangelikalen in der Evangelischen Kirche ist keinerlei Rede mehr, ja sie scheinen gar nicht im Blickfeld des Autors zu stehen. Auch bei der Diskussion der Tauffrage wird der Eindruck vermittelt, als würden alle Evangelikalen die Kindertaufe ablehnen und nur die Glaubenstaufe praktizieren.[179] Wer diese Veröffentlichung liest, kann sich des Eindrucks nicht erwehren, dass evangelikal und freikirchlich gleichzusetzen ist.[180]

Diese Entwicklung hin zu einer konfessionellen Engführung des Begriffes evangelikal wird nicht nur durch die Auseinandersetzung mit der Evangelischen Kirche begünstigt, sondern zunehmend auch aus freikirchlichen Kreisen selbst forciert. Zwar wird in Selbstvorstellungen evangelikaler Freikirchen darauf hingewiesen, dass die Evangelikale Bewegung „ein Zweig des protestantischen Christentums"[181] ist; trotzdem gewinnt der unbedarfte Leser bei der Lektüre

---

[178] Referat für Weltanschauungsfragen (Hg.), Evangelikale. Entwicklung - Schwerpunkte - Praxis - Stellungnahmen, Werkmappe Sekten, religiöse Sondergemeinschaften, Weltanschauungen, Nr. 71, Wien, 1994, S. 23.

[179] „Ein besonderes Problem stellt für Evangelikale die Praxis der Kindertaufe dar." Referat für Weltanschauungsfragen (Hg.), Evangelikale. Entwicklung - Schwerpunkte - Praxis - Stellungnahmen, Wien: 1994, S. 62.

[180] Erst in der überarbeiteten Ausgabe vom Herbst 2008 heißt es wieder: „Die Evangelikale Bewegung ist eine internationale, die Konfessionsgrenzen überschreitende konservative Bewegung innerhalb des Protestantismus." Johannes Sinabell, „Freikirchen, Evangelikale, Pfingstler", Referat für Weltanschauungsfragen (Hg.), Freikirchen, Bekenntnisgemeinschaften, Pfingstkirchen. Bekenntnisgemeinschaften in Österreich, Werkmappe Nr. 94/2, Wien, 2008, S. 6.

[181] Arbeitsgemeinschaft Evangelikaler Gemeinden Tirols (Hg.), Evangelikale Freikirchen in Tirol, 2. verbesserte Aufl., Innsbruck: Eigenverlag, 1994, S. 12. Dieser Satz entstammt einem Lexikonartikel, so die Angaben. Die genaue bibliographische Angabe fehlt.

den Eindruck, dass *evangelikal* und *freikirchlich* ident sind. Eine noch deutlichere Sprache spricht eine Selbstvorstellungschrift der AR-GEGÖ.[182] Zwar heißt es auch hier: „Evangelikale gibt es in praktisch allen Denominationen"[183], trotzdem suggeriert schon der Titel *Evangelikale in Österreich*, dass Evangelikale Mitglieder von Freikirchen sind. Vorgestellt werden neben der ARGEGÖ die folgenden freikirchlichen Gruppen: *Bund Evangelikaler Gemeinden in Österreich, Evangelisch freikirchliche Gemeinden in Österreich, Mennonitische Freikirche Österreichs* und der *Bund der Baptisten in Österreich*. Neben dem evangelisch kirchlichen Bereich findet auch der pfingstkirchliche und charismatische Zweig keinerlei Erwähnung. Damit ist der Begriff *evangelikal* zu einem konfessionellen Sammelbegriff für einen eng umgrenzten freikirchlichen Bereich geworden.

Noch deutlicher zeigt sich diese Selbstwahrnehmung im vom *Bund Evangelikaler Gemeinden in Österreich* herausgegebenen *Handbuch für Missionare in Österreich*[184]. Wenn von *Evangelikalen* bzw. *evangelikalen Gemeinden* die Rede ist, wird im Kontext der Ausführungen deutlich, dass es sich um Mitglieder einer freikirchlichen Gemeinde bzw. um freikirchliche Gemeinden an sich handelt, die jeweils der ARGEGÖ nahestehen.[185] Auffallend ist, dass z. B. die Österreichische Evangelische Allianz als Dachverband der Evangelikalen nicht einmal Erwähnung findet. Ein letztes Beispiel: Beim ersten Gemeindegründungs-

---

[182]   ARGEGÖ (Hg.), *Evangelikale in Österreich*, 2. überarb. Aufl., Wien: BAO, 2003.

[183]   ARGEGÖ (Hg.), *Evangelikale in Österreich*, S. 15.

[184]   Reinhold Eichinger u. Christoph Windler (Hg.), *Handbuch für Missionare in Österreich: Hintergrundinformationen für die Vorbereitung und Durchführung eines wirkungsvollen Dienstes*, Wien: BEGÖ, 1999.

[185]   Vgl. beispielsweise die Aussage; „Gab es am Ende des 2. Weltkrieges erst 7 evangelikale Gemeinden im ganzen Land" – damit schließt man die methodistischen Gemeinden, die Pfingstgemeinden und die evangelischen Pfarrgemeinden aus (S. 94); „Man beginnt allmählich die Evangelikalen im Lande zu registrieren" – der Zusammenhang macht deutlich, dass Evangelikale Mitglieder von Freikirchen sind (S. 98). Im Kontext der Beschreibung der Evangelischen Kirche findet sich kein einziges Mal der Begriff evangelikal, stattdessen spricht man von „wirklich gläubige[n] Evangelische[n]" (S. 90). Vgl. auch die Verwendung des Begriffes „evangelikale Gemeinde" auf S. 7. Zahlreiche weitere Beispiele könnten gegeben werden.

treffen der ARGEGÖ im Jahr 1995 wird ein Referat unter folgendem Thema gehalten: *Die Entwicklung der evangelikalen Gemeinden in Österreich in den letzten 20 Jahren.* Wer die Mitschrift studiert, findet nur die Darstellung freikirchlicher Gemeindegründungsinitiativen im theologischen Umfeld der ARGEGÖ. Nicht von ungefähr suggeriert der definitive Artikel „der", dass es sich nicht um Beispiele evangelikaler Gemeinden handelt, sondern dass die genannten Gemeinden für die Evangelikalen per se stehen.[186]

Im Jahr 1988 schreibt der evangelische Theologe Reinhold Rampler mit seiner Diplomarbeit die bis dato ausführlichste Darstellung über und Auseinandersetzung mit der Evangelikalen Bewegung in Österreich: *Evangelikal – eine österreichische Lesart.* Sein Ziel ist es, „das enorme Informationsdefizit, das die Diskussion über ‚die Evangelikalen' in Österreich kennzeichnet, zu verringern."[187] Er gelangt zum Schluss:

> „*Die ARGEGÖ kennzeichnet den Übergang vom missionarischen Einzelkämpfertum zur evangelikalen Bewegung. Diese Bewegung wird viel stärker als in der BRD von taufgesinnten Gemeinschaften getragen. Die E[vangelische] K[irche] spielt höchstens durch einzelne Vertreter in der ÖEA eine Rolle.*
>
> *Jene Mitarbeiter der E[vangelischen] K[irche], die aus der Überzeugung, daß jeder Mensch ohne bewußte, ständig erneuerte Glaubensbeziehung zu Jesus Christus für ewig verdammt sei, das unbedingte missionarische Engagement der Evangelikalen teilen, nicht jedoch deren Gemeinde- und Taufverständnis, finden sich zwischen zwei Stühlen wieder [...].*"[188]

Auch wenn in der neueren wissenschaftlichen Diskussion verstärkt ein differenziertes Verständnis des Begriffs evangelikal vertreten wird[189], ist trotzdem der Aussage von Walter Bösch (zumindest für die 1990er Jahre) zuzustimmen, der zu dem Schluss gelangt:

---

[186]  (Zusammengestellt von) Christoph Windler, *1. Gemeindegründungstreffen der Arbeitsgemeinschaft Evangelikaler Gemeinden in Österreich Spital am Pyhrn, 20.–22.1.1995: Eine Dokumentation,* Unveröffentlichtes Manuskript.

[187]  Rampler, *Evangelikal – eine österreichische Lesart,* S. 2.

[188]  Reinhold Rampler, *Evangelikal – eine österreichische Lesart,* S. 59.

[189]  Vgl. hierzu die Arbeiten von Thomas Mayer, „*Wiedergeborene Christen": Die evangelikale Bewegung und die ihr zugehörigen Gemeinden in Salzburg – Bestimmung, Dif-*

*„‚Evangelikal': In Österreich verstehen freikirchliche Leiter unter diesem Begriff meist Freikirchen, die eine große Bibelnähe pflegen, sich aber bewusst von pfingstlicher oder charismatischer Lehre oder Ausdrucksweise distanzieren. [...] Die Evangelikalen sind meistens beheimatet in der Arbeitsgemeinschaft Evangelikaler Gemeinden in Österreich (ARGEGÖ)."*[190]

Ein Begriff, der in seiner ursprünglichen Bedeutung inhaltlich-theologisch und strukturell-transkonfessionell verstanden wurde, hat vor allem durch kirchenpolitische Beweggründe eine konfessionelle Engführung erfahren. Wenn bis vor wenigen Jahren in Österreich von *Evangelikalen* die Rede war, wurden im überwiegenden Teil Christen und Gemeinden im Umfeld der *ARGEGÖ* und des *Bundes Evangelikaler Gemeinden in Österreich* beschrieben. So konnte Reinhold Rampler 1989 schreiben:

*„Die evangelikalen Kräfte in Österreich ... sind heute fast ausschließlich in freikirchlichen Gemeinden organisiert. ‚Evangelikal' hat daher in Österreich eine grundlegend andere Bedeutung als in der BRD".*[191]

Allerdings setzt sich in den vergangenen Jahren mehr und mehr eine Trendwende durch, die eine solche konfessionelle Engführung des Begriffs *evangelikal* zurückweist. Denn wie wir weiter oben gesehen haben, kann diese weder theologisch begründet, noch historisch gerechtfertigt werden und ist vielmehr den kirchenpolitischen Rahmenbedingungen der 1980er und 1990er Jahre geschuldet und diese wird zunehmend hinterfragt. Hierzu tragen gemeinsame In-

---

ferenzierung, Abgrenzung, unveröffentlichte Diplomarbeit, Salzburg, 1998 oder auch Janique Catherine Blattmann, *Das christliche Missionsverständnis: Ein Vergleich zwischen freikirchlich-evangelikaler und römisch-katholischer Sicht*, unveröffentlichte Diplomarbeit, Innsbruck, 2003. Blattmann fordert unter Bezug auf einen Artikel von Frank Hinkelmann, „dem inhaltlich-theologischen vor dem strukturell-institutionellen Kriterium den Vorrang" zu geben. Ebd. S. 13.

[190]   Walter Bösch, *Damit sie alle eins seien: Eine Studie über die Einheit unter den geistlichen Leitern freikirchlicher Gemeinden in der Stadt Wien*, unveröffentlichte Diplomarbeit, Wien, 2008, S. 2.

[191]   Reinhold Rampler, „Thesen zur Diskussion: Evangelikal – eine österreichische Lesart. Ein Beitrag zum Verständnis der evangelikalen Bewegung unter besonderer Berücksichtigung der wichtigsten evangelikalen Vereinigungen in Österreich. Thesen zur Diplomarbeit", *Amt und Gemeinde*, 40 (1989), S. 158.

itiativen evangelikaler Kreise, die über den Bereich der ARGEGÖ bzw. des BEG hinausgehen genauso bei wie veränderte politische Rahmenbedingungen. Sowohl im römisch-katholischen wie auch im evangelisch-volkskirchlichem Bereich wird *evangelikal* zunehmend wieder theologisch definiert, wie folgendes Zitat des steirischen, evangelischen Superintendenten Hermann Miklas zeigt, der Anfang 2012 schrieb:

> *„Sie [eine evangelikale „Glaubensfärbung"] ist heute in manchen Freikirchen sehr verbreitet, hat aber durchaus auch in einige Teile unserer Kirche Eingang gefunden".*[192]

Auch einschlägige wissenschaftliche Veröffentlichungen zum Thema fördern diese Entwicklung. Daher lässt sich vor allem in den vergangenen Jahren die Tendenz feststellen, den Begriff *evangelikal* in Österreich nicht länger nur in einem konfessionellen Sinne für ein Segment der Freikirchen zu verwenden, sondern als einen theologisch definierten Begriff in seiner überkonfessionellen Weite zu verstehen.

---

[192]  Hermann Miklas, „Evangelikal und evangelisch – ist das das Gleiche?" *evang. st. für die evangelische Steiermark*, Nr. 1 (2012), S. 18.

# 5 Der Begriff evangelikal in der Schweiz

Wer nach frühen Belegen für eine Verwendung der Bezeichnung *evangelikal* im deutschschweizerischen Umfeld sucht, wird enttäuscht werden. Während die *Deutsche Evangelische Allianz* den Begriff schon Mitte der 1960er Jahre aufnahm und einführte, und der Begriff über Deutschland auch in den Jahren 1969/1970 nach Österreich fand, scheint man in der Schweiz hinsichtlich der Übernahme des Begriffs zurückhaltender gewesen zu sein.

Zwar taucht in einem Protokoll des Zentralkomitees der Schweizerischen Evangelischen Allianz vom März 1967 die Bezeichnung *evangelikal* auf, allerdings geht es dabei um eine Konferenz Evangelikaler in England. Wörtlich heißt es in einem Bericht der *Europäischen Evangelischen Allianz*: „In London gab es die zweite Konferenz der Evangelikalen. Herr Brockhaus, jr. hat einen ausführlichen Bericht darüber abgegeben."[193]

Zwar berichten schweizerische freikirchliche Zeitschriften Ende der 1960er Jahre über die Situation in Deutschland und schildern die Auseinandersetzungen um die Bibelfrage rund um die *Bekenntnisbewegung „Kein anderes Evangelium"*, allerdings scheint auch in diesem Zusammenhang an keiner Stelle der Begriff *evangelikal* auf."[194] Selbst in diversen Berichten über die Gründung der *Freien Evangelisch-Theologischen Akademie* in Basel durch Pfr. Dr. Samuel Külling findet sich zwar häufig die Betonung, dass die Ausbildungsstätte bibeltreu sei, allerdings wird auch hier der Begriff *evangelikal* nicht aufgegriffen.[195]

Erstmals verwendet die Zeitschrift der *Schweizer Pfingstbewegung* in einem Bericht über den von Billy Graham organisierten *Evange-*

---

[193]  Maschinenschriftliches *Protokoll des Zentralkomitees [der SEA] vom 22. März 1967, 9.30 Uhr in Aarau*, S. 1.

[194]  Vgl. hierzu EPD [Quellenangabe], „Der Blick über den Zaun: Die Bekenntnisbewegung ‚Kein anderes Evangelium' gibt Grundsatzerklärung ab", *Gemeindegruss*, 62 (1968): S. 12–15 sowie Zo[pfi, Jakob?]., „Der Deutsche Evangelische Kirchentag 1969 – und die Bekenntnisbewegung", *Wort + Geist* (1969), Nr. 11: S. 22–23.

[195]  Vgl. beispielsweise Anonym, „Bibeltreue theologische Fakultät", *Wort + Geist* (1970) Nr. 4.

*listenkongress* in Amsterdam (28.8.–4.9.1971) im Frühherbst 1971 den
Begriff: Hier ist die Sprache von „einem evangelikalen Kongress"[196]
sowie von den „Evangelikalen Europas"[197].

Im Mai 1972 druckt die Zeitschrift *Glaubensbote* der *Pilgermission
St. Chrischona* eine Stellungnahme des (deutschen) *Evangelischen Gnadauer Gemeinschaftsverbandes* zur Frankfurter Erklärung der „evangelikalen Missionen"[198] ab, doch obwohl Peter Beyerhaus, einer der
Mitverfasser der Erklärung, in diesem Jahr auf der Evangelistenkonferenz auf St. Chrischona Hauptreferent ist und über *Mission und
Humanisierung* spricht, wird der Begriff *evangelikal* in den weiteren
Berichten an keiner Stelle mehr aufgenommen.[199] In einer Stellungnahme der Pfingstbewegung anlässlich der *Pfingst-Europa-Konferenz*
1972 in Bern ist von „evangelikalen Kreisen"[200] die Rede, allerdings
handelt es sich hier wiederum um ein europäisches Dokument.

Aufgrund der bis dahin äußerst zögerlichen Aufnahme der Bezeichnung *evangelikal* in der deutschsprachigen Schweiz mag es umso
mehr verwundern, dass es im Jahr 1972 zur Gründung einer *Arbeitsgemeinschaft Evangelikaler Missionen (AEM)* kommt. Wer jedoch die internen Dokumente liest, stellt rasch fest, dass dies nicht freiwillig
geschehen ist. Schon seit 1965 gab es einen informellen Zusammenschluss einiger evangelikal geprägter Missionswerke zur *Vereinigung freier evangelischer Missionen*.[201] Anfang der 1970er Jahre möchte

---

[196]  Zo[pfi, Jakob?]., „Amsterdam eine Wasserscheide?", *Wort + Geist* (1971) Nr. 11,
S. 5.

[197]  Zo[pfi, Jakob?]., „Amsterdam eine Wasserscheide?", S. 9.

[198]  Gnadauer Verband, „Stellungnahme des Gnadauer Verbandes zu aktuellen
Fragen", *Glaubensbote*, 95 (1972): S. 86–87.

[199]  Vgl. hierzu E[dgar]. S][schmid]., *Glaubensbote*, 95 (1972) S. 150 sowie Kurt
Matter, „Evangelistenkonferenz auf St. Chrischona", *Glaubensbote*, 95 (1972):
S. 151–152. Ähnlich verhält es sich auch im Jahr 1973, wo abermals Peter
Beyerhaus auf der Evangelistenkonferenz sprach. Vergleich hierzu Kurt Mat-
ter, „Evangelistenkonferenz auf St. Chrischona (2. bis 5. Juli 1973)", *Glaubens-
bote*, 96 (1973): S. 152–153.

[200]  Anonym, „PEK Resolution: Unsere Stellung zu anderen bibeltreuen Gemeinden", *Wort + Geist* (1972) Nr. 8, S. 9.

[201]  Vgl. hierzu maschinenschriftliches Schreiben von Paul Roth (Vereinigte Su-
dan Mission) vom 14. April 1965 an einen unbekannten Empfängerkreis unter
dem Betreff „Gründung einer ‚Vereinigung freier evangelischer Missionen'".

man diese Arbeitsgemeinschaft formalisieren und plant sich unter dem Namen *Arbeitsgemeinschaft evangelischer Missionen* zusammenzuschließen – so auch der heutige Name der Arbeitsgemeinschaft (seit dem Jahr 1999).[202] Allerdings erhob die *Kooperation Evangelischer Kirchen und Missionen* dagegen Einspruch. In einem Schreiben vom 7. Oktober 1971 heißt es u. a.:

> *„Es ist ihnen vermutlich nicht bewusst gewesen, dass die Kooperation Evangelischer Kirchen und Missionen früher Arbeitsgemeinschaft Evangelischer Missionen geheißen hat. Da diese Bezeichnung eine juristische Person betrifft und die KEM alle Rechte und Pflichten der Arbeitsgemeinschaft Evangelischer Missionen übernommen hat, müssen wir Sie bitten für ihre Organisation eine andere Bezeichnung zu suchen. Sie werden sicher verstehen, dass wir diese Namensänderung verlangen müssen, da wir immer noch von Zeit zu Zeit Legate und Spenden auf die alte Bezeichnung, Arbeitsgemeinschaft Evangelischer Missionen erhalten."*[203]

In weiterer Folge werden 18 verschiedene Namensvorschläge vorgeschlagen und diskutiert, wie man die zu gründende Arbeitsgemeinschaft nennen solle. Der vorbereitende Arbeitskreis zur Gründung der *AEM* schlägt in weiterer Folge vor, die Bezeichnung *Evangelische Missions-Allianz* zu übernehmen:

> *„Die im Protokoll der Besprechung vom 4.12.71 angeführten 18 Vorschläge sind durch den ,Arbeitskreis' noch einmal miteinander verglichen und gegeneinander abgewogen worden. Dabei kam es einmütig zur Überzeugung, dass die Benennung ,Evangelische Mission-Allianz' am klarsten zum Ausdruck bringe, was wir sind und was wir wollen. Wir sind evangelische (richtig verstanden!) Missionen, die durch Kontakte, gemeinsame*

---

In einem Schreiben vom 25. August 1965 wird aufgrund der positiven Resonanz auf die Anfrage ein erstes Treffen für den 11. September 1965 angesetzt.

[202] Vgl. hierzu maschinenschriftliches Protokoll der Mitgliederversammlung der AEM vom 30. Oktober 1999 in Zürich. Dort wird unter Tagesordnungspunkt 4 die Umbenennung der Arbeitsgemeinschaft von *evangelikal* auf *evangelisch* mit 19 Ja-Stimmen bei 5 Enthaltungen angenommen. Vgl. ferner Anonym, „Missionen arbeiten mehr mit Allianz zusammen", *idea schweiz* (2000) Nr. 18: S. 6.

[203] Maschinenschriftliches Schreiben des Zentralsekretärs der KEM an T. Stäheli von der Überseeischen Missionsgemeinschaft vom 7. Oktober 1971.

> *Besprechungen und Veranstaltungen, vielleicht auch gemeinsame Werke*
> *[...] einander helfen, und wie die ,Schweizerische Evangelische Allianz' ein*
> *Zeugnis der Einheit nach außen ablegen wollen.*
> *Der Arbeitskreis empfiehlt, unsere Benennung auf ,Evangelische Missi-*
> *ons-Allianz' zu ändern."*[204]

Doch scheinbar findet dieser Vorschlag nicht die Unterstützung der Mehrheit der Mitglieder. Daher entscheidet man sich in der Sitzung vom 27. Mai 1972 schließlich auf eine Namensliste mit vier Vorschlägen, über die abgestimmt werden soll. Mit neun von 17 abgegebenen Stimmen findet die Bezeichnung *Arbeitsgemeinschaft Evangelikaler Missionen* eine knappe Mehrheit.[205]

Es sollte trotzdem noch einmal bis zum Ende des Jahres 1973 dauern, bis erstmals eine schweizerische freikirchliche Zeitschrift die Bedeutung des Wortes *evangelikal* ausführlich erklärt. Dieser Artikel in der methodistischen Zeitschrift *Kirche und Welt* soll im Folgenden aufgrund seiner Wichtigkeit zur Gänze zitiert werden:

> *„Evangelikal – was heisst das?*
>
> *Dem aufmerksamen Hörer und Leser von Diskussionen und christlichen Zeitschriften dürfte nicht entgangen sein, dass in jüngster Zeit ein neues, bisher unbekanntes Wort je länger desto mehr zu hören und zu lesen ist, das Wort ,Evangelikal'. Vielleicht hat auch schon jemand versucht, in einem Lexikon dieses Wort nachzuschlagen und es nicht gefunden. Was meint dieses Wort, oder wer ist mit diesem ,Evangelikal' gemeint?*
>
> *1. Evangelikal heisst: Evangelisch*
>
> *Um es vorweg zu nehmen: Evangelikal heisst nichts anderes als ,evangelisch' und stammt aus dem angelsächsischen Sprachraum. Dieses Wort wurde schon vor mehr als 100 Jahren besonders dann gebraucht, wenn es galt, Gläubige oder ganze Kreise zu kennzeichnen, die sich in besonderer Weise auf das Evangelium von Jesus Christus beriefen. Und so muss es uns*

---

[204]  Maschinenschriftliche Einladung zur Zusammenkunft am Samstag, den 4. März 1972, ausgesandt von Eugen Schmidt unter der Absenderangabe *Freie Evangelische Missionen.*

[205]  Maschinenschriftliches Protokoll der AEM vom 27. Mai 1972, Tagesordnungspunkt 3.

*auch nicht wundern, wenn die – um die Mitte des letzten Jahrhunderts gegründete – Evangelische Allianz sehr bald als ‚evangelikal' bezeichnet wurde. Die Evangelische Allianz wollte schon damals – und heute nicht minder – die Glaubensgemeinschaft der echten Christusgläubigen untereinander fördern und festigen über alle von Menschen geschaffenen Grenzen hinweg, weil sie erkannte, dass die Gemeinde Jesu Christi nicht an einzelne Denominationen gebunden ist. Dabei hat sie aber niemals einer eigentlichen ‚Kirchen- und Gemeinschaftsvereinigung' das Wort geredet, sondern sich als Bindeglied der einzelnen Christen verstanden. Und so dürfen wir auch dankbar auf die Tätigkeit der Allianz zurückblicken, die seit rund 125 Jahren in Städten und Dörfern der ganzen Welt dazu beitrug, das Christuszeugnis der evangelischen Christen über alle bestehenden Kirchengrenzen hinweg glaubhaft zu machen vor der Welt.*

*2. Woher stammt das Wort?*

*Wie bereits angedeutet, stammt der Begriff ‚Evangelikal' aus dem englischen Sprachraum. In Amerika z. B. war die Zersplitterung der wirklich Gläubigen noch viel ausgeprägter, bis man dann endlich vor dem 2. Weltkrieg merkte, dass ein Zusammenschluss aller wirklich Christusgläubigen mehr Zeugniskraft haben dürfte, als ein sich zurückziehendes, überzeugtes Christentum. Und so entstand 1942 in den USA die ‚National Association of Evangelicals' (NAE = ‚Nationale Vereinigung der Evangelikalen'), welche in der Folge dann auch mehr denn je mit einem offenen, mutigen Zeugnis für Christus an die Oeffentlichkeit trat und sich besonders in der Radiomission und in grossen Massenevangelisationen hervortat. Für diese neue Bewegung, diesen neuen Aufbruch des Glaubens, an dem sich nicht Einzelne, sondern die verschiedensten Kirchen und Gemeinschaften gemeinsam beteiligten, gebrauchte man dann in der Folge sehr bald die Bezeichnung ‚evangelikal' oder zu deutsch: die ‚echt evangelischen'.*

*3. Gibt es auch bei uns Evangelikale?*

*Dass dieses Wort auch bei uns immer häufiger zu hören ist, deutet darauf hin, dass auch unter den Gläubigen im deutschsprachigen Raum etwas in dieser Hinsicht geschehen ist. In Deutschland wie in der Schweiz haben sich Bewegungen formiert, die immer deutlicher und auch bewusster sich selbst ‚evangelikal' nennen.*

Dass sich Christen engagieren lassen und auch tatkräftig einsetzen für ein reines, klares Evangelium von Jesus Christus, ist erfreulich und auch jederzeit notwendig. Aber hat es das nicht schon immer gegeben? Hat nicht Gott in jeder Zeit der Kirchengeschichte dafür gesorgt, dass die Botschaft vom ‚Heil in Jesus Christus allein' nicht verdunkelt wurde? Denken wir an die Reformation, denken wir an Erweckungsbewegungen aller Zeiten bis heute. Welch ein Segen war zum Beispiel der glaubensmutige Weg der methodistischen Erweckungsbewegung für viele Länder! Oder denken wir an die gesegnete Arbeit der Chrischona Gemeinschaft innerhalb der Landeskirchen, und die evangelischen Gesellschaften, oder an die anderen freien Gemeinden, die seit jeher eine Verweltlichung des Glaubens und einer Vermenschlichung der Theologie mit einem überzeugten Glaubensbekenntnis entgegen traten. Waren sie – und sind sie nicht auch heute noch – ‚evangelikal', auch wenn sie den Namen nicht gebrauchten?

Wirklich: Wir dürfen getrost sagen: Es gibt in unserem Land ‚evangelikale' Kräfte, ohne dass wir erst noch etwas neu schaffen müssten, damit dieser Ausdruck auch bei uns gebraucht werden kann.

## 4. Die Gefahr, ‚evangelikal' sein zu wollen

Von daher gesehen ist es nicht bedingt eine gottgewollte Notwendigkeit, wenn gläubige Kreise in unserem Land beinahe planmässig darauf hin arbeiten, die evangelischen (und auch freikirchlichen) Kreise einzuteilen in ‚evangelikale' und ‚andere'. Diese menschliche Klassifizierung führt nämlich notgedrungen zu Spannungen, denn es liegt auf der Hand, dass wenn man anfängt, sich ‚evangelikal' zu nennen, es andere geben muss, die ‚nicht evangelikal' sind, und schon haben wir einen neuen Trennungsstrich, welcher der Gemeinschaft der Gläubigen nicht förderlich ist.

Sollten wir nicht vielmehr darüber herzlich dankbar sein, dass wir in der Evangelischen Allianz einen Ort und eine Möglichkeit haben, wo sich die wirklich Gläubigen, Kinder Gottes aller Kirchen und Gemeinschaften zusammenfinden zu einem gemeinsamen Zeugnis von Jesus Christus als dem alleinigen Heil für die ganze Welt? – Ist es nicht das gemeinsame Bekenntnis und Zeugnis, das sich unsere Evangelische Allianz für ihren Dienst zugrunde gelegt hat, an und für sich ‚evangelikal', sodass wir ohne weiteres auf eine neue Gruppierung verzichten können?

*Wäre es nicht gegeben, dass die Kinder Gottes und die Gemeinden, welche sich durch die Evangelische Allianz in ihrem Glauben an Jesus Christus eins wissen, an ihrem Bekenntnis und zeugnishaften Dienst festhalten und sich nicht verunsichern lassen durch eine neue Bewegung, die einerseits mit ihrem ,evangelikal' nichts Neues bringt, andererseits aber die positiven Kräfte in evangelischen und freikirchlichen Kreisen zu trennen droht?*

*5. Evangelisch-methodistische Kirche und die ,Evangelikalen'*

*Die Frage drängt sich auf: Wie verhalten wir uns als Evangelisch-methodistische Kirche in der sich abzeichnenden Auseinandersetzung? Für mich selbst ist die Frage gelöst: Durch meinen persönlichen Glauben an Jesus Christus, meine täglich neue Abhängigkeit von seiner Gnade und Vergebung und meinem Widerstand gegen alle Verwässerung oder Versüssung des Glaubens bin ich ja – ohne dass ich es wusste – schon seit jeher ,evangelikal' gewesen. Ich brauche also weder für mich noch für die Gemeinde, zu der ich gehören darf, einen neuen Namen oder einen anderen Anstrich. In dem ich mich zur Evangelisch-methodistischen Kirche bekenne, bekenne ich mich zu Jesus Christus, meinem Erlöser und dem Erlöser der ganzen Welt. Und sollte es je so weit kommen, dass ich oder meine Kirche (zu der ich gehöre) von Menschen abgeschrieben würden, weil wir es nicht für nötig erachten, eine andere Farbe anzunehmen, dann würde mich das nicht anfechten. Denn wichtig ist nicht, was wir in den Augen von Menschen scheinen, sondern was wir vor Gott wirklich sind. Ich möchte für meinen Teil versuchen, dem von Gott erhaltenen Auftrag treu zu sein. Und für die Evangelisch-methodistische Kirche gilt – ob man sie nun ,evangelikal' oder ,nicht evangelikal' nennt: ,Wir aber predigen Christus, den Gekreuzigten' und ,Wir sind nun Botschafter an Christi statt, denn Gott vermahnt durch uns: Lasset euch versöhnen mit Gott!' (1. Kor. 1,23/2. Kor. 5,20)."*[206]

Der Aufsatz bietet zum einen guten Überblick über den historischen Hintergrund des Begriffes *evangelikal* und zeigt auf, dass die Evangelikale Bewegung sowohl von der Erweckungsfrömmigkeit und dem

---

[206]  Peter Sigrist, „Evangelikal – was heißt das? Ein neues Wort für eine alte Sache", *Kirche und Welt*, 6 (1973): S. 744–745.

Pietismus der vergangenen Jahrhunderte als auch von den neueren Entwicklungen rund um die *National Association of Evangelicals (NAE)* in den USA theologisch geprägt ist. Gleichzeitig spürt man dem Autor seine Vorbehalte hinsichtlich der Einführung eines neuen Begriffes ab, da er sich nicht des Eindrucks erwehren kann, dass die Aufnahme der Bezeichnung *evangelikal* in der Schweiz eher zu Spannungen denn zu einer Vertiefung der Einheit führen und das Trennende in den Vordergrund stellen würde.

Nur wenige Monate später erklärt auch Edgar Schmid im von der Pilgermission St. Chrischona herausgegebenen *Glaubensboten* den Begriff *evangelikal*. Auch dieser Beitrag soll an dieser Stelle vollständig abgedruckt werden:

*„Was heißt eigentlich ‚evangelikal'?*

*In Büchern, Schriften, Predigten und Missionsvorträgen, und seit einigen Monaten im Zusammenhang mit dem vom 16. bis 25. Juli in Lausanne stattfindenden Internationalen Kongress für Weltevangelisation, begegnet uns oft das Wort ‚evangelikal'.*

*Je nach dem Standort, der Bekenntnisgrundlage und Sachkenntnis sind die Deutungen recht verschieden. Manche meinen, ‚evangelikale' Christen seien die ‚Aktivisten' in der christlichen Gemeinde, die bei ihren Bekehrungs- und Erfahrungserlebnissen stehenbleiben. Wieder andere haben die Vorstellung, die ‚Evangelikalen' würden die Botschaft Gottes nur vergeistigen, und aller Dienst in der christlichen Gemeinde beschränke sich ausschließlich auf die verbale Verkündigung; dem schreienden Bedürfnis aber in der Welt nach Brüderlichkeit, Gerechtigkeit, Freiheit und Frieden sowie den sozialen Veränderungen gegenüber sei der ‚evangelikale' Christ verschlossen.*

*Der Begriff ‚evangelikal' ist im englischen Sprachraum entstanden. Die Anhänger der Reformation lutherischer und calvinistischer Prägung wurden als ‚Evangelikale' bezeichnet. Diese Benennung wurde dann im angelsächsischen Raum von dem Begriff ‚Protestant' verdrängt. In der Mitte des 18. Jahrhunderts, in der Zeit der großen Erweckungsbewegungen in England, wurde ‚evangelikal' wieder häufig gebraucht. ‚Erweckung, Bekehrung und Evangelisation' sind Kennworte, auf die verschiedene Glaubensgemeinschaften, die aus der evangelikalen Erweckung hervorgingen,*

großen Nachdruck legten. Klare theologische Abgrenzungen kennzeich-
neten bald die Bewegung, und im Wort ,evangelikal' erfolgte der Bezug
auf das Evangelium. Heute charakterisieren die ,Evangelikalen' folgende
Merkmale:

1. Die Rechtfertigung des Sünders durch den Glauben an Jesus Christus,
   Empfang der Sündenvergebung, Gewißheit des Glaubens.
2. Das Bewußtsein der Zusammengehörigkeit mit allen Menschen, die
   sich bewußt unter die Herrschaft Jesu Christi stellen.
3. Gemeinsame Basis des Bekenntnisses zu Jesus Christus als Gottes Sohn
   und Herrn.
4. Die Nachfolge Jesu ohne Abstriche. Glaube und Gehorsam in der aus-
   schließlichen Bindung an die Autorität des Wortes Gottes.
5. Die Bereitschaft, sich persönlich in Evangelisation und Mission zu engagieren.
6. Der Glaube an die Wiederkunft Jesu Christi in Herrlichkeit.

Auch wenn in der Erweckungsbewegung ein starker evangelistisch-mis-
sionarischer Akzent hinzukommt, vertreten die Evangelikalen den Standpunkt, daß die ethische Stoßkraft sich auch im sozialen Raum auswirken müsse. In der evangelikalen Literatur wird der Versuch gemacht, die
grundlegenden Wahrheiten der biblischen Botschaft ohne Einbuße an
geistlicher Substanz neu zu formulieren und dem Verständnis des Menschen anzupassen. Ein weiteres Kennzeichen ist die unvoreingenommene
Auseinandersetzung mit den Problemen der Gegenwart, Glaubenstreue
und Weltoffenheit. Die theologische Konzeption der Evangelikalen ist in
erster Linie biblisch orientiert und ist verbunden mit einer klaren Be-
jahung sorgfältiger wissenschaftlich-theologischer Arbeit und der Bereitschaft zur Zusammenarbeit mit den Gliedern der Gemeinde Jesu verschiedener geschichtlicher Prägung. Jede Form aber eines geistlich und geistig
engen Provinzialismus wird zurückgewiesen.

Wir stellen ganz allgemein fest, daß der Begriff ,evangelikal' noch nicht
ganz eindeutig ist. Manche sind der Überzeugung, daß der Begriff nur
nach bestimmten Seiten hin abgrenzt. Die Gefahr bestehe darin, daß nur
noch die Abgrenzung gegenüber dem Demontageverfahren der Heiligen
Schrift vorgenommen werde, in dem die Bibel ein zeitgeschichtlich be-
grenztes Dokument der Religionsgeschichte ist, bestimmt und abhängig
von dem ,Weltbild' der Antike; den schwarmgeistigen Bewegungen gegen-

*über werde jedoch nicht in derselben Klarheit Stellung bezogen. Für viele
ist das Wort auch nicht viel mehr als ein Schlagwort, das inhaltlich zu
erklären Not täte. Wir erachten es deshalb als dringend notwendig, im Gespräch zu bleiben, den eigenen Standpunkt offen zu vertreten, ohne diesen dem anderen aufzwingen zu wollen. Bestehende Unterschiede müssen
nicht verwischt und auch die geschichtlich und erkenntnismäßig gewor-
dene Überzeugung nicht verleugnet werden.*

*Heute stehen viele Türen für die Verkündigung des Evangeliums weit
offen. Gleichzeitig sehen wir uns großer politischer, theologischer und
kirchlicher Verwirrung gegenüber. Wir wollen als ‚Evangelikale' die eigenen Fehler, Mängel und alle Uneinigkeit in der Vergangenheit einsehen
und uns unserer besonderen Aufgaben in der Gegenwart bewußt sein:
einer gespaltenen Welt und Gemeinde eine einheitliche Front zu bieten.
Dies wird möglich sein, wenn wir auf das hören, ‚was der Geist Gottes den
Gemeinden sagt'. Wir werden nicht ohne kräftiges Handeln Gottes und
nicht ohne konkrete Weisung bleiben, wenn wir betend und lauschend
stillestehen vor Gott. Jeder rechte missionarische Dienst beginnt nicht mit
menschlicher Aktivität, sondern mit dem Hören auf das Wort Christi, mit
der Ausrüstung durch seinen Geist und mit der Gehorsamsbereitschaft
für seinen Willen. So werden in der Gemeinde Kräfte mobil, die den zer-
setzenden und zerstörenden Finsternismächten entgegengestellt werden
können."*[207]

Inhaltlich unterscheidet sich diese Definition nicht wesentlich
von der weiter oben gegebenen Definition von Peter Sigrist. Doch
während Sigrist einer Einführung des Begriffes *evangelikal* in der
Schweiz kritisch gegenübersteht, sieht dies Edgar Schmid, Direktor
der Pilgermission St. Chrischona, anders und versteht sich selbst als
Evangelikalen („wir").

Wie Schmid schon darauf hingewiesen hat, spielt der internationale *Kongress für Weltevangelisation* im Juli 1974 in Lausanne eine entscheidende Rolle bei der Einführung des Begriffes ‚evangelikal' in
der Schweiz. Denn alle Berichte über diesen Kongress nehmen die
Bezeichnung auf und führen ihn somit quasi in die schweizerische,

---

[207]   E[dgar]. S[chmid]., „Was heißt eigentlich ‚evangelikal'?", *Glaubensbote*, 97
(1974): S. 66–67.

kirchliche Landschaft ein.[208] In einem der Berichte über die inhaltlichen Schwerpunkte heißt es sogar am Ende des Artikels: „Wenn
Sie sich fragen oder gefragt werden, was ‚Evangelikal' bedeute, dann
können obige Ausführungen eine Antwort sein."[209]

Ein letzter Beitrag aus dem Jahr 1974, der zum Verständnis des Begriffs „evangelikal" aus kirchlich-reformierter Sicht beitragen will
– sei an dieser Stelle auch noch ausführlich zitiert:

*„Wer sind die Evangelikalen?*

*Vom 12. bis 25. Juli tagte in Lausanne der große internationale Kongreß für*
*Evangelisation. Hinter ihm sollen die sogenannten ‚Evangelikalen' stehen.*
*Das ist eine seit einiger Zeit in Umlauf gekommene neue Etikette für ge-*
*wisse kirchliche und im weitem Sinn christliche Gruppen. Dieser Name ist*
*bei uns weithin keine Empfehlung und hat eher abwertenden Sinn. Aber*
*hat man auch eine klare Vorstellung von seinem Sinn und welche Kreise er*
*zusammenfaßt? Deshalb ist es Denton Lotz gewiß sehr zu danken, daß er*
*sich in Nr. 7 der ‚Evangelischen Kommentare' der Aufgabe unterzogen hat,*
*den Begriff ‚evangelikal' zu klären. Wenn er seinen Artikel einen Versuch*
*nennt, so ist das nicht nur Bescheidenheit; es ist tatsächlich nicht leicht,*
*die Entwicklung und die Zusammenhänge richtig darzustellen, und so ist*
*auch meine Zusammenfassung des Artikels von D. Lotz nur ein Versuch.*

*Zuerst etwas Sprachliches: ‚evangelical' ist für Angelsachsen keine*
*Übersetzung unsres ‚evangelisch'. Wir verstehen darunter die Zugehö-*
*rigkeit zur lutherischen oder reformierten Kirche, die Angelsachsen aber*
*eine Gruppe oder Bewegung innerhalb einer im weitesten Sinn protestan-*
*tischen Kirche oder Gemeinschaft. So wurde in England mit Evangelicalis-*
*mus eine Erweckungsbewegung bezeichnet, die bei uns etwa den Namen*
*Pietismus oder Allianz erhielt. In England vertritt die ‚low church' den*
*evangelikalen Flügel der anglikanischen Staatskirche. Der neue Erzbischof*

---

[208]    Vgl. hierzu: Alb. Hugentobler, „Lausanne 1974", *Kirche und Welt*, 6 (1973):
S. 732–733; Urs Eschbach, „Lausanne 74", *Kirche und Welt*, 7 (1974): S. 454–455,
488–489 und 524–525; Paul E. Little, „Int. Kongreß für Weltevangelisation
in Lausanne vom 16. bis 25. Juli 1974", *Wort + Geist* (1974) Nr. 5: S. 12; E[dgar].
S[chmid]., „Internationaler Kongreß für Weltevangelisation in Lausanne",
*Glaubensbote*, 97 (1974): S. 166–168 sowie idea, „Wichtige Aufgaben in der Weltmission für evangelikale Christen", *Gemeindegruss* (1974) Nr. 3: S. 14.

[209]    Urs Eschbach, „Lausanne 74", *Kirche und Welt*, 7 (1974): S. 489.

von Canterbury, Dr. Donald Coggan, gehört diesem Flügel an, der also durchaus legitimen Charakter hat. In Amerika entwickelte sich der Evangelikalismus, hauptsächlich durch die große Erweckung von Edwards und die Predigt von Wesley und Whitefield beeinflußt, zur beherrschenden Ausdrucksform aller protestantischen Kirchen und wurde fast identisch mit Protestantismus. Erst im Laufe des 19. und 20. Jahrhunderts wandelte sich seine Bedeutung im Sinn einer Teilbewegung wie in England. Das Wiederaufleben der evangelicalen Bewegung in unsrer Zeit bewirkte die Einführung des Wortes ‚evangelikal' in die deutsche Sprache. Das Kennzeichen dieser Bewegung ist der Vorrang von Bekehrung, Evangelisation, Erweckung und Mission.

Bei uns wird evangelikal allgemein mit Fundamentalismus, dem Festhalten an der wörtlichen Inspiration der Bibel, gleichgesetzt. Wie ungenau das – auch für den Fundamentalismus selbst – ist, zeigt Folgendes: Die Fundamentalisten erhielten ihren Namen von einer Reihe von 12 Schriften, The Fundamentals, zwischen 1910 und 1915 veröffentlicht, welche die damalige orthodoxe christliche Lehre gegen Modernisten und einige Vertreter des Social Gospel verteidigten. Die Verfasser dieser Schriften waren einige der führenden Theologen jener Tage, also kaum ganz borniertе Leute. Nach dem Ersten Weltkrieg fand die Auseinandersetzung über die neue Bibelauslegung, neue Theologie und neue Wissenschaft Eingang auf jeder Kanzel. Der Fundamentalismus entwickelte sich zusehends anti-intellektuell und vergröbernd zu Beschimpfungen und persönlichen Angriffen. In den zwanziger und dreißiger Jahren begann eine Umgruppierung des amerikanischen Protestantismus. Auf der einen Seite wurde Reinhold Niebuhr, der amerikanische Karl Barth, zum Führer einer Erneuerung, die, als Neu-Orthodoxie bezeichnet, den Modernismus unwirksam machte. Auf der andern Seite lehnten gemäßigte Fundamentalisten, beschämt durch das unchristliche Verhalten vieler ihrer Brüder, den Namen ‚Fundamentalist' ab und gründeten bei einem Treffen in St, Louis 1942 die National Association of Evangelicals (NAE). Diese Sammlung wollte Evangelisation und Mission neu beleben. Sie brachte auch die Gefühle vieler Christen (der schweigenden Mehrheit?) zum Ausdruck, die außerhalb der ökumenischen Bewegung dieser Tage standen.

Zwischen 1940 und 1950 begann die Bewegung stark zu wachsen (bei Abgrenzung von den engen Fundamentalisten). Während bei ökumenischen Gruppen die Zahl der Missionare stetig zurückging, nahm sie bei den konservativen evangelicalen Missionsgesellschaften rasch zu, so daß heute in den USA von annähernd 32.000 Missionaren mehr als 22.000 den konservativen evangelikalen Kirchen oder Gesellschaften angehören. Diese Evangelicals halten sich selbst für die eigentlichen Erben des Internationalen Missionsrats, der 1961 zur Kommission für Weltmission und Evangelisation des Ökumenischen Rates wurde. Die starke Teilnahme an regionalen und Weltkonferenzen für Evangelisation führte nun auch zum diesjährigen Weltkongress in Lausanne. So hat auch die konservativ evangelicale Zeitschrift ‚Christianity Today' das ältere und liberalere Blatt ‚Christian Century' an Abonnenten weit überflügelt. – Der Einfluss von Billy Graham als einigende Kraft zwischen den verschiedenen Gruppen von Evangelicals war sehr groß und kam offenbar auch in Lausanne zur Geltung.

Es ist nicht möglich, die Zahl der Evangelikalen in der Welt zu ermitteln. Allgemein kann man (pikanterweise! D. W.) sagen, daß ein hoher Prozentsatz der Kirchen in der Dritten Welt theologisch mit den meisten evangelikalen Anschauungen übereinstimmen wird. Zahlenmäßig findet sich die größte Konzentration von Evangelicals in Nordamerika: Von den 70 Millionen Protestanten in den USA gehören 40 Millionen zum Nationalen und zum Ökumenischen Rat der Kirchen. Die andern 30 Millionen können wir generell in die Rubrik ‚nicht ökumenisch' oder konservativ-evangelicals einordnen. Ferner betrachten sich mindestens ein Drittel derer, die ökumenischen Kirchen angehören und mit dem ökumenischen Rat der Kirchen übereinstimmen, als ökumenische Evangelicals, unterstützen aber doch auch das größere Anliegen der Evangelisation. So kann man sagen, daß ökumenischer und nicht-ökumenischer Evangelikalismus die Mehrheit der theologischen Gruppierung im amerikanischen Protestantismus ausmacht.

Die konservativen (nicht-ökumenischen) Evangelicals haben ihre eigenen parallelen Organisationen, aber bisher mehr auf nationaler Ebene oder als evangelikale Gemeinschaften. Auf europäischem Gebiet bildet die ‚Evangelische Allianz' den Zusammenhalt der Bewegung. Auf Weltebene gibt es die ‚World Evangelical Fellowship' mit einer Zentrale in Lausanne. Diese Internationale Tendenz scheint sich zu verstärken. Harold Lindsell, Herausgeber von ‚Christianity Today', schrieb: ‚Es ist an der Zeit für die

Evangelicals innerhalb und außerhalb des Ökumenischen Rates der Kirchen, sich zusammenzuschließen, um das zu tun, wozu sie als an den großen Auftrag Jesu Glaubende alle verpflichtet sind: die Aufgabe der Weltevangelisation sobald wie möglich zu vollenden.' Es fehlt aber auch nicht an
warnenden Stimmen, die befürchten, eine solche Organisation würde sich
hauptsächlich negativ anti-ökumenisch auswirken. Soweit Denton Lotz.

Daß auch sonst die Auffassungen innerhalb der Evangelikalen keineswegs uniform sind und außer den Extremen auch Gemäßigte einschließen,
zeigen gerade Äußerungen im Zusammenhang mit der Konferenz in Lausanne. Ein methodistischer Teilnehmer sieht sogar die antiökumenischen
Stimmen in den 11 gründlichen Vorstudien für die Konferenz als Minderheit. So heißt es auch in einer dieser Studien: ,Die Gefahr des evangelikalen Glaubens ist darin zu sehen, daß er, ohne die sich daraus ergebenden
moralischen Ansprüche zu stellen, das Erlösungswerk Christi darlegt; daß
er einen Erlöser darstellt, der aus der Knechtschaft geistiger Sklaverei be-
freit, aber kein Beispiel für das Leben gibt, das die Christen in dieser Welt
leben sollen. Spiritualität ohne Jüngerschaft im täglichen sozialen, wirt-
schaftlichen und politischen Leben ist reine Religiosität, hat jedoch mit
Christentum absolut nichts gemein.' So heißt es auch nach EPD in einem
Resolutionsentwurf des Lausanner Kongresses: ,Wir bereuen unser Ver-
säumnis (daß im evangelikalen Denken bisher sozialen und gesellschafts-
politischen Fragen zu wenig Aufmerksamkeit gewidmet wurde) und wir
bedauern, daß wir Evangelisation und soziale Verantwortung als zwei sich
gegenseitig ausschließende Möglichkeiten angesehen haben.' Was die Bibel
betrifft, erklärte der japanische presbyterianische Theologieprofessor Su-
sumu Uda, der die „politische Theologie' des Ökumenischen Rates scharf
kritisierte, die Autorität der Bibel schließe wissenschaftliche Forschung
und ernsthafte Diskussionen über die Bedeutung der Bibel in unserer Zeit
nicht aus. Sie räume jedoch dem Selbstzeugnis der Bibel den Vorrang vor
allen anderen Ansichten ein. Der göttliche Ursprung der Schrift müsse un-
bestritten bleiben. Ferner gibt es innerhalb der Evangelikalen bewußt sich
zur Kirche Bekennende und Gegner der Institutionskirche.

,Genf' war in Lausanne mit fünf offiziellen Abgeordneten vertreten.
Man hoffte auf ein fruchtbares Gespräch, aber nach EPD ist es zu keiner
Annäherung gekommen. Das ist sehr zu bedauern. Mag es auch man-
chen schwerfallen, die Anliegen der Evangelikalen dürfen nicht überhört,

*sondern müssen mehr als bisher ernst genommen werden. Aber ich kann mich des Eindrucks nicht ganz erwehren, bei den Evangelikalen habe sich gerade in Lausanne mehr Verständnis für die Anliegen der andern Seite gezeigt, als bei den Vertretern der Ökumene – könnten sich diese sonst ohne Rücksicht auf alle Bedenken und Einwände weiterhin auf ihr Antirassismusprogramm konzentrieren? Aber man soll die Hoffnung nie aufgeben.*"[210]

Der Artikel widmet sich den Evangelikalen vornehmlich hinsichtlich ihres Verhältnisses zum Ökumenischen Rat der Kirchen und greift dabei vor allem auf einen Beitrag von Denton Lotz zurück, der kurz zuvor über die Evangelikale Bewegung promoviert hatte.[211] Daher nimmt es nicht wunder, dass der Autor vor allem auf den internationalen Kontext und die Situation in Deutschland eingeht. Einzig am Anfang des Artikels findet sich eine Anmerkung hinsichtlich der Schweiz: „Dieser Name ist bei uns weithin keine Empfehlung und hat eher abwertenden Sinn".[212] Allerdings begründet der Autor diese Bewertung nicht.

Fassen wir den bisherigen Zwischenstand zusammen: Der Begriff *evangelikal* hat im Vergleich zu Deutschland und zu Österreich erst relativ spät und zwar in den 1970er Jahren Eingang in der deutschsprachigen Schweiz gefunden, und hier ist es vor allem der Lausanner *Kongress für Weltevangelisation* im Jahr 1974, der zu einer Aufnahme des Begriffes in der Schweiz beiträgt, auch wenn diese Aufnahme recht verhalten bleibt. Es sind vor allem pietistische und freikirchliche Kreise, die die sich zum evangelikalen Lager halten bzw. diesem zugeordnet werden.[213]

---

[210]  D. W. „Wer sind die Evangelikalen?" *Kirchenblatt für die reformierte Schweiz*, 130 (1974): S. 247–249.

[211]  Denton Lotz, „Wer sind die Evangelikalen? Versuch einer Klärung", *Evangelische Kommentare*, 7 (1974): S. 428–430 sowie Denton Lotz, „*The Evangelization of the World in this Generation": The Resurgence of a Missionary Idea Among the Conservative Evangelicals*, Unveröffentl. Dissertation. Hamburg, 1970.

[212]  D. W. „Wer sind die Evangelikalen?" S. 247.

[213]  Vgl. hierzu vor allem den ausgezeichneten Beitrag von Ines Buhofer, „Entschlossen, nicht aufzufallen", *Neue Zürcher Zeitung* (27./28.12.1975), S. a44. Abgedruckt in Kapitel 6.

Aus den folgenden Jahren liegen dem Autor keine weiteren grundlegenden Dokumente zur weiteren Entwicklung des Begriffes *evangelikal* in der deutschsprachigen Schweiz vor. Es scheint jedoch, als wäre der Begriff vor allem als Fremdbezeichnung für vorwiegend konservative freikirchliche Kreise und die *Schweizerische Evangelische Allianz (SEA)* verwendet worden.[214]

Gleichzeitig werden Evangelikale zunehmend in eine fundamentalistische Ecke gedrängt. So schreibt beispielsweise Pfr. Georg Schmidt, Titularprofessor für allgemeine Religionsgeschichte an der Universität Zürich, im Jahr 1990 in der *Neuen Zürcher Zeitung* einen Aufsatz unter dem Titel „Der Augenblick christlicher Entscheidung: Thesen zum evangelikalen Fundamentalismus".[215] Schmidt lehnt in seinem Aufsatz eine weitere Differenzierung zwischen Evangelikalen und Fundamentalisten ab:

> *„Es hat wenig Sinn, innerhalb dieser Gruppen noch weitere grundsätzliche Differenzen aufzuwerfen in dem man zum Beispiel zwischen reinen Evangelikalen oder evangelikalen Fundamentalisten und reinen Fundamentalisten unterscheidet."*[216]

Es folgen schließlich 12 Thesen zum evangelikalen Fundamentalismus, ohne dass an irgendeiner Stelle der Begriff *evangelikal* überhaupt näher definiert wird.

Zwei Jahre später, im Jahr 1992 wird ein Buch im Auftrag und mit Unterstützung der Erziehungsdirektion des Kantons Zürich unter dem Titel *Das Paradies kann warten: Gruppierungen mit totalitärer Tendenz* veröffentlicht.[217] In dem Buch geht es vor allem um Sekten und totalitäre Randgruppen. Allerdings findet sich überraschenderweise auch ein Kapitel über Evangelikale unter der durchaus tendenziösen

---

[214]    So legt eine Dokumentation im Auftrag von *Brot für Brüder* über Evangelikale Missionsgesellschaften und Hilfswerke in der Schweiz aus dem Jahr 1987 nahe, dass Evangelische Allianz und evangelikal ident sind.

[215]    Georg Schmid, „Der Augenblick christlicher Entscheidung: Thesen zum evangelikalen Fundamentalismus", *Neue Zürcher Zeitung* (21.2.1990): S. 23.

[216]    Georg Schmid, „Der Augenblick christlicher Entscheidung", S. 23.

[217]    Jacques Vontobel (Redaktion), *Das Paradies kann warten: Gruppierungen mit totalitärer Tendenz*, Zürich: Werd-Verlag, 1992.

Überschrift *Evangelikale – Atemnot in biblischem Korsett.*[218] Zu Beginn
heißt es gleich:

> *„Gott erwählt, errettet und erhebt die evangelikal Gesinnten. Sie kennen
> als einzige das richtige Wort und den allein richtigen Weg. Gott schickt
> sie aus zur Rettung der Welt von der Macht des Bösen. Böse und sündig
> sind deshalb immer die andern. Ihr fundamentalistisches Bibelverständ-
> nis stattet die Rechtgläubigen mit einem klaren Regulativ für die Bewäl-
> tigung aller Lebensfragen aus und enthebt sie aus der Kommunikation
> mit Andersdenkenden, ja rechtfertigt sogar massive politische und psy-
> chische Repressionen."*

Zwar heißt es in dem Aufsatz auf der einen Seite „Für viele evangelikale Gruppierungen ist die Landeskirche suspekt und dekadent",[219]
gleichzeitig behauptet die Autorin jedoch, dass sich „die Evangelikalen schon längst auf den langen Marsch durch die landeskirchli-
chen Institutionen gemacht"[220] haben und warnt unter Bezugnahme
auf obigen Artikel von Georg Schmid vor einem „Fundamentalismus protestantischer Prägung"[221]. Sie gelangt zum Schluss: „In der
Schweiz herrscht Religionsfreiheit. Es ist wichtig, diesen Artikel unserer Verfassung sorgsam zu hüten, soll in unserem Land eine plu-
ralistische Gesellschaft leben können."[222] Ohne es explizit zu sagen,
impliziert die Autorin, dass Evangelikale eine Bedrohung für die Religionsfreiheit in der Schweiz darstellen.

Im Jahr 1993 veröffentlicht *idea schweiz* zwei Dokumentation zum
Thema Evangelikale. Zum einen einen Beitrag des reformierten
Pfarrers Hansjörg Kägi, der ursprünglich in einer Festschrift für
Eduard Buess erschienen war.[223] Ausführlich und informiert geht

---

[218]  Rosmarie Gerber, „Evangelikale – Atemnot im biblische Korsett" Jacques Vontobel (Redaktion), *Das Paradies kann warten: Gruppierungen mit totalitärer Tendenz*, Zürich: Werd-Verlag, 1992: S. 147–158.

[219]  Rosmarie Gerber, „Evangelikale – Atemnot im biblische Korsett", S. 151.

[220]  Rosmarie Gerber, „Evangelikale – Atemnot im biblische Korsett", S. 153.

[221]  Rosmarie Gerber, „Evangelikale – Atemnot im biblische Korsett", S. 157.

[222]  Rosmarie Gerber, „Evangelikale – Atemnot im biblische Korsett", S. 157.

[223]  Hansjörg Kägi, *Die Evangelikalen: Eine Übersicht über Geschichte und Theologie der
Bewegung*, idea Dokumentation 143/93. Luzern: idea schweiz, 1993.

Kägi auf Geschichte und Theologie der Evangelikalen ein, ohne dass dabei allerdings in irgendeiner Form die spezielle Situation in der Deutschschweiz angesprochen wird. Stattdessen beschreibt der Beitrag die internationale Evangelikale Bewegung. Ähnliches gilt auch für die zweite *idea schweiz* Dokumentation, die den Vortrag von Pfr. Dr. Wolfgang Bittner vor dem Pfarrkapitel in Winterthur wiedergibt. Auch hier wird die speziell schweizerische Ausgangslage nur am Rand gestreift.[224]

Da die Bezeichnung *evangelikal* allerdings durch die Medien (vgl. hierzu Kapitel 6) zunehmend mit Fundamentalismus und Radikalismus gleichgesetzt und somit mit einer negativen Konnotation belegt wird, entschließt sich die *Schweizerische Evangelische Allianz (SEA)* spätestens ab Anfang der 1990er Jahre, den Begriff *evangelikal* nicht als Selbstbezeichnung zu verwenden.[225] Auch die Umbenennung der *Arbeitsgemeinschaft Evangelikaler Missionen* zur *Arbeitsgemeinschaft Evangelischer Missionen* um die Jahrtausendwende ist in diesem Lichte zu verstehen.[226]

Einen erwähnenswerten Beitrag zum Evangelikalismus in der Schweiz bietet im Jahr 1999 der Religionssoziologe Jörg Stolz, der *Evangelikalismus als Milieu* untersucht. Stolz geht dabei u. a. inhaltlich auf das ein, was Evangelikale theologisch-inhaltlich verbindet und stellt dies einem aufgeklärt-reformierten Christentum gegenüber. Anders als die aufgeklärten-reformierte Richtung verfolge der Evangelikalismus seiner Meinung nach eine Abwehrstrategie. Er beharre auf dem traditionellen Standpunkt und verteidige ihn gegen die modernen Anfechtungen. Er setze bewusst gewisse antiaufklärerische und mythologische Voraussetzungen oder ‚Fundamente‘, von denen

---

[224]  Wolfgang Bittner, *Kirchenträume – Kirchenträumer: Begegnung mit „Evangelikalen"* *und „Fundamentalisten" in der Volkskirche. Referat von Pfarrer Dr. Wolfgang Bittner (Stettlen) vor dem Pfarrkapitel Winterthur vom 25. März 1993 im Rahmen einer Begegnung mit „Evangelikalen".* idea schweiz Dokumentation 144/93.

[225]  So die Information, die der Autor aus dem Büro der Schweizerischen Evangelischen Allianz (SEA) im März 2017 fernmündlich erhielt.

[226]  Vgl. hierzu das maschinenschriftliche Protokoll der AEM Mitgliederversammlung vom 30.10.1999 in Zürich. Der Antrag auf Namensänderung wird mit 19 Ja-Stimmen bei fünf Enthaltungen angenommen.

alles Weitere abgeleitet werden kann. So halten Evangelikale daran fest:

1. *„Gott ist ein ‚jenseitiges' Wesen, Jesus Christus eine ‚übernatürliche' Gestalt, welche gegenwärtig existiert, angesprochen werden kann und am Ende der Tage wiederkehren wird.*

2. *Die Tatsache, daß in der Bibel Gottes Wort steht, macht dieses Buch zu einem besonderen, mit anderen Büchern in keiner Weise vergleichbaren Dokument. Die Bibel lässt sich deshalb auch nicht mit den Methoden wissenschaftlich angehen, mit welchen man andere historisch gegebene Bücher behandelt.*

3. *Der heilige Geist ist gegenwärtig als besondere, vom ‚Profanen' abgehobene Wirklichkeit. In dieser Gestalt leitet er den Gläubigen im Verstehen der Bibel an, welches insofern auch kein ‚profanes', sondern ein ‚geistliches' Verstehen ist.*

4. *Das biblische Selbstverständnis steht auf einer höheren Stufe als das heutige, moderne Selbstverständnis.*

5. *Wunder sind von Gott gewirkte, die Naturgesetze überschreitende, Vorgänge. Die Himmelfahrt Christi, das Gehen auf dem Wasser, die Speisung der 5000 Menschen, sind Vorgänge, die man sich als real vorgekommen vorzustellen hat – und nicht etwa in irgendwie ‚übertragenem' Sinne. Zu ähnlichen Wundern kommt es auch noch in der heutigen, modernen Welt.*

6. *Der Mensch ist Sünder. Errettet werden kann er nur durch ‚Bekehrung'; Bekehrung ist dabei ein Ereignis, welches zu einem ganz bestimmten Zeitpunkt im Leben geschieht. Im Anschluss daran ist man dann ‚bekehrt', ist ein ‚echter Christ'.*[227]

Stolz gelangt hinsichtlich der Ausgangslage in der Schweiz zum Schluss:

*„In der Schweiz mit ihrer bikonfessionellen, volkskirchlichen Struktur besteht eine völlig andere Ausgangssituation [als in den USA]. Auch hier kommt es nach der Aufklärung zu pietistischem und erwecklichen Bewegungen, auch hier kommt es zu Abwehrstrategien. Insgesamt aber setzt sich in der protestantischen Volkskirche ein liberaler, aufgeklärter Geist*

---

[227]  Jörg Stolz, „Evangelikalismus als Milieu", *Schweizerische Zeitschrift für Soziologie*, 25 (1999), S. 94.

*durch [...]. Der Evangelikalismus fristet ein Außenseiterdasein, gleichwohl überlebt er, teils in Strömungen innerhalb der Landeskirche, teils in einer Vielzahl von Freikirchen und freikirchlichen Gruppen. Nach dem Zweiten Weltkrieg kommt es dann zu einem leichten Aufschwung des Evangelikalismus – auch durch den Kontakt mit dem Evangelikalismus in den USA. Mittlerweile scheinen in der Schweiz die konservativen protestantischen Richtungen sogar ‚erfolgreicher' zu sein als die aufgeklärten. Während die meisten evangelikal ausgerichteten Freikirchen wachsen, haben die Volkskirchen mit anhaltenden Kirchenaustritten, mit einer Erosion christlichen Gedankenguts, mit der eigenen Unfähigkeit der Tradierung von Glaubensinhalten zu kämpfen.*[228]

Differenziert widmet sich auch eine Veröffentlichung im Jahr 2008 dem Thema der Evangelikalen. In einem Buch über religiöse Gemeinschaften im Kanton Bern heißt es unter der Überschrift *Evangelikalismus*:

*„Dieser Begriff ist heute in aller Munde für ein strenges, konservatives und politisches Christentum; doch trifft das das Phänomen nicht ganz. Als Strömung im Protestantismus entstand der Evangelikalismus im 19. Jahrhundert. Das Wort ‚evangelicals' stand anfangs nur für die Anhänger der anglikanischen Low Church, welche Impulse vom Methodismus aufgenommen hatten. Das Wort wird übrigens kaum als Selbstbezeichnung verwendet, häufig sprechen die darunter zusammengefassten Gruppen von sich selbst als ‚evangelisch', ‚bibeltreu' oder schlicht als ‚christlich'.*

*Zentral ist für Evangelikale die Vorstellung, ein Christ müsse eine persönliche direkte Beziehung zu Jesus Christus haben. Die Aufnahme dieser Beziehung geschieht in einem Bekehrungserlebnis, der individuellen ‚Wiedergeburt' (nach Joh. 3,3), das so zum zentralen Dreh-und Angelpunkt des Lebens (‚Lebensübergabe an Christus') wird. [...] Die Bibel ist die alleinige Richtschnur für das Leben, sie gilt als von Gott offenbart und als irrtumslos wahr. Ob sie verbal inspiriert ist, wird in der Bewegung unterschiedlich gesehen."*[229]

---

[228]   Jörg Stolz, „Evangelikalismus als Milieu", S. 95–96.
[229]   Stefan Rademacher (Hg.), „*Religiöse Gemeinschaften in Bern*", Bern: ott-sachbuchverlag, 2008, S. 178.

An dieser Stelle sei noch einmal ein längerer Abschnitt zitiert, der aus einem Vortrag von Peter Schmid aus dem Jahr 2007 stammt, der die Vielgestaltigkeit der Evangelikalen in der Schweiz umschreibt:

> „Evangelikale sind kirchentreu oder kirchenkritisch, bis hin zum Rückzug aus jeder Gemeinde, sie unterscheiden sich entlang dem charismatisch-erfahrungsbezogenen/rationalen Kontinuum, einzelne sind knallhart-argumentative Apologetiker, andere softe Freundschaftsevangelisten oder einfach Menschenfreunde. Sie unterscheiden sich entlang dem individualistisch-eskapistischen/sozial engagierten Kontinuum (Reich Gottes erwarten/verwirklichen). In Bezug auf Gottesdienste unterscheiden sie sich entlang dem traditionellen zeitgeistigen Kontinuum (Willow-Creek-Debatte), manche wären als vormoderne, manche als moderne, manche als postmoderne Christen zu qualifizieren. Es gibt Bewunderer orthodoxer Spiritualität und Puritaner-Puristen. Manche glauben streng an eine Verbalinspiration (z.B. Schöpfung in 7x24 Stunden), manche interpretieren sie frei oder haben von ihr Abschied genommen.
>
> Einige hüpfen von Event zu Event, andere sind stille Beter. Manche Evangelikale docken gern dort an, wo sie geistlichen Wind spüren. Sie besuchen mehrtägige Konferenzen und überregionale Gottesdienste; manche buchen sogar fromme Ferienarrangements. Andere machen eine Bibelschule oder einen Missionseinsatz. Sie singen Lieder aus Taizé und/oder Worship Songs von Graham Kendrick. Es gibt Feldprediger und Dienstverweigerer unter ihnen, Jesus-Freaks, White-Metal-Fans und Liebhaber Bachscher Oratorien.
>
> Regelmässig haben (jedenfalls in Bewegungen und vielen Freikirchen) Leute das Sagen, die keine akademische Theologie-Ausbildung durchlaufen haben, oft sind es Gewerbler und Kaderleute aus Wirtschaft und Verwaltung, Laien mit besonderem Erfahrungsschatz oder Charisma.
>
> Evangelikales Christentum steht im Zeichen der Einladung, die aufgrund des kairos (2. Kor. 6,2) ebenso dringlich wie freundlich ist – Einladung zum ganzheitlichen, verbindlichen Leben mit Jesus Christus, dem auferstandenen Herrn. Die Einladung ist aktuell in der Multioptionsgesellschaft, wo die Menschen einen religiösen Lebensstil suchen, in dem nicht alles vorgegeben, vom grossen Ja Gottes bestimmt oder von der Kirche durch ihre Sakramente verwaltet ist. Sie wollen selbst Ja sagen, mit

*diesem Ja in etwas Neues eintreten und Gottes Beistand auf ihrem neuen
Weg erleben.*

*Evangelikale lassen sich (grundsätzlich) auf die Bibel verpflichten: Ihr
Ethos besteht darin, die guten Werke (aus Dankbarkeit für die Rettung)
zu tun, die Gott für sie vorbereitet hat (Eph 2,10). Sie müssen die Gebote
Gottes nicht neu für unsere Zeit erfinden, sondern wollen danach leben
und bitten um den Beistand des Geistes.*

*Evangelikale sind von Johannes 3 beglückt und bestimmt und moti-
viert:*

- *Persönlicher Kontakt, vertrautes Gespräch mit Jesus*
- *Jesus als Sohn Gottes, als Botschafter seiner Wahrheit und seiner Liebe
  zu allen Menschen*
- *basileia als umfassendes Handeln Gottes für die Welt, zu ihrer Rettung*
- *Versöhnung durch den am Kreuz und in den Himmel erhöhten Christus*
- *Umfassendes Neuwerden des Einzelnen durch Gottes Geist als Eingang
  in die Basileia*
- *AT auf Christus bezogen: Einladung zum Heraustreten aus überkom-
  mener Frömmigkeit*
- *Offenheit für Neues, das der Geist bringt*
- *Anhaltende Veränderung der Persönlichkeit, so dass Christus deutlicher durchscheint*
- *Konsequenz des endgültigen Heilshandelns Gottes: Gericht, wenn Jesus
  abgelehnt wird.*

*Evangelikale definieren sich primär über folgende Bekenntnisse und Do-
kumente:*

- *Apostolikum – Trinität, Geschichtlichkeit von Jesus, Heiliger Geist*
- *Glaubensbasis der Evangelischen Allianz 1846: kein Bekenntnis, son-
  dern Punkte, in denen die Gründer der Bewegung übereinstimmten –
  Erlösung des Sünders, Gott souverän in der Geschichte, Autorität der
  Bibel [...]*
- *Lausanner Erklärung 1974 – Einzigartigkeit von Jesus, Mission und so-
  ziales Engagement.*

*Aber die meisten Evangelikalen werden auch herzhaft dem Artikel 9 der
Leuenberger Konkordie zustimmen, der lautet: ‚In dieser Botschaft wird
Jesus Christus bezeugt als der Menschgewordene, in dem Gott sich mit
dem Menschen verbunden hat; als der Gekreuzigte und Auferstandene,*

*der das Gericht Gottes auf sich genommen und darin die Liebe Gottes zum Sünder erwiesen hat; und als der Kommende, der als Richter und Retter die Welt zur Vollendung führt.*"[230]

Schmid gelingt es, sowohl die Vielschichtigkeit als auch die verbindenden Elemente evangelikaler Praxis und Lehre aufzuzeigen. Im selben Jahr (2007) veröffentlichen der Religionssoziologie Jörg Stolz und der Theologe Olivier Favre im Sammelband *Eine Schweiz – viele Religionen: Risiken und Chance des Zusammenlebens* einen Artikel über Evangelikale in der Schweiz und bieten u. a. eine Zusammenschau evangelikaler Überzeugungen. Beachtenswert ist ihr Ansatz, aufzuzeigen, worin sich Evangelikale von anderen Christen unterscheiden. Für die Autoren stehen dabei im Zentrum einer evangelikalen Frömmigkeit und Theologie folgende vier inhaltlichen Schwerpunkte:

* *„Individuelle Bekehrung. Die Bekehrung ist die individuelle Aneignung des Heils, welches durch den Erlösungstod Jesu geschaffen wurde. Evangelikale gehen davon aus, dass Christen sich zu einem bestimmten Zeitpunkt (oder in einem Zeitraum) zu einem Leben als Christ entscheiden, d.h. bekehren müssen. In diesem Zeitpunkt nimmt das Individuum die Sündenerlösung durch den Kreuzestod Jesu Christi für sich selbst an, wendet sich von seinem bisherigen ‚sündigen' Leben ab und führt von nun an ein neues, ‚geistliches' Leben. Anstelle von Bekehrung sprechen Evangelikale auch von Wiedergeburt (engl.: born again; der Ausdruck stammt aus dem Johannes-Evangelium, 3,3). Evangelikale sind überzeugt, dass es einer solchen individuellen Wandlung bedürfe, bevor man sich taufen lässt. Sie treten daher normalerweise für die Erwachsenentaufe ein.*
* *Betonung der Erlösungstat Jesu Christi. Für Evangelikale ist der Kreuzestod Jesu Christi und die nachfolgende Auferstehung der wichtigste Moment der (Welt-)Geschichte. Es ist dieser (in ganz konkretem Sinne verstandene) Vorgang, welcher ihrer Ansicht nach das Heil für die Menschheit und für den Einzelnen verspricht.*

---

[230] Vortrag von Peter Schmid. *Evangelikale – Feindbild in den Medien?* Quelle: http://www.kirche-jugend.ch/kompo/af_Links_Downloads/evang_christentum/Referat_Peter_Schmid.pdf [28.12.2009].

- *Wörtliches Bibelverständnis. Evangelikale sind von der göttlichen Inspiration der Bibel überzeugt und sind der Meinung, dass man den Sinn der Bibeltexte ohne grossen Interpretationsaufwand, d.h. vergleichsweise ,direkt', verstehen kann. Sie sehen daher beispielsweise die in der Bibel erzählten Wundergeschichten (z.B. die Speisung der 5.000, Mt 14,13–20) als reale, historische Tatsachen an. Durch diese Ansichten unterscheiden sich die Evangelikalen von vielen anderen Christen, welche biblische Texte ihres ,mythologischen Gewands' entkleiden und ,in übertragenem Sinne', sei es symbolisch, psychologisch oder moralisch, verstehen.*
- *Betonung von Mission. Evangelikale sind davon überzeugt, dass der Weg zum Heil nur über Jesus Christus führt. Aus diesem Grund legen sie viel Wert auf Mission und Evangelisierung. Bekehrte Christen sollten nichtbekehrten Christen, Anhängern anderer Religionen und Religionslosen den Weg zu dieser Art von Glauben zeigen. Dies wird meist auf den ,Missionsbefehl' (Mt 28,18) zurückgeführt. Hierin unterscheiden sich die Evangelikalen von vielen anderen christlichen Kirchen, welche statt auf Mission auf interreligiösen Dialog setzen.[231]*

Gleichzeitig merken die Autoren an, dass die in ihrem Buch als evangelikal beschriebenen Gruppen, „den Begriff nur zögerlich zur Selbstbezeichnung"[232] verwenden und stattdessen „meist die Charakterisierung als ,evangelisch' oder ganz einfach ,christlich'"[233] vorziehen. Trotzdem entscheiden sich die Autoren dafür, den Begriff ,evangelikal' auch hinsichtlich der Schweiz zu verwenden, da er international geläufig sei, und sie schätzen, dass zwischen zwei bis vier Prozent der Schweizer Bevölkerung dem evangelikalen Lager zuzuordnen sei.[234]

Insgesamt gesehen zeichnet sich der Beitrag durch eine große Sachkenntnis bei gleichzeitiger Differenzierung aus. So weisen die

---

[231]    Olivier Favre u. Jörg Stolz, „Die Evangelikalen: Überzeugte Christen in einer zunehmend säkularisierten Welt", Martin Baumann u. Jörg Stolz (Hg.), *Eine Schweiz - viele Religionen: Risiken und Chancen des Zusammenlebens*, Bielefeld: transcript, 2007, S. 129–130.

[232]    Olivier Favre u. Jörg Stolz, „Die Evangelikalen", S. 129.

[233]    Olivier Favre u. Jörg Stolz, „Die Evangelikalen", S. 129.

[234]    Vgl. hierzu Olivier Favre u. Jörg Stolz, „Die Evangelikalen", S. 134.

Autoren auch auf zentrale Unterschiede innerhalb der Evangelikalen Bewegung vor allem hinsichtlich des Bibelverständnisses, des Verhältnisses zur Welt und der Geistesgaben hin.[235] Sie unterscheiden innerhalb der Evangelikalen Bewegung drei Haupttypen: die *Charismatiker*, die *Fundamentalisten* (rund 10–13 Prozent der Evangelikalen) sowie die sogenannten *Moderaten*, die rund die Hälfte der Evangelikalen in der Schweiz ausmachen.[236]

Differenziert gehen sie auch auf die Frage eines grundsätzlichen Fundamentalismus- bzw. Sektenverdachts gegenüber Evangelikalen ein. Sie beschreiben kurz die historische Entwicklung und die heute veränderte Konnotation des Begriffs *Fundamentalismus* und stellen fest:

> „,Fundamentalismus' erhielt die Bedeutung von gewaltbereit, anti-demokratisch, gefährlich, fanatisch usw. Heutige Evangelikale und Fundamentalisten wehren sich jedoch dagegen, mit einem solchen negativen Bild pauschal als gewaltbereit und subversiv angesehen zu werden. Sie weisen zu Recht auf grosse Unterschiede zu möglicherweise ebenfalls als ,fundamentalistisch' angesehene Strömungen in anderen Religionen hin. Neben dem ,Fundamentalismusverdacht' haben sich Evangelikale heutzutage auch oft mit dem ,Sektenverdacht' auseinander zu setzen. Eine der häufigsten Fragen lautet, ob es sich bei dieser oder jener evangelikalen Gruppe um eine ,Sekte' handle. Es ist richtig, dass evangelikale Gruppen im Vergleich zu anderen religiösen Gruppen oft einen hohen internen Konsens aufweisen und eine starke soziale Kontrolle kennen. Dies jedoch vorschnell mit dem negativen Sektenbegriff zu bezeichnen und damit gleichzeitig zu verurteilen, wäre wissenschaftlich unverantwortlich."[237]

Hinsichtlich des Verhältnisses der Evangelikalen zur schweizerischen Gesellschaft im Allgemeinen beobachten die Autoren ein ambivalentes Verhältnis. Ihrer Meinung nach hängt dies u. a. mit der zunehmenden Säkularisierung in der Schweiz zusammen. „Dies führt dazu, dass der Evangelikalismus mit seinen verbindlichen

---

[235] Vgl. hierzu Olivier Favre u. Jörg Stolz, „Die Evangelikalen", S. 130–131.
[236] Vgl. hierzu Olivier Favre u. Jörg Stolz, „Die Evangelikalen", S. 131–132.
[237] Olivier Favre u. Jörg Stolz, „Die Evangelikalen", S. 133–134.

Glaubensansichten und seiner starken Praxis immer stärker als ‚fremd', ‚absondernd' und ‚fundamentalistisch' in einem negativen Sinne angesehen wird".[238]

Einige Jahre später ändern die beiden Autoren ihre Haltung zur Verwendung des Begriffs *evangelikal*. In dem im Jahr 2014 auf Deutsch erschienenen Werk über Schweizer Freikirchen verzichten Jörg Stolz, Olivier Favre und zwei weitere Co-Autorinnen schließlich gänzlich auf die Bezeichnung *evangelikal*. Dies begründen sie im Vorwort:

> *„Wir haben uns dazu entschieden, ‚Evangéliques' mit ‚Evangelisch-Frei-kirchliche' zu übersetzen und die Bezeichnung Evangelikale zu vermeiden. Die Gruppe von Menschen, die wir meinen, entspricht den Evangéliques im französischen und den Evangelicals im englischen Sprachraum. Im deutschen Sprachraum jedoch haben die Bezeichnungen Evangelikale und Evangelikalismus einen negativen Beigeschmack, den wir vermeiden wollen. Problematisch an der von uns gewählten Bezeichnung ist allerdings, dass die von uns gemeinten Person auch in den Großkirchen vorkommen [...]. In diesem Zusammenhang sprechen wir von ‚Personen mit evangelisch-freikirchlichen Frömmigkeitsdepots in reformierten Kirchen' oder auch von ‚Reformierten evangelisch-freikirchlicher Tendenz'".*[239]

Wer Geschichte und Entwicklung von *evangelikal* in der deutschsprachigen Schweiz untersucht, stellt rasch fest, dass die Bezeichnung Evangelikal erst relativ spät in der deutschsprachigen Schweiz Eingang gefunden hat. Hier ist vor allem der Einfluss der internationalen *Konferenz für Weltevangelisation* im Jahr 1974 in Lausanne festzustellen, nachdem schon vorher im eingeschränkten Rahmen die Entwicklungen in Deutschland auch in Schweizer evangelikalen Kreisen Widerhall gefunden hatten. Allerdings ist die Bezeichnung *evangelikal* nur äußerst zurückhaltend als Selbstbezeichnung aufgenommen worden und stellt bis heute überwiegend eine Fremdbe-

---

[238]   Olivier Favre u. Jörg Stolz, „Die Evangelikalen", S. 142.

[239]   Jörg Stolz, Olivier Favre, Caroline Gachet u. Emmanuelle Buchard, *Phänomen Freikirchen: Analysen eines wettbewerbsstarken Milieus*, Zürich: Pano-Verlag, 2014, S. 9. Bei dem Buch handelt es sich um eine leicht überarbeitete Ausgabe die ursprünglich im Jahr 2013 in französischer Sprache erschienen ist.

zeichnung der kritischen kirchlichen und medialen Öffentlichkeit dar. Relativ früh sind es vor allem die Medien (siehe Kapitel 6), die Evangelikale in ein fundamentalistisch-radikales Lager drängen, so dass sich beispielsweise die SEA schon spätestens Anfang der 1990er Jahre veranlasst sieht, *evangelikal nicht* als Selbstbezeichnung zu verwenden. Stattdessen zieht man den Begriff *evangelisch* vor.

Inhaltlich ist der Begriff *evangelikal* als konfessionsübergreifende Begriff in seiner international gebräuchlichen inhaltlichen Prägung auch in der Deutschschweiz eingeführt worden. Da allerdings der innervolkskirchliche Pietismus in der Schweiz nicht so stark wie beispielsweise in Deutschland ausgeprägt ist, wurde *evangelikal* zunehmend zumindest in der öffentlichen Wahrnehmung als eine Beschreibung theologischer Überzeugungen im freikirchlichen Kontext verstanden.

Mit ihrer Entscheidung, den Begriff *evangelikal* nicht als Selbstbezeichnung zu verwenden, beschreiten die *Schweizerische Evangelische Allianz* und die große Mehrheit der evangelikalen Kreise in der deutschsprachigen Schweiz einen anderen Weg als die Evangelische Allianz und die Evangelikale Bewegung in Deutschland und in Österreich. Dieser unterschiedliche Kurs ist vor allem der Realität geschuldet, dass die öffentliche Prägung des Begriffs *evangelikal* schon recht früh mit einer starken negativen Konnotation verbunden war. Diese Entwicklung wird noch einmal ausführlich in Kapitel 6 geschildert.

# 6 Der Begriff evangelikal in der öffentlichen Rezeption im deutschsprachigen Bereich

Das folgende Kapitel untersucht die öffentliche Wahrnehmung und Darstellung der *Evangelikalen Bewegung* bzw. des Begriffs *evangelikal* in Deutschland, Österreich und der deutschsprachigen Schweiz.[240] Dabei wird der Schwerpunkt auf Buchveröffentlichungen, Zeitungen und Zeitschriften gelegt.[241] Gleichzeitig beschränkt sich dieser Beitrag auf Berichte über Entwicklungen im deutschsprachigen Bereich. Artikel über Evangelikale in den USA, vor allem ihren Einfluss auf die amerikanische Politik sowie in den vergangenen Jahren zunehmend auch über den politischen Einfluss Evangelikaler in Brasilien und Ländern Afrikas sind zahllos, finden allerdings im Folgenden keine Berücksichtigung, da sie nur wenig Aussagekraft über Wesen und Wirkung der Evangelikalen im deutschsprachigen Bereich zulassen.

Diese Analyse erhebt keinerlei Anspruch auf Vollständigkeit, da die Sichtung der relevanten Leitmedien nur in einer eingeschränkten Form durchgeführt werden konnte. Trotzdem meine ich, dass die Darstellung aufgrund der gesichteten Quellen den Anspruch erheben kann, repräsentativ für die öffentliche Rezeption der Evangelikalen Bewegung im deutschsprachigen Bereich zu sein.

## Die Ausgangslage in Deutschland

Schon in den 1950er und 1960er finden sich Berichte über Evangelikale, ohne dass allerdings die Bezeichnung evangelikal aufgenommen wird. So ist es vor allem das Magazin *Der Spiegel* aber auch die

---

[240] Die einzige dem Autor bekannte Veröffentlichung zu diesem Thema bietet überblicksartig Hansjörg Hemminger, *evan/ge/li/kal: Von Gotteskindern und Rechthabern*, Gießen: Brunnen, 2016, S. 178 ff.

[241] Für Deutschland sind dies vor allem die Zeitungen *Die Welt*, *Süddeutsche Zeitung*, *Frankfurter Allgemeine Zeitung*, *taz* und die Wochenzeitung *Die Zeit*, sowie die Zeitschriften *Spiegel* und *Focus*. Für Österreich sind dies die Tageszeitungen *Der Standard*, *Die Presse* und *Salzburger Nachrichten* sowie die Zeitschriften *Profil* und *News*. Für die Schweiz sind dies vor allem die *Neue Zürcher Zeitung* sowie der *Tages-Anzeiger*.

Wochenzeitung *Die Zeit*, die immer wieder über die evangelistischen „Kreuzzüge" des amerikanischen Evangelisten *Billy Graham* berichten.[242] *Der Spiegel* widmet Graham im Jahr 1954 sogar die Covergeschichte und stellt ein Bild von Billy Graham auf die Titelseite.[243] Insgesamt zeichnen sich die Berichte durch eine sachliche Distanz aus, wenn auch mitunter ein Schuss Polemik bzw. Unverständnis durchscheint. So schreibt *Der Spiegel* im Jahr 1966:

> *„William Franklin (‚Billy') Graham, 47, amerikanischer Baptistenprediger (Spitzname: ‚Maschinengewehr Gottes'), verriet bei einer Predigt im Presseclub von Atlanta [...], Gott sei nicht tot. Beweis: ‚Ich habe noch heute Morgen mit ihm gesprochen.'"[244]*

Im gleichen Jahr heißt es in der Wochenzeitung *Die Zeit* in einem Bericht über eine Evangelisation Grahams in der Berliner Deutschlandhalle:

> *„Wäre Graham Versicherungsvertreter oder handelte er mit Staubsaugern, er wäre Millionär und der Stolz seiner Firma. Billy Graham aber hat sich in höhere Dienste gestellt: Er handelt mit himmlischem Gut. Mit seinem Public-relations-Talent bringt er Religion an den Mann. Oder an die Frau, denn der überwiegende Teil seiner Zuhörer ist weiblichen Geschlechts."[245]*

Es ist die *Frankfurter Allgemeine Zeitung*, die schon Ende der 1960er Jahre erstmals den Begriff *evangelikal* aufnimmt und zwar im Kontext von theologischen Auseinandersetzungen im internationalen Ökumenischen Rat der Kirchen. So heißt in einem Beitrag aus dem Mai 1968:

---

[242]   Vgl. hierzu beispielsweise Anonym, „Billy Graham: Zwölf Ernten im Jahr", *Der Spiegel* (23.6.1954): S. 21–26; Elke v. Merveldt, „Billy Graham bekehrt 20.000 Berliner: Der amerikanische Evangelist im Olympia-Stadion – Würstchen, Coca-Cola und Posaunen", *Die Zeit* (1954) Nr. 26, S. 2; Anonym, „Graham: Laue Seelen, *Der Spiegel* (1966) Nr. 26: S. 75–76; Cornelia Jacobsen, „Billy bietet Bestes: Der amerikanische Evangelist Graham verkauft erfolgreich Religion", *Die Zeit* (1966) Nr. 44, S. 12.

[243]   *Der Spiegel* (23.6.1954).

[244]   Anonym, „Personalien", *Der Spiegel* (1966) Nr. 12, S. 157.

[245]   Cornelia Jacobsen, *Billy bietet Bestes*, S. 12.

„Die sogenannten Evangelikalen, kleinere Gruppen vor allem in angelsächsischen Ländern, die die Emotionen der Reformationszeit gegen das Papsttum als Hort Satans bewahrt haben, sind strikt gegen Annäherung an Rom. Dem alten katholischen Ansinnen an die Protestanten zur Rückkehr nach Rom setzen Sie die Forderung des Übertritts der Katholiken in die evangelischen Kirchen entgegen. Solcher Extremismus schließt ökumenische Zusammenarbeit aus. Folgerichtig haben einige evangelikale Kirchen mit einer Distanzierung vom ökumenischen Rat begonnen."[246]

Weitere Beiträge über Evangelikale und ihre theologischen Differenzen mit und im Weltkirchenrat folgen.[247] Ein erster Bezug auf Evangelikale in Deutschland findet sich wiederum in der *Frankfurter Allgemeine Zeitung.* im Jahr 1972 und geht auf die Gründung der *Konferenz evangelikaler Missionen* (später umbenannt in *Arbeitsgemeinschaft Evangelikaler Missionen*) ein.[248]

Zwei Jahre später im Jahr 1974 nimmt auch die Wochenzeitung *Die Zeit* den Begriff *evangelikal* auf. In einem Bericht über den *Kongress für Weltevangelisation* in Lausanne wird über Evangelikale in Deutschland berichtet. U. a. kommt Paul Deitenbeck zu Wort, der als „Vorstandsmitglied der stärksten und bislang wichtigsten der sogenannten bibeltreuen oder evangelikalen Gruppen in Deutschland, der Bekenntnisbewegung ‚Kein anderes Evangelium'"[249] bezeichnet wird. Weiter heißt es in dem Artikel:

---

[246]  Karl-Alfred Odin, „Genf und Rom auf dem schwierigen Wege zur Kooperation", *Frankfurter Allgemeine Zeitung* (21.5.1968), S. 2.

[247]  Beispielsweise K[arl]. A[lfred]. O[din]., „Botschaft aus Uppsala an alle Leidenden: Aufruf zur Erneuerung von Kirche und Welt", *Frankfurter Allgemeine Zeitung* (20.7.1968), S. 3 oder Siegfried von Kortzfleisch, „Massiver Antikommunismus" *Frankfurter Allgemeine Zeitung* (15.8.1969), S. 9 oder Karl-Alfred Odin, „Hauptaufgabe des Ökumenischen Rates: Das Gespräch mit Orthodoxen", *Frankfurter Allgemeine Zeitung* (24.8.1972), S. 4.

[248]  Karl-Alfred Odin, „In Deutschland gilt die Mission als erledigt", *Frankfurter Allgemeine Zeitung* (22.8.1972), S. 4.

[249]  Hans-Joachim Girock, „Kommt eine neue Reformation? Polarisierung im Protestantismus – Die Geister scheiden sich", *Die Zeit* (1974) Nr. 23, S. 44.

*„Speziell in Deutschland, aber auch anderswo sammelten sich aus der Volkskirche, aus den Freikirchen wie Methodisten und Baptisten und aus anderen kirchlichen Gemeinschaften Christen mit sehr fundamentalem, auf möglichste Worttreue gerichtetem Bibelglauben in einzelnen Gruppen und schlossen sich allmählich immer enger zusammen. Erst leise, dann immer lauter schlugen sie ‚Alarm um die Bibel‘, bildeten Notgemeinschaften und forderten programmatisch ‚Kein anderes Evangelium‘. Bei den ‚Modernen‘ sahen sie vor allem die sogenannten ‚Heilstatsachen‘ gefährdet; Jungfrauengeburt, Gottessohnschaft, Opfertod, Auferstehung, Wiederkunft. Resonanz fanden sie damit vornehmlich bei Menschen mit einfachem Glauben, die es schwer ertragen können, daß die Aussagen der Bibel interpretiert werden müssen, daß man sie nicht wörtlich nimmt, sondern an ihnen herumdeutet. Die Posaune der Rechtgläubigkeit wird in diesen Kreisen natürlich um so deutlicher gehört, je einfacher und unkomplizierter die Tonfolgen sind, die auf ihr geblasen werden. Auch das gehört zu den Voraussetzungen des derzeitigen Frontverlaufs."* [250]

In der *Frankfurter Allgemeine Zeitung* gibt ein Jahr später Karl-Alfred Odin eine Einschätzung der Lage der Evangelikalen in Deutschland:

*„An der Weltkonferenz in Lausanne im letzten Jahr hat sich herausgestellt, daß die ausländischen Kirchen den Widerstand der deutschen Evangelikalen gegen den ökumenischen Rat überwiegend nicht teilen. Im Ausland arbeiten die meisten evangelischen Kirchenleute im ökumenischen Rat mit und halten das für selbstverständliche Christenpflicht. Das hat die deutschen Evangelikalen in eine gewisse Isolierung gebracht. Die Folgen sind unter ihnen zwei Bewegungen, die sich widersprechen und von denen sich noch nicht sagen läßt, welche am Ende des Feld behält: die eine Gruppe trat am deutlichsten auf dem Stuttgarter Gemeindetag ‚Unter dem Wort‘ hervor; sie sucht die gesamte christliche Gemeinschaft festzuhalten oder wiederzugewinnen; sie will ihre besonderen Erfahrungen in die ganze Kirche einbringen; sie ist bereit, auch im ökumenischen Rat mitzuarbeiten. Andere, vor allem die Bekenntnisbewegung ‚Kein anderes Evangelium‘ und die Gruppe um den Tübin-*

---

[250]  Hans-Joachim Girock, „Kommt eine neue Reformation"?

ger Professor Beyerhaus, beharren darauf, daß das Bekenntnis auf dem Spiel steht und der Christ um des ewigen Heiles willen an dieser Stelle der Kirche nein sagen muß."[251]

Im Jahr 1977 wird der Begriff evangelikal auch erstmals in der Zeitschrift *Der Spiegel* aufgenommen. In einem Bericht über den dritten *Gemeindetag unter dem Wort* in der Dortmunder Westfalenhalle werden Evangelikale mit vier Punkten charakterisiert:

> „... *die absolute Autorität der Bibel; das Erlebnis der eigenen Bekehrung zu Christus; die Verpflichtung zum offenen Bekenntnis des Glaubens und die Verpflichtung zur sozialen Tat.*"[252]

Und die *Frankfurter Allgemeine Zeitung* merkt zum Gemeindetag in Dortmund an:

> „*In Dortmund wird sich zeigen, in welche Richtung die Evangelikalen gehen: ob sie ihre Kraft darauf werfen christliche Gemeinschaft zu bilden, und diejenigen eingliedern, die der Kirche fernstehen, oder ob die Gruppen das Feld behalten, die Andersdenkenden das Christsein absprechen und behaupten, allein ,die eigentlichen Vertreter dieser Kirche' zu sein.*"[253]

Insgesamt fällt auf, dass dort wo die *Frankfurter Allgemeine Zeitung* über *Evangelikale* in den 1970er und 1980er Jahren berichtet, dies ausschließlich inner-evangelische, kirchliche Fragen und Konflikte betrifft, den freikirchlichen Bereich – mit Ausnahme von zwei Berichten zu den Methodisten – ansonsten ganz ausblendet.

Allerdings bleibt die mediale Rezeption des Begriffs *evangelikal* bis Mitte der 1980er Jahre in Deutschland marginal[254] und bezieht sich

---

251 Karl-Alfred Odin, „Ende des Streits in der Mission gesucht", *Frankfurter Allgemeine Zeitung (24.9.1975)*: S. 4.

252 Anonym, „Heiliger Krieg", *Der Spiegel* (1977) Nr. 22: S. 62.

253 K[arl].[-]A[lfred].O[din]., „,'Gemeindetag unter dem Wort' in Dortmund eröffnet: Aufruf zum christlichen Glauben. Frage nach dem künftigen Weg der Evangelikalen", *Frankfurter Allgemeine Zeitung* (18.5.1977): S. 6.

254 So berichtet die *Frankfurter Allgemeine Zeitung* im Jahr 1977 über eine Stellungnahme der Evangelisch-Methodistischen Kirche zu Evangelikalen: Karl-Alfred Odin, „Von Ketzerhüten abgeraten: Die Blockbildung im Protestantismus. Stellungnahme der methodistischen Kirche", *Frankfurter Allgemeine Zeitung* (28.1.1977): S. 5.

in allen Medien vornehmlich auf theologische Richtungskämpfe zwischen der Bekenntnisbewegung und der Evangelischen Kirche in Deutschland. Dies mag damit zusammenhängen, dass evangelikale Freikirchen in diesen Jahren unter der Wahrnehmungsschwelle der Öffentlichkeit liegen.

Im Jahr 1988 berichtet *Die Zeit* unter der plakativen Überschrift „Ein herzensfrommer Brüderbund" erstmals über den wachsenden politischen Einfluss der Evangelikalen in Deutschland. Evangelikale werden hier als „konservative" und „rechte Protestanten" charakterisiert, und erstmals wird auch die *Deutsche Evangelische Allianz* als Dachverband der Evangelikalen bezeichnet.[255] Schon ein Jahr vorher berichtet *Der Spiegel* erstmals ausführlich über „Amerikas religiöse Rechte" und Fundamentalisten, „die unter dem Sammelnamen ‚wiedergeborene Christen' oder ‚Evangelikale' bekannt sind."[256] Ein Thema, das in den folgenden Jahren immer stärker in den Blickpunkt deutscher Medien treten sollte und dadurch auch das öffentliche Bild von Evangelikalen mitprägt. Dies ist bis in die Gegenwart vor allem in US-amerikanischen Vorwahlzeiten zu beobachten.

Doch zurück zu den Entwicklungen in Deutschland. In einem Kommentar aus dem Jahr 1994 setzt sich Martin Kriele in der *Frankfurter Allgemeinen Zeitung* kritisch mit einer Broschüre des *Bundesministeriums für Frauen und Jugend* unter dem Titel *Sekten und Psychogruppen*, auseinander. Standen bisher Gruppen, die die verfassungsrechtlich geschützten Rechte anderer oder der Gemeinschaft gefährdeten unter staatlicher Beobachtung, will die Regierung nun den Rechtsrahmen ausweiten und auch vor Gruppen warnen, „die folgende Kennzeichen aufweisen: 1. Heilsbotschaft, 2. charismatische Führerpersönlichkeit, theoretischer Dogmatismus. Dann handele es sich um eine ‚Sekte'."[257] Kriele merkt an:

---

[255]   Ernst Klee, „Ein Herzensfrommer Brüderbund: Die Evangelikalen verdammen eine angebliche Politisierung der Kirche", *Die Zeit* (1988) Nr. 7: S. 65.

[256]   Valeska von Roquez, „Hoch das Bein und lobt den Herrn: Über Amerikas religiöse Rechte im Elektronik-Zeitalter", *Der Spiegel* (1987) Nr. 13: S. 154–167.

[257]   Martin Kriele, „‚Sekte' als Kampfbegriff", *Frankfurter Allgemeine Zeitung* (6.4.1994): S. 10.

„‚Sekten' und ‚Fundamentalisten' sollen zwar nicht verboten, aber regierungsamtlich geächtet werden [...]. Gelänge das, so dürften auch freikirchliche Gemeinden und evangelikale, pietistische, charismatische Gruppen staatlich diskriminiert werden. [...]
Nach unserer Verfassungsordnung ist die geistige Auseinandersetzung Sache der freien gesellschaftlichen Gruppen, nicht des Staates."[258]

In der zweiten Hälfte Jahre der 1990er Jahre finden sich vor allem in der *Frankfurter Allgemeinen Zeitung* noch weitere Berichte über evangelikale Initiativen und Events,[259] wie beispielsweise das *Christival*[260] 1996 in Dresden, die Evangelisation *Pro Christ*[261] oder auch die Verteilaktion von *Minus zum Plus* von Reinhard Bonnke.[262] Doch vor allem seit der Jahrtausendwende wächst die mediale Berichterstattung über Evangelikale in Deutschland stetig. *Der Spiegel* greift in der Weihnachtsausgabe des Jahres 2003 das Thema *christliche Mission* auf und beschreibt Evangelikale und ihre Missionare:

„*Streng bibeltreu sind etwa 5000 der rund 8700 deutschen Missionare. Sie stammen aus den freikirchlichen protestantischen Gemeinden der 1,3 Millionen Evangelikalen und 120 000 Pfingstler in der Bundesrepublik. Die so genannten Biblizisten glauben, dass die Bibel Wort für Wort stimme; sie lehnen etwa die Evolutionstheorie ab, weil Gott Himmel und Erde in sechs Tagen erschaffen habe. Sie zweifeln auch nicht an der Jungfrauengeburt und erwarten die persönliche Wiederkehr Christi. Homosexualität, Selbstbefriedigung und Abtreibung sind für sie Sünden.*"[263]

---

[258]    Martin Kriele, „‚Sekte' als Kampfbegriff", S. 10.

[259]    Vergleich hierzu [Heike Schm]oll, „Die Evangelikalen haben keine Berührungsängste mehr", *Frankfurter Allgemeine Zeitung* (19.6.1995): S. 8.

[260]    gna, „Beginn des ‚Christival 96' in Dresden", *Frankfurter Allgemeine Zeitung* (15.5.1996): S. 1.

[261]    [Heike Schm]oll, „Evangelisationen kirchenfremden Räumen", *Frankfurter Allgemeine Zeitung* (12.11.1997): S. 4 und Heike Schmoll, „Werbung für Gott: Die missionarische Großveranstaltung Pro Christ", *Frankfurter Allgemeine Zeitung* (11.11.1997): S. 16.

[262]    Heike Schmoll, „Minus und Plus: Über eine Evangelisationsaktion des Predigers Reinhard Bonnke", *Frankfurter Allgemeine Zeitung* (11.10.1995): S. 14.

[263]    Carsten Holm u. Udo Ludwig, „Für Gott in alle Welt", *Der Spiegel* (2003) Nr. 52: S. 44.

Auch die Wochenzeitung *Die Zeit* definiert nun für ihre Leser, was *evangelikal* meint:

*„In Deutschland ist der Begriff seit den sechziger Jahren als Rücküber-setzung des amerikanischen* evangelical *für theologisch konser-vative Protestanten gebräuchlich – als Sammelbegriff, versteht sich, denn die Unterschiede im Einzelnen sind erheblich. Evan-gelikale betrachten die Bibel als oberste Autorität für Leben und Glauben, als Letztbegründung, die nicht durch die Kritik der libe-ralen Theologie verwässert werden soll. Sie glauben an die Wie-dergeburt durch Jesus Christus. Und sie stellen die persönliche Beziehung zu ihm in den Mittelpunkt dieses Lebens. Das hat auch Konsequenzen für die äußeren Formen. Kirchliche Traditionen spielen für Evangelikale kaum eine Rolle, sie suchen nach neuen Arten der Vermittlung. [...]*

*Die meisten Evangelikalen sind Kreationisten, sie halten am Wortlaut der Schöpfungslehre fest und leugnen die biologische Evolution. Homose-xualität wird im Allgemeinen als Unfall der Schöpfung oder als psychi-sche Störung angesehen. Ihre Vorstellungen von Moral, Lebensschutz und Bioethik unterscheiden sich kaum von denen des Vatikans. [...]*

*Etwa 1,3 Millionen evangelikale Christen gibt es in Deutschland, da-von 600.000 in den evangelischen Landeskirchen, der Rest in verschiede-nen Freikirchen. Drei Hauptgruppen lassen sich unterscheiden: die Alli-anz-Evangelikalen, die charismatischen Evangelikalen beziehungsweise Pfingstler und die Bekenntnisevangelikalen. Die erste Gruppe bildet die Mehrheit und wird durch die Evangelische Allianz in Deutschland vertre-ten, die Teil eines 1846 in London gegründeten, weltweiten Bruderbundes ist."* [264]

Auch in der *Frankfurter Allgemeinen Zeitung* erscheint im Oktober 2005 ein Bericht über die Evangelikale Bewegung, in dem die Deutsche Evangelische Allianz als Dachverband der Evangelikalen beschrie-ben wird und von einem wachsenden politischen Einfluss die Rede

---

[264]   Matthias Oppermann, „Erweckung und Wiedergeburt", *Die Zeit* (2005) Nr. 22: S. 10.

ist.[265] Ein Jahr später erscheint ein weiterer Aufsatz in der *Frankfurter Allgemeinen Zeitung*, in dem festgehalten wird, dass evangelikale Christen zunehmend offensiv auftreten und es wird die Frage in den Raum gestellt: „Drohen uns jetzt amerikanische Verhältnisse?" Die Autorin merkt gleich eingangs des Artikels an „Es gibt keinen Grund, Alarm zu schlagen. Aber es ist nötig, genauer hinzusehen."[266] In drei Lektionen zieht sie ihr Fazit:

> „*Erste Lektion: Evangelikalismus und Fundamentalismus sind in Deutschland keineswegs dasselbe, auch wenn es Überschneidungen gibt. Die evangelikale Bewegung ist eine besonders fromme, wertkonservative Strömung, die die Bibel als Anleitung für den Alltag begreift und einen ‚lebendigen Glauben' postuliert. Insgesamt gibt es schätzungsweise 1,3 Millionen evangelikale Christen in Deutschland. [...]*
> *Zweite Lektion: Selbst wer sich in die Materie einarbeitet, findet die Vielfalt der Gruppen verwirrend. ‚Wir sind eine Blüte in dem riesigen Blumenbeet', sagen Evangelikale gern, wenn man um Hilfe bei der Einordnung bittet. [...]*
> *Dritte Lektion: In ihrer extremen Variante lehnen christliche Fundamentalisten die pluralistische Gesellschaft ab. Ihre Grundlage beziehen sich stets aus einem wörtlichen Verständnis der Bibel. Annete Klick, auch sie Evangelische Weltanschauungsbeauftragten Württemberg, geht von etwa 300 000 Mitgliedern in autonomen Gemeinden mit meist fundamentalistischen Schriftverständnis aus – zum Teil an den Rändern der evangelischen Allianz, größtenteils jenseits des Verbunds.*"[267]

Insgesamt gesehen lässt sich in der medialen Berichterstattung jedoch zunehmend eine Akzentverschiebung feststellen. Stand bis in die 1990er Jahre vor allem die theologische Auseinandersetzung

---

[265]   Uta Rasche, „Wo Gut und Böse klar getrennt werden: Riesige Parkplätze, aber keine Friedhöfe: Die evangelikale Bewegung hat in Deutschland großen Zulauf – und politischen Einfluß", *Frankfurter Allgemeine Zeitung* (30.10.2005): S. 6.

[266]   Julia Scharf, „Gottes Wort und Teufels Einfluß: Evangelikale Christen treten zunehmend offensiv auf. Drohen uns jetzt amerikanische Zustände? Sind das alles Fundamentalisten? Eine Orientierungshilfe im Dickicht der Religion", *Frankfurter Allgemeine Zeitung* (3.12.2006): S. 63.

[267]   Julia Scharf, „Gottes Wort und Teufels Einfluß", S. 63.

zwischen konservativen und liberalen theologischen Überzeugungen im Vordergrund der Darstellung von Evangelikalen, so rücken nun vermehrt ethische Positionen,[268] die Haltung zur Evolution,[269] die Frage der Mission[270] und ihr angeblich wachsender politischer Einfluss in den Blickpunkt einer zunehmend kritischen Berichterstattung.

[268]  Hier ist es vor allem die Haltung der Evangelikalen zur Homosexualität, an der Anstoß genommen wird. Im Zentrum einer größeren Auseinandersetzung stand dabei im Mai 2009 beispielsweise ein Kongress der *Akademie für Psychotherapie und Seelsorge in Marburg*. Vgl. hierzu u. a.: Wolf Schmidt, „Auftritt der Homo-Umpoler", *taz* (16.4.2009), www.taz.de/!5164562 [14.2.2017]; Heike Le Ker, „Massive Kritik am Auftritt von ‚Homoheilern'"; *Spiegel Online* (17.4.2009), http://www.spiegel.de/wissenschaft/mensch/kongress-in-marburg-massive-kritik-am-auftritt-von-homoheilern-a-619571.html [14.2.2009] oder Malte Göbel, „Das ist psychische Vergewaltigung", *taz* (17.4.2009), www.taz.de/!5164518 [14.2.2017]. Vgl. aber auch Claus Peter Mueller, „An Christi Himmelfahrt gegen die ‚Homo-Umpoler': In Marburg zieht ein ‚Kongress für Psychotherapie und Seelsorge' allerlei Hass auf sich", *Frankfurter Allgemeine Zeitung* (18.5.2009): S. 4, c[laus]p[eter]m[üller], „Streit um Psychotherapie-Kongress an Marburger Universität: Kritiker werfen den Veranstaltern Homophobie vor/Hochschule: Kein präventives Redeverbot", *Frankfurter Allgemeine Zeitung* (20.5.2009): S. 51 sowie c[laus]p[eter]m[üller], „Demonstration gegen Psychotherapie-Kongress: Marburg Oberbürgermeister: Gegner der Veranstaltung missachten Meinungsfreiheit", *Frankfurter Allgemeine Zeitung* (22.5.2009): S. 4.

[269]  Vgl. beispielsweise Britta Mersch, „Vor uns die Sintflut" *Spiegel Online* (19.9.2006). http://www.spiegel.de/lebenundlernen/schule/kreationismus-in-deutschland-vor-uns-die-sintflut-a-437733.html [7.3.2017]; Frank Hornig, „Die Grenzgängerin", *Der Spiegel* (2007) Nr. 29: S. 44–45; Alex Rühle, „Gott beweist: Darwin ist tot", *Süddeutsche Zeitung* (30.6./1.7.2007), http://www.sueddeutsche.de/kultur/streit-um-evolution-und-schoepfungslehre-gott-beweist-darwin-ist-tot-1.892288 [14.2.2017] sowie Bernd Heptner, „Glaubensfragen: Bibel und Biologiebuch in Hessen", *Frankfurter Allgemeine Zeitung* (6.7.2007): S. 2 und Julia Kern, „Adam, Eva und der Stegosaurus", *Frankfurter Allgemeine Sonntagszeitung* (23.6.2013): S. 48.

[270]  So beispielsweise: Christian Siepmann, „Missionare in der Mensa" *Uni Spiegel* (2008) Nr. 6: S. 22–24 oder Martin Urban, „Provozieren, um zu mobilisieren", *Süddeutsche.de* (19.5.2010), http://www.sueddeutsche.de/politik/missionieren-im-wandel-der-zeit-provozieren-um-zu-mobilisieren-1.881812 [14.2.2017].

So erscheint im November 2008 in der von der *Bundeszentrale für politische Bildung* herausgegebenen Schülerzeitschrift *Q-Rage* ein Beitrag über bzw. eher gegen Evangelikale[271], in dem das *Christival 2008* in Bremen zum Aufhänger der Kritik genommen wird. Die erfolgreichen Proteste der *Deutschen Evangelischen Allianz*[272] und anderer evangelikaler Einrichtungen[273] gegen eine tendenziöse Berichterstattung wird anschließend in einigen anderen Medien kritisch aufgenommen. So bringt *Spiegel Online* einen Artikel unter der Überschrift „Evangelikale führen Kreuzzug gegen Schüler-Autoren".[274] In diesem Artikel verdeutlicht schon die Begriffswahl durch Ausdrücke wie „bizarrer Kreuzzug", „Kulturkampf" oder „Hardliner", wie die *Spiegel*-Redakteure Evangelikale einschätzen. Anders hingegen der Bericht in der Frankfurter Allgemeinen Zeitung, der den Konflikt sachlich, aber neutral darstellt.[275]

Im April 2009 folgt die Veröffentlichung des Buches *Mission Gottesreich: Fundamentalistische Christen in Deutschland*[276] der NDR Redakteure Oda Lambrecht und Christian Baars und die Freischaltung ihrer eigenen Webpage.[277] Im Werbetext für das Buch heißt es u. a.:

---

[271]   Vgl. http://www.schule-ohne-rassismus.org/fileadmin/pdf/q-rage-ausgabe-04-web-seite-11.pdf [21.12.2009].

[272]   http://www.ead.de/nachrichten/nachrichten/einzelansicht/browse/13/article/hartmut-steeb-weiter-klaerungsbedarf-in-q-rage-debatte.html?tx_ttnews[backPid]=440&cHash=c96b27cb85 [21.12.2009] und http://www.ead.de/nachrichten/nachrichten/einzelansicht/browse/13/article/annaeherung-im-streit-um-evangelikalen-schelte.html?tx_ttnews[backPid]=440&cHash=3adef04682 [21.12.2009].

[273]   Vgl. http://www.ead.de/nachrichten/nachrichten/einzelansicht/browse/13/article/nach-umstrittener-veroeffentlichung-in-schuelerzeitung-q-rage.html?tx_ttnews[backPid]=440&cHash=90d4b0b855 [21.12.2009].

[274]   Vgl. http://www.spiegel.de/lebenundlernen/schule/heiliger-zorn-evangelikale-fuehren-kreuzzug-gegen-schueler-autoren-a-596970.html [7.3.2017].

[275]   Vgl. hierzu epd, „Extremismuspanne: Kritik Anschrift der Bundeszentrale", *Frankfurter Allgemeine Zeitung* (19.12.2008): S. 42.

[276]   Oda Lambrecht & Christian Baars. *Mission Gottesreich. Fundamentalistische Christen in Deutschland*. Berlin: Ch. Links Verlag, 2009. Zwischenzeitlich erschien am 16. Dez. 2009 eine zweite überarbeitete und erweiterte Aufl.

[277]   Vgl. http://www.mission-gottesreich.de [21.12.2009].

„*Sie sind radikal, sendungsbewusst und zunehmend erfolgreich: christliche Fundamentalisten in Deutschland. Die Bibel ist für sie Lebens- und
Glaubensgrundlage, andere Religionen lehnen sie ab, alle Nichtchristen
wollen sie bekehren. Homosexualität gilt als Sünde, Sex vor der Ehe ist
verpönt, die Evolutionstheorie stellen sie in Frage. Nach Schätzungen
leben in Deutschland mehr als eine Million von ihnen. Die Autoren beschreiben die Arbeit von entsprechenden Vereinen, Missionswerken und
Lobbygruppen, informieren über autoritäre Strukturen, angebliche Wun-
derheilungen und Dämonenaustreibungen. Und sie fragen, wie Vertreter
der Evangelischen Kirche in Deutschland mit diesen radikalen Gruppen
umgehen, und ob in einer offenen Gesellschaft nicht mehr Widerspruch
notwendig ist.*"[278]

Allerdings stößt die Veröffentlichung auf scharfe Kritik aus dem
evangelikalen Lager, da dieses sich durch eine oberflächliche Recher-
che und einen durchgehenden polemischen Unterton in vieler Hinsicht falsch charakterisiert sehen. Der evangelikale Theologe Thomas
Schirrmacher schreibt in einer ausführlichen Rezension u. a.:

„*Die Unkenntnis der Autoren über die Vielgestaltigkeit großer religiöser
Bewegungen, insbesondere solcher, die keinerlei autoritative Leitung oder
ein Lehramt haben, ist erst recht offensichtlich.*

*Dramatisch wird beispielsweise über die Evangelikalen berichtet: ‚Sie
bekennen sich zu Jesus. Doch er gilt nicht nur als Erlöser der Christen,
sondern als Retter der ganzen Welt.' (MG 9). So schreibt nur jemand, der
das Christentum nicht kennt, denn so steht es im Glaubensbekenntnis aller Konfessionen. ‚Evangelikale glauben außerdem, dass Jesus auf die Erde
zurückkehren wird.' (MG 14) Das ist natürlich richtig, wird aber dadurch
windschief, dass nicht gesagt wird, dass das alle Christen glauben, ja im
übrigen sogar die Muslime. Der Leser, der das Christentum nicht kennt,
wird so fortlaufend falsch informiert, weil er nach Lesen des Buches unge-
zählte dogmatische und ethische Positionen für typisch evangelikal hält,
die typisch christlich sind.*

---

[278]   Quelle: Buchklappentext und http://www.amazon.de/Mission-Gottesreich-
      Fundamentalistische-Christen-Deutschland/dp/3861535661/ref=sr_1_3?ie=
      UTF8&s=books&qid=1262006135&sr=8-3 [27.12.2009].

*Zur Pfingstbewegung wird abfällig berichtet: ‚Sie singen und tanzen, um damit Gott zu loben.'* (MG 12) *Was da als pfingstkirchlicher Gottesdienst beschrieben wird – sicher vom Stil her etwas, das in Deutschland nur ein Teil der Evangelikalen begrüßt –, ist etwa in Afrika die Regel in Gottesdiensten aller Konfessionen. Und dann zeigt sich wieder die religiöse Halbbildung, wenn es heißt: ‚Die Bewegung geht auf eine Geschichte des Neuen Testaments zurück. Danach erschien den Jüngern Jesu zu Pfingsten der Heilige Geist ...'* (MG 12). *Nun werden sich die Pfingstgemeinden sicher freuen zu hören, dass ihre Bewegung unmittelbar auf Pfingsten zurückgeht, aber andere Kirchen werden darauf verweisen, dass das Pfingstfest schon 1900 Jahre lang gefeiert wurde, bevor die Pfingstbewegung entstand, und der Heilige Geist seit Pfingsten auf alle, nicht nur auf Pfingstler ausgegossen wurde."* [279]

In weiterer Folge spricht *ideaSpektrum* vom Anfang eines „letztlich regelrecht medial inszenierten Feldzugs gegen konservative und bibeltreue Christen".[280] Einige Wochen später, zu Ostern, folgt in der Karwoche auf *3sat* ein weiterer kritischer Beitrag unter dem Titel: „Missionare – Evangelikale auf dem Vormarsch".[281]

Nach der Ermordung von zwei Schülerinnen der evangelikalen *Bibelschule Brake* im Jemen erscheint auch im ZDF am 4. August ein Evangelikalen gegenüber äußerst kritischer Beitrag im Magazin *Frontal 21*: „Sterben für Jesus – Missionieren als Abenteuer".[282] Zahlreicher Protest folgt, u. a. auch vom Rat der EKD, der die verzerrte Darstellung von Evangelikalen und „fragwürdige journalistische Mittel" bemängelt.[283] Schließlich sieht sich auch der ZDF Fernsehrat genötigt, zumindest dezent Kritik zu äußern: Der Beitrag sei „miss-

---

[279]  Dr. Thomas Schirrmacher, „Mission Gottesreich oder: Die Kriminalisierung der Evangelikalen", *Professorenforum-Journal*, 10 (2009), S. 13

[280]  *ideaSpektrum* 51.2009, S. 21.

[281]  Vgl. http://www.3sat.de/dynamic/sitegen/bin/sitegen.php?tab=2&source=/ kulturzeit/themen/132782/index.html [28.12.2009].

[282]  Vgl. http://www.zdf.de/ZDFmediathek/beitrag/video/811940/Missionieren-als-Abenteuer#/beitrag/video/811940/Missionieren-als-Abenteuer [28.12.2009].

[283]  Vgl. http://www.ekd.de/presse/pm199_2009_erklaerung_rat_evangelikale.html [28.12.2009].

lungen, missverständlich und für das Thema nicht geeignet"[284], so der Vorsitzende des ZDF Fernsehrats, der CDU Bundestagsabgeordnete Ruprecht Polenz.

Sachlich-kritisch hingegen die *Frankfurter Allgemeine Zeitung*, die in der Berichterstattung über den Mord an den Bibelschülerinnen die Frage aufwirft: „Wann wird ein Helfer zum Missionar?"[285] Die Autoren gehen dabei differenziert auf das Missionsverständnis Evangelikaler ein, berichten, dass Kenner der jemenitischen Region Saada die soziale Arbeit der Organisation vor Ort lobenswert erwähnen und stellen schließlich auch die Unterschiede in der Arbeitsweise und theologischen Grundüberzeugungen zwischen dem *Evangelischen Missionswerk in Deutschland* (EMW), der *Arbeitsgemeinschaft Evangelikaler Missionen* (AEM) und der *Arbeitsgemeinschaft Pfingstlich-Charismatischer Missionen* (APCM) vor.

Wenig später zieht allerdings auch die ARD noch einmal mit einem Beitrag im Magazin *Panorama* am 8. Oktober 2009 unter der Überschrift *Sterben für Gott* nach.[286] Im Film wird vor allem das Missionswerk *Jugend mit einer Mission* kritisch beleuchtet, wobei die Informationen teilweise mithilfe einer versteckten Kamera gesammelt und nicht offizielles Videomaterial verwendet wurde.[287]

Wer die Berichterstattung über Evangelikale in Deutschland im Jahr 2009 analysiert, kann ohne weiteres mit Hansjörg Hemminger von der *Evangelischen Zentralstelle für Weltanschauungsfragen* in Berlin von einem „Feindbild Evangelikale" sprechen. So stellt die *taz* Evan-

---

[284]   Zitiert nach: http://www.idea.de/nachrichten/detailartikel/artikel/misslungen-missverstaendlich-und-nicht-geeignet.html [28.12.2009].

[285]   Rainer Hermann u. Reinhard Bingener, „Wann wird ein Helfer zum Missionar?", *Frankfurter Allgemeine Zeitung* (26.6.2009): S. 6. Vgl. ferner [Reinhard] bin[gener], „EKD nimmt Evangelikale gegen Kritik in Schutz: Rat der evangelischen Kirche rügt Berichterstattung über Tod von Bibelschülerinnen", *Frankfurter Allgemeine Zeitung* (7.9.2009): S. 4.

[286]   Anders hingegen ein Artikel, der schon im Jahr 2001 in der *Frankfurter Allgemeinen Zeitung* erschien und über die in Afghanistan verhafteten Mitarbeiter der Organisation *Shelter Now* berichtete. ura, „Hilfe aus ‚christlicher Nächstenliebe'", *Frankfurter Allgemeine Zeitung* (9.8.2001): S. 3.

[287]   Vgl. http://mediathek.ard.de/ard/servlet/content/2572;jsessionid=41436E225 6FC4C3D606C9D812C73D859?tagId=3109516 [28.12.2009].

gelikale mit Salafisten gleich. In einem Bericht über Salafismus in Deutschland und einen Berliner Konvertiten zum Islam heißt es:

*„Es sind Geschichten, wie man sie auch von wiedergeborenen Christen hören kann, den Evangelikalen. Auch in deren Gruppen stranden viele Suchende, Verzweifelte, Gescheiterte. Überhaupt sind die Parallelen zwischen Evangelikalen und Salafisten nicht zu übersehen: beide Bewegungen kämpfen gegen eine als dekadent empfundene moderne Welt, die voller Pornographie, Homosexualität und anderem Schmutz sei. Und beide Versprechen des Heil durch ein gottgefälliges Leben."*[288]

Im August 2016 führt die *Süddeutsche Zeitung* den Vergleich Evangelikalen und radikalen Islamisten einen Schritt weiter und schreibt nach dem Selbstmordanschlag eines IS-Sympathisanten auf eine Schwulenpaar in Orlando (USA) mit über 50 Toten: „Für diese Tat hätte er genauso gut auch ein evangelikaler Christ sein können".[289] Eine Begründung für diese Behauptung wird nicht geliefert.

Hansjörg Hemminger merkt zum *Feindbild Evangelikale* an:

*„Die linken Flügel der Grünen und der SPD sowie die Linkspartei sind seit einiger Zeit dabei, die evangelikale Bewegung zum Feindbild aufzubauen. Dahinter steckt ein simples Machtkalkül: Der Kampf gegen die Religion, der vor 2001 in der alten Bundesrepublik kaum von politischer Bedeutung war, ist inzwischen Anliegen eines Klientels, um das Grüne und SPD mit der Linkspartei konkurrieren. Wer deswegen Radikale dazu ermutigt, den Evangelikalismus, oder gar den Pietismus, gesellschaftlich zu ächten, spielt allerdings das Spiel aus „Biedermann und die Brandstifter". Faktisch stärkt man dadurch die extremen Ränder des politischen Spektrums. [...]*

*Der Schritt zur allgemeinen Kirchen- und Religionskritik ist für die Randalierer klein. Die Diffamierungen, die sich gegen die Kongressteil-*

---

[288]  Wolf Schmidt, „Allah statt Playstation", *taz* (27.7.2009) http://www.taz.de/!5 159147 [27.3.2017].

[289]  Vgl. hierzu Thorsten Denkler, „Warum Orlando kein Angriff auf die offene Gesellschaft war", *Süddeutsche Zeitung* (13.6.2016), http://www.sueddeutsche. de/politik/schiesserei-in-orlando-warum-orlando-kein-angriff-auf-die-offene-gesellschaft-war-1.3031086 [1.3.2017] sowie eine Entgegnung von Thomas Schirrmacher, Sind Evangelikale schießwütige Mörder?", *Bonner Querschnitte* 434 (2016) Nr. 39: S. 4.

*nehmer richteten, zielten auf die Mitte des christlichen Glaubens, auf die Person Christi, auf Kreuz und Vaterunser.*"[290]

Auffallend ist in zahlreichen Beiträgen ein undifferenzierter Umgang mit Begriffen. Nur selten wird erklärt, was mit verwendeten Worten tatsächlich gemeint ist. So schreibt Ulrike Heitmüller in der *taz:* „Viele Freikirchen sind sehr konservativ, mehr als das Gros der Landeskirchen, viele evangelikal oder fundamentalistisch".[291] Der Kontext verdeutlicht, dass sowohl *evangelikal* als auch *fundamentalistisch* für die Autorin mit einer negativen Konnotation besetzt sind, ohne dass allerdings geklärt wird, was beide Begriffe bedeuten und worin sie sich unterscheiden. Oder man arbeitet mit plakativen Worthülsen. So schreibt Jennifer Stange ebenfalls in der *taz:*

> „Die Evangelische Allianz ist ein Zusammenschluss pietistischer und evangelikaler Hardliner, die sich der Verwirklichung des ‚Plans Gottes' verpflichtet haben. Ginge es nach ihnen, würden alle Menschen streng nach der Bibel leben."[292]

Weder definiert die Autorin, was sie unter der Bezeichnung „Hardliner" versteht, noch was es konkret bedeuten würde, wenn sich jemand „der Verwirklichung des ‚Plans Gottes'" verschreibt. Auch erklärt sie nicht, was es heißt, „streng nach der Bibel" zu leben. Ähnlich verfährt auch der Islamwissenschaftler Rüdiger Lohlker, der in einem Beitrag für *Christ & Welt,* einer Beilage der Wochenzeitung *Die Zeit,* hinsichtlich des Salafismus schreibt: „Wir können ihn mit anderen Frömmigkeitsbewegungen vergleichen. Überspitzt formuliert: Es ist gewissermaßen die islamische Ausprägung eines Evangelikalismus".[293] In einem „Plädoyer gegen den Rufmord an 1,5 Millionen Bürgern" antwortet der Journalist Till-R. Stoldt in einer Replik in der *Welt am Sonntag:*

---

[290]   Vgl. http://www.ezw-berlin.de/html/15_1486.php [27.3.2017].

[291]   Ulrike Heitmüller, „Die Fundis sind los", *taz* (5.8.2010): S. 23, http://www.taz. de/!5137929 [14.2.2017].

[292]   Jennifer Stange, „Kreuze vorm Kanzleramt", *taz* (23.9.2012), www.taz.de/!5 083376 [14.2.2017].

[293]   Rüdiger Lohlker im Interview, „Evangelikale des Islams", *Christ & Welt* (10.1. 2013).

„Wo stecken sie bloß, die christlichen Bombenleger aus deutschen Landen? Die ein ‚Vaterunser‘ beten, bevor sie ins Terrorcamp abreisen? Die in der Bergpredigt schmökern, bevor sie einen Mordaufruf ins Internet stellen? [...]

Diese fatale Gleichsetzung von Evangelikalen und Salafisten hat nun die gesellschaftliche Mitte erreicht. Vor kurzem nannte der Islamwissenschaftler Rüdiger Lohlker in einer großen Wochenzeitung Salafisten die ‚Evangelikalen des Islam‘, jüngst schmiss auch die CDU-Politikerin Barbara John die islamischen Steinzeitgläubigen mit den Evangelikalen in einen Topf. Sogar im ‚Wort zum Sonntag‘ warnte schon ein Pfarrer, beide Gruppen hätten furchtbar viel gemeinsam.

Zugegeben, ihr Glaubensernst und das wörtliche Verständnis von Bibel oder Koran mag beide Gruppen verbinden. Trotzdem führt kein Weg an dem Befund vorbei: Wer bei Evangelikalen und Salafisten Gemeinsamkeiten anstelle von Unterschieden hervorhebt, der verzerrt die Realität, verharmlost die Herausforderung durch den hiesigen Verbandsislam und verunglimpft eine Bevölkerungsgruppe. Denn selbst wenn man Evangelikale für engstirnige Jesus-Freaks halten mag – auch sie verdienen, vor Verleumdung geschützt zu werden.

Und um nichts weniger geht es bei dieser Gleichsetzung. Man muss sich das mal auf der Zunge zergehen lassen: Evangelikale (früher meist ‚Pietisten‘ genannt) leben eine innige Beziehung zu Jesus, hinterfragen die Bibel kaum historisch-kritisch und ticken familienpolitisch meist konservativ. Gleichen sie damit Salafisten, also Extremisten, deren Agitation sich laut Verfassungsschutz ‚insgesamt gegen den Westen und seine demokratischen Werte‘ richtet?"[294]

Gleichzeitig finden sich in den vergangenen Jahren aber durchaus auch sachlich-kritische bis wohlwollende Medienberichte zu Evangelikalen. So porträtieren Elke Naters und Sven Lager in der Wochenzeitung *Die Zeit* zwei Berliner Schriftsteller, die nach Südafrika auswandern und dort „Gott finden". Sie bezeichnen ihre Reportage unter der Überschrift *Ihr glaubt echt an die Bibel?* als „eine moderne Erweckungs-

---

[294]   Till-R. Stoldt, „Gibt es christliche Salafisten?", *Welt am Sonntag* (24.2.2013), https://www.welt.de/print/wams/nrw/article113858150/Gibt-es-christliche-Salafisten.html [27.3.2017].

geschichte".[295] Wiederum in der Wochenzeitung *Die Zeit*, veröffentlicht der „kritische Katholik" Kilian Trotier – so die Selbstbezeichnung des Autors – eine Reportage über das Gemeinde-Ferien-Festival
Spring, „dem größten Treffen der Evangelikalen in Deutschland".[296]
Und *Der Spiegel* erklärt seinen Lesern in einer Ausgabe von *Spiegel Wissen* über charismatische Freikirchen erneut, was Evangelikale sind:

> *„Evangelikal ist der Sammelbegriff für eine christliche Bewegung, deren Anhänger sich in besonderer Weise auf das Evangelium berufen, Bibelworte als oberste Autorität betrachten und die persönliche Glaubenserfahrung in den Mittelpunkt ihres Lebens stellen. In der Deutschen Evangelischen Allianz, der wichtigsten Vereinigung hierzulande, sind etwa 1,3 Millionen Christen organisiert. Innerhalb der Evangelikalen gibt es unterschiedliche Gruppen, manche streng konservativ, andere eher gemäßigt."*[297]

Zudem finden sich in der *Frankfurter Allgemeinen Zeitung* zahlreiche
Artikel zu verschiedenen Aspekten der Evangelikalen Bewegung.[298]
Auch Beiträge der US-amerikanischen Sprach- und Kulturwissenschaftlerin *Marcia Pally*, die an der theologischen Fakultät der Hum-

---

[295]   Elke Naters u. Sven Lager, „Ihr glaubt echt an die Bibel?", *Die Zeit* (2.8.2012)
        Nr. 32, http://www.zeit.de/2012/32/Glaube-Suedafrika-Religion [27.3.2017].
[296]   Kilian Trotier, „Schwimmen mit Gott: Die Evangelikalen zelebrieren ihren
        Glauben als Schau und Event", *Die Zeit* (2012) Nr. 17: S. 64.
[297]   Jenny Becker, „Im Himmel ist gerade eine Riesenparty!", *Spiegel Wissen* (2013)
        Nr. 2: S. 66–69.
[298]   Heike Schmoll, „Kirchliche Selbstbestimmung und Hochschulautonomie: Der
        Übergang des Berufungsrechts auf Universitäten gerät in Spannung zu den
        staatskirchenrechtlichen Vorgaben", *Frankfurter Allgemeine Zeitung* (4.2.2010):
        S. 8 (Artikel geht auf die Akkreditierung der evangelikalen Freien Theologischen Akademie in Gießen ein); [Stefan] toe[pfer], „Christen sind anders:
        Evangelikaler Intensivkurs in der Heiligeistkirche", *Frankfurter Allgemeine
        Zeitung* (16.9.2011): S. 47; Julia Lauer [Interviewerin], „‚Manchmal müssen wir
        zuerst die Schrift erfinden': Der evangelikale Missionar Fritz Goerling über
        Bibelübersetzungen seltener Sprachen und die Rettung von Muslimen", *Frankfurter Allgemeine Zeitung* (3.12.2011): S. 10 oder Hannah Lühmann, „Was würde
        Rick Warren sagen? Evangelikale in Berlin", *FAZ.NET* (18.10.2013), http://www.
        faz.net/aktuell/feuilleton/evangelikale-in-berlin-was-wuerde-rick-warren-sagen-12623812.html [7.4.2017]

boldt-Universität in Berlin eine Gastprofessur innehat und durch mehrere Buchveröffentlichungen zum Themenbereich des amerikanischen Evangelikalismus[299] auch im deutschen Sprachraum bekannt wurde, zeichnen sich sowohl durch eine inhaltliche Kompetenz und Differenzierung aus. In einem Beitrag für die Wochenzeitung *Die Zeit* schreibt Pally:

*„Lange waren die evangelikalen Christen in den Vereinigten Staaten der Prügelknabe der Nation. Anscheinend setzten sie die Regierung unter Druck, um einer ansonsten fortschrittlichen Gesellschaft ihre Lesart der Heiligen Schrift aufzuzwingen. Sie favorisierten eine neoliberale Wirtschaftspolitik und einen schlanken Staat nach dem Gusto der Tea Party. Sie traten auf als Kreationisten und eifernde Schwulenfeinde. Kurz: es schien sich beim evangelikalen Christentum um eine Mischung aus Fundamentalismus und Dummheit zu handeln.*

*In den letzten sechs Jahren jedoch hat Amerikas religiös-politische Landschaft einen gigantischen Umbruch erlebt. Der evangelikale Theologe Scott Mac Knight selbst spricht von dem ‚bedeutendsten Wandel der evangelikalen Bewegung im 20. Jahrhundert hin zu einer neuen Art von sozialem Gewissen‘."*[300]

Zur einer nächsten medialen Resonanz führt im Frühjahr 2014 die Opposition evangelikaler Kreise gegen die umstrittene Bildungsplanreform in Baden-Württemberg, die Schülerinnen und Schüler verschiedenste sexuelle Orientierungen als gleichwertig vermitteln

---

[299] Marcia Pally, *Die hintergründige Religion: Der Einfluss des Evangelikalismus auf die US-amerikanische Politik*, Berlin: Berlin University Press, 2008 sowie Marcia Pally, *Die neuen Evangelikalen in den USA: Freiheitsgewinne durch fromme Politik*, Berlin: Berlin University Press, 2010.

[300] Marcia Pally, „Die neuen Evangelikalen: Amerikas reaktionäre Christen vollziehen eine linke Wende und entdecken das Christentum für sich", *Die Zeit* (2011) Nr. 46: S. 64. Etwas kritischer ist der Artikel in der *Frankfurter Allgemeinen Zeitung*. Vergleich hierzu Hermut Löhr, „Die Mission des neuen Jerusalems: Marcia Pally spürt den religiösen Wurzeln der amerikanischen Politik nach und entwirft ein eher grobes Bild des Evangelikalismus", *Frankfurter Allgemeine Zeitung* (26.2.2009): S. 34. Vgl. zu den Evangelikalen in den USA ferner Detlef Junker, „Fromme Politik: Die Evangelikalen in den vereinigten Staaten", *Frankfurter Allgemeine Zeitung* (27.4.2011): S. 8.

soll.[301] Die kontroverse Diskussion wird bis in die Talkshow von *Menschen bei Maischberger* geführt[302] und Evangelikale – allen voran Hartmut Steeb, Generalsekretär der *Deutschen Evangelischen Allianz* – als „notorische Homo-Hasser"[303] diskreditiert. Umso bemerkenswerter ist daher ein Beitrag von Friederike Gräff in der *taz*. Dort schreibt sie während der Auseinandersetzungen um den baden-württembergischen Bildungsplan unter der Überschrift „Stark im Glauben: Homophob, selbstgerecht, geistig arm: Die Evangelikalen sind die Buhmänner unter den Christen. Die Wirklichkeit ist ein bisschen komplizierter."

> *„Die Evangelikalen sind aus unterschiedlichen Gründen in weiten Kreisen unpopulär, und natürlich sind sie selbst schuld daran. Schlecht zu ertragen ist aber die Arroganz, mit der man ihnen begegnet, sei es – diskret – in der Volkskirche, sei es weniger diskret im säkularen Rest. Die Evangelikalen, das sind in den Augen der meinungsbildenden Akademiker und Halbbildungsbürger die Naiven unter den Religiösen, diejenigen, die noch nicht zu den Segnungen der Abstraktion gefunden haben, geistig Arme, die mehr Spektakel brauchen und buntere Bilder.*
>
> *Soweit der einfache Teil. Der schwierigere: Der Begriff ‚evangelikal' ist ungefähr so weit wie ‚gläubig'. Es gibt evangelikale Gemeinden in der Landeskirche, für den früheren EKD-Ratsvorsitzenden Huber bedeutet evangelikal schlicht die Fortsetzung des Pietismus, andere sagen, dass es das*

---

[301]  Vergleich hierzu u. a. r[üdiger] so[ldt], „Weiter Streit über Bildungspläne in Baden-Württemberg: ‚Behauptungen sind Schwachsinn'/Gegenpetition", *Frankfurter Allgemeine Zeitung* (11.1.2014): S. 4 sowie Reinhard Bingener u. Rüdiger Soldt, „Brüder, öffnet euch", *Frankfurter Allgemeine Zeitung* (25.1.2014): S. 3.

[302]  Anonym, „Wenn Maischberger mit dem Styropor-Gemächt hantiert", *Focus Online* (12.2.2014), http://www.focus.de/kultur/kino_tv/auch-nicht-was-ich-am-liebste-tue-wenn-maischberger-mit-dem-styropor-gemaecht-hantiert_id_3608582.html [27.3.2017]; Stefan Kumany, „Wenn Worte wehtun: Maischberger-Talk über Homosexualität", *Spiegel Online* (12.2.2014), http://www.spiegel.de/kultur/tv/tv-kritik-zu-maischberger-talk-ueber-homosexualitaet-a-952888.html [14.2.2017]; Jan Feddersen, „Aufschrei der Konservativen", *taz* (10.4.2014), http://www.taz.de/!5044512 [14.2.2017].

[303]  Vgl. hierzu Stefan Kumany, „Wenn Worte wehtun: Maischberger-Talk über Homosexualität".

*ist, was man früher fromm genannt hätte. Und dann gibt es evangelikale Gemeinden, deren Weltbild die Größe einer Schuhschachtel hat, die freudigen Koalitionäre von homophoben Rechtsaußen sind. [...]*
*Die Evangelikalen sind der Stachel im Fleisch der Kirche, das macht sie nicht beliebt, notwendig sind sie trotzdem."*[304]

Ein Jahr später löst der evangelikale Pastor der Bremer St.-Martini-Gemeinde, Olaf Latzel, im Rahmen einer Predigt mit abschätzigen Aussagen über den Islam und andere Religionen, eine weitere Kontroverse aus.[305]

*„Olaf Latzel (47) hatte über Verse aus dem alttestamentlichen Buch Richter gepredigt. In dem Bibeltext reißt der Richter Gideon auf Gottes Geheiß die Altäre des Götzen Baal nieder. Latzel erkannte darin eine Warnung, die Unterschiede zu anderen Religionen zu verwischen: ‚Es gibt nur einen wahren Gott. Wir können keine Gemeinsamkeit mit dem Islam haben.' So müssten Christen die Einladung zum muslimischen ‚Zuckerfest und all diesem Blödsinn' ausschlagen und dürften auch keine Buddha-Statuen aufstellen: ‚Das ist Götzendienst', zudem sei Buddha ein ‚dicker, fetter Mann'. Außerdem kritisierte Latzel den ‚Reliquiendreck' der römisch-katholischen Kirche, nannte die Papst-Verehrung einen ‚ganz großen Mist' und forderte Christen dazu auf, Talismane, Glückspfennige und Voodoo-Schlüsselanhänger aus ihrem Leben zu verbannen. Latzel berief sich bei seinen Ausführungen auf das erste Gebot (‚Du sollst keine anderen Götter neben mir haben'), verlangte aber zugleich ‚Liebe und Barmherzigkeit' für Andersgläubige. Wenn etwa Muslime verfolgt werden, dann haben wir uns vor sie zu stellen. Das ist unsere Aufgabe als Christen.'"*[306]

Zwar gibt Latzel später zu, dass die Wortwahl „nicht gut war", will sich aber nicht entschuldigen.[307] Zwar bedauert selbst die Evangeli-

---

[304]  Friederike Gräff, „Stark im Glauben", *taz* [14.2.2014], www.taz.de/!5048455 [14.2.2017].
[305]  Die Predigt ist im Internet unter http://www.st-martini.net/audio/2015/2015 _0118la.mp3 abrufbar [27.3.2017].
[306]  Zitiert nach http://www.kath.net/news/51443 [27.3.2017].
[307]  Anonym, „Großes Publikum: Pegida-Pastor", *taz am Wochenende* (7.2.2015). http://www.taz.de/!228632 [27.3.2017].

sche Allianz in Bremen die Äußerungen Latzels zur Glaubenspraxis anderer Religionen,[308] trotzdem greifen zahlreiche Medien den Vorfall auf und berichten kritisch über die Predigt.[309] Bemerkenswert ist ein Kommentar von Christian Geyer in der *Frankfurter Allgemeinen Zeitung*. Er schreibt u. a. über Predigt und die Medienresonanz:

> *„Die Predigt. Ein homiletischer Furor fürwahr, ein Sprung aus dem heiligen Text in die Lebenswelt von 2015 und doch um einen traditionell christlichen Kern gruppiert, welche den Synkretismus der Religionen (Latzel: ,so alles zusammenmanschen') verwirft und in diesem Sinne aus dem Munde eines Pastors wissen lässt: ,Wir können keine Gemeinsamkeiten mit dem Islam haben' [...], um freilich sogleich ,Liebe und Barmherzigkeit' für jeden Moslem einzufordern.*
>
> *Was erkennen wir im deutschen Sittengemälde von Sunte Marten, wenn sich auf einmal an Olaf Latzel alle öffentlichen Nervositäten festmachen? Wenn es plötzlich dieser Bremer Pastor ist, von dem die einen sagen, da spreche endlich mal einer aus, was sonst angeblich nicht gesagt werden dürfe? Und die anderen sich schütteln vor Abscheu und Entsetzen über diese vermeintliche Stimme von Rassismus, Fremdenfeindlichkeit und Islamophobie? Unser Land ist doch wohl außer Rand und Band."*[310]

Um die Jahreswende 2015/16 ist es ein inner-evangelikaler Konflikt, der von den Medien aufgegriffen wird. Michael Diener, zu der Zeit Vorsitzender der *Deutschen Evangelischen Allianz* und Präses des *Evangelischen Gnadauer Gemeinschaftsverbandes*, gibt der Tageszeitung *Die Welt* Mitte Dezember ein Interview. Es sind vor allem Aussagen

---

[308]   Vgl. hierzu: Henning Bleyl, „Der Pegida-Pastor", *taz* (30.1.2015) http://www.taz.de/!5021952 [27.3.2017].

[309]   Vgl. u. a. zusätzlich zu den oben schon erwähnten Berichten Benno Schirrmeister, „Der Wille zum Krach: Bremer Krawall-Pastor Latzel", *taz* (29.1.2015), http://www.taz.de/Bremer-Krawall-Pastor-Latzel/!5022094 [27.3.2017]; Jan Fleischauer, „Unser Hassprediger", *Spiegel Online* (10.2.2015), http://www.spiegel.de/politik/deutschland/kampf-der-religionen-unsere-hassprediger-kolumne-a-1017639.html [7.3.2017]; Anonym, „Bremer Pastor beleidigt andere Religionen", *Focus Online* (28.1.2015), http://www.focus.de/regional/bremen/kirche-bremer-pastor-beleidigt-andere-religionen_id_4437385.html [7.3.2017].

[310]   Christian Geyer, „Gottes Schuld, nicht der Pastor", *Frankfurter Allgemeine Zeitung* (12.2.2015): S. 9.

Dieners zur Homosexualität, die in den folgenden Wochen im evangelikalen Lager zu scharfen Kontoversen führen sollten. Zwar hält Diener fest:

*„Ich vermag aus der Heiligen Schrift nicht herauszulesen, dass es seinen Auftrag an die Kirche zur Segnung homosexueller Beziehungen und deren Gleichstellung mit der Ehe von Mann und Frau gäbe."*[311]

Gleichzeitig sagt er aber auch:

*„Als Pfarrer habe ich gelernt, anzuerkennen, dass Menschen bei dieser Frage die Bibel anders lesen. Diese Brüder und Schwestern sind mir genauso wichtig wie diejenigen, die meine Meinung teilen."*

*Und das gelte auch „für Pfarrerinnen und Pfarrer, die ihre Homosexualität geistlich für sich geklärt haben und sich von Gott nicht zur Aufgabe dieser Prägung aufgefordert sehen."*

Ein weiteres Interview, das Diener kurz darauf dem evangelikalen *Medienmagazin pro* gibt, verschärft den Konflikt. Auf die Frage „Können praktizierende Homosexuelle Ihrer Ansicht nach in einer evangelikalen Gemeinde Mitglied oder auch Mitarbeiter sein?" antwortete Diener:

*„Wenn Menschen für sich diese Frage geistlich geklärt haben, der Meinung sind, dass die biblischen Aussagen über Homosexualität ihre Lebenssituation nicht treffen, dann sollten wir es möglich machen, dass sie bei uns angenommen sind, dass sie bei uns auch mitarbeiten können. Ich habe aber im Kontext der Gemeinschaftsbewegung auch gesagt das ich der Überzeugung bin, dass dies bei uns nicht immer umsetzbar ist. Aber mein Wunsch wäre es. Unsere evangelikalen Gemeinden sind an dieser Stelle nicht so weit. Und viele würden sagen, sie dürfen auch nie so weit kommen. Meine Meinung ist: wir sollten so weit kommen, dass wir ein anderes Ergebnis aus der Schrift an dieser Stelle nicht gemeindetrennend auffassen."*[312]

---

[311] Matthias Kamann, „Chef der Evangelikalen will Homo-Verdammung stoppen", *Die Welt* (14.12.2015). https://www.welt.de/politik/deutschland/article14 9946122/Chef-der-Evangelikalen-will-Homo-Verdammung-stoppen.html [7.3.2017].

[312] Moritz Breckner (Interview), „Diener: ‚Homosexuelle können in Gemeinden mitarbeiten'", *prokompakt* (2015) Nr. 50: S. 6–7.

Ein innerevangelikaler Protest, angeführt von dem durch *Pro Christ* bekannten Pfarrer Ulrich Parzany formiert sich und wird auch von den Medien wahr- und aufgenommen. So schreibt *Die Welt* „Streit über Schwule entzweit deutsche Evangelikale"[313], *Christ & Welt* spricht von einer Krise der Evangelikalen, und dass sie „im Glauben zerrissen"[314] seien und die *Frankfurter Allgemeine Zeitung* meint, einen „Aufruhr unter evangelikalen Christen"[315] beobachten zu können.

Nicht unerwähnt kann an dieser Stelle eine Neuerscheinung aus dem Jahr 2016 aus der Feder von *Martin Urban* bleiben. Urban selbst stammt aus einer evangelischen Theologenfamilie und studierte Physik, Chemie und Mathematik. Von 1965–2002 arbeitete er bei der *Süddeutschen Zeitung* und baute dort unter anderem die Wissenschaftsredaktion auf. In seinem Buch *Ach Gott, die Kirche! Protestantischer Fundamentalismus und 500 Jahre Reformation*, warnt er vor einem zunehmenden Fundamentalismus auch in der evangelischen Kirche in Deutschland und führt explizit auch Evangelikale an, die an einer schleichenden Machtübernahme der evangelischen Kirche arbeiten würden.[316] Was versteht Urban nun unter Fundamentalismus? Der Fundamentalismus ist für ihn eine „Trotz-Reaktion auf die Aufklärung"[317], da eine Reflektion über die Fundamente des christlichen

---

[313]   Matthias Kamann, „Streit über Schwule entzweit deutsche Evangelikale", *Die Welt* (30.1.2016), https://www.welt.de/politik/deutschland/article151661751/ Streit-ueber-Schwule-entzweit-deutsche-Evangelikale.html [7.3.2017]. Vgl. ferner Matthias Kamann, „Schwule müssen den Kanzeln der Frommen fernbleiben", *Die Welt* (25.2.2016), https://www.welt.de/politik/deutschland/article152665191/Schwule-muessen-den-Kanzeln-der-Frommen-fernbleiben. html [7.3.2016].

[314]   Wolfgang Thielmann, „Der Wächterrat steht vor der Tür", *Christ & Welt* (20.3. 2016), http://www.zeit.de/2016/13/evangelikale-krise-evangelische-allianz-afd [14.2.2017] und Wolfgang Thielmann u. Hannes Leitlein, „Im Glauben zerrissen, *Christ & Welt* (23.1.2016), http://www.zeit.de/2016/04/evangelische-kirche-glaube-spaltung [14.2.2017].

[315]   Reinhard Bingener, „Aufruhr unter der evangelikalen Christen: Der Streit über den Umgang mit Homosexualität wird zu einem Richtungsstreit", *Frankfurter Allgemeine Zeitung* (21.021.2016): S. 8.

[316]   Martin Urban, *Ach Gott, die Kirche! Protestantischer Fundamentalismus und 500 Jahre Reformation*, 2. Aufl. München: dtv, 2016, S. 21.

[317]   Martin Urban, *Ach Gott, die Kirche*, S. 113.

Glaubens Gläubige „ja offensichtlich leicht von einem christlichen Glauben abbringen kann".[318] Urban schreibt weiter:

> *„Die erwachsenen Menschen mit dem nicht reflektierten Kinderglauben werden Fundamentalisten genannt. Der Begriff kommt aus den USA. Dort erschien in den Jahren 1910–1915 als Reaktion auf die Erkenntnisse der Historiker eine Schriftenreihe, ,The Fundamentals'. Als die fünf Fundamente des christlichen Glaubens wurden erklärt:*
> *die Irrtumslosigkeit der Bibel,*
> *die Gottheit Jesu Christi und seine Geburt von einer Jungfrau,*
> *der Tod Jesu zur Sühne für die Sünden der Menschheit,*
> *die leibliche Auferstehung Jesu,*
> *die Wiederkunft Christi.*
> *Keine dieser Vorstellungen ist heute noch in der Theologie unbestritten. Ich beziehe mich in diesem Buch auf die ,Fundamentals', wenn ich von christlichen Fundamentalisten spreche".*[319]

In anderen Worten: für Urban ist jeder ein „Fundamentalist", der das *Apostolische Glaubensbekenntnis* voller Überzeugung sprechen kann. Bemerkenswert ist allerdings, wie radikal Urban jegliche theologischen Überzeugungen, die seinem Weltbild widersprechen, zum Aberglauben degradiert.[320] So schreibt er:

> *„Der Glaube an Wunder, von dem auch das Neue Testament durchdrungen ist, bestimmt bis heute das Leben fundamentalistischer Christen aller Konfessionen. Doch Cicero wusste bereits über 40 Jahre vor Jesu Geburt: ,Für die Vorgänge aber, die bald auf natürliche Bedingungen, bald auf den Zufall zurückzuführen sind (manchmal wird beides auch verwechselt), die Götter verantwortlich zu machen und nicht nach den wirklichen Ursachen zu fragen, ist Ausdruck einer großen Dummheit."*[321]

So kann Urban von Pfingstlern als „frommen christlichen Dummköpfen"[322] sprechen, „die quasi auf Kommando Offenbarungen vom

---

[318]  Martin Urban, *Ach Gott, die Kirche*, S. 113.
[319]  Martin Urban, *Ach Gott, die Kirche*, S. 113.
[320]  Martin Urban, *Ach Gott, die Kirche*, S. 74.
[321]  Martin Urban, *Ach Gott, die Kirche*, S. 156.
[322]  Martin Urban, *Ach Gott, die Kirche*, S. 158.

‚Heiligen Geist' zu bekommen meinen".[323] Für Urban ist demnach jeglicher Glaube an ein übernatürliches Eingreifen Gottes in unsere Welt eine „Beleidigung des Verstandes"[324], so die Überschrift eines Kapitels in seinem Buch.

In einem Interview in der *Süddeutschen Zeitung* aus Anlass der Veröffentlichung seines Buches wird Urban mit der Frage konfrontiert: „Gott sollte es doch möglich sein, die Naturgesetze zu ignorieren. Dafür ist er schließlich Gott."[325] Seine Antwort lautet:

> *„Er hält sich aber daran. Wenn Naturwissenschaftler versuchen, Erkenntnisse zu gewinnen, stellen sie Theorien auf und machen Vorhersagen. Wenn diese auch nur einmal nicht erfüllt werden, ist die entsprechende Theorie falsch. Die Theologie kennt solche Vorgehensweisen nicht. Die Behauptung, etwas sei offenbart worden, rechtfertigt nicht die Annahme, dass die Naturwissenschaftler sich irren. Schon gar nicht seit es bessere Erklärungen für das Phänomen gibt."*[326]

Hinsichtlich der Evangelikalen gelangt Urban schließlich zum Schluss: „Die Angst vor Erkenntnis ist unter den Evangelikalen geradezu ein Markenzeichen"[327] und weiter:

> *„Polemisch kann man freilich auch sagen: je dömmer, desto frömmer!, und trifft damit wohl den Kern. Unreflektierte Frömmigkeit ist vor allem eine Folge von Einfältigkeit und Bildungsarmut."*[328]

Ein letzter Themenbereich, in dem evangelikales Engagement in den Medien in den Jahren 2015/2016 in einem größeren Rahmen aufge-

---

[323]    Martin Urban, *Ach Gott, die Kirche*, S. 158.

[324]    Martin Urban, *Ach Gott, die Kirche*, S. 167.

[325]    Vgl. hierzu das Interview mit Martin Urban von Markus Schulte von Drach, „Fundamentalisten gewinnen in der evangelischen Kirche immer mehr Einfluss", *Süddeutsche Zeitung* (11.4.2016), http://www.sueddeutsche.de/panorama/religion-fundamentalisten-gewinnen-in-der-evangelischen-kirche-immer-mehr-einfluss-1.2939174 [14.2.2017].

[326]    Vgl. hierzu: http://www.sueddeutsche.de/panorama/religion-fundamentalisten-gewinnen-in-der-evangelischen-kirche-immer-mehr-einfluss-1.2939174 [14.2.2017].

[327]    Martin Urban, *Ach Gott, die Kirche*, S. 204.

[328]    Martin Urban, *Ach Gott, die Kirche*, S. 207.

nommen und diskutiert wird, ist die missionarische Arbeit unter neu angekommenen muslimischen Flüchtlingen und Asylanten. So berichtet *Der Spiegel* unter der Überschrift *Ein Geschenk des Herrn* über evangelikale missionarische Aktivitäten.[329] Auch die *Süddeutsche Zeitung* greift das Thema auf und veröffentlicht eine Reportage, in dem sie den evangelikalen „Missionar" Jürgen Grau auf einem Einsatz in einer Erstaufnahmeeinrichtung für Flüchtlinge begleitet. In der Reportage heißt es u. a.:

> „*Grau ist evangelikaler Christ. Evangelikale legen die Bibel meist wörtlich aus, sich Gott zuzuwenden, wird als bewusste Entscheidung gesehen. Deshalb werden Evangelikale oft erst als Erwachsene getauft. Wichtig ist vielen auch, Andersgläubige zu missionieren. Für Grau ist diese Aufgabe zu seiner Berufung geworden, zu seinem Lebensmittelpunkt. Gleichzeitig ist Missionierung für ihn kein Privatvergnügen. Er ist Vertreter des Arbeitskreises für Migration und Integration der Evangelischen Allianz in Deutschland, eines Netzwerks von Freikirchen.*"[330]

In weiterer Folge wird Grau genauso wie der in der Reportage auch kurz zu Wort kommende Hartmut Steeb, Generalsekretär der Deutschen Evangelischen Allianz, von den Journalisten ins politisch rechte Eck gedrängt. So heißt es zu Steeb: „Steeb hat zehn Kinder, gilt als homophob und als Kritiker der sogenannten Genderideologie. Das hört sich nach Pegida an."[331] Was die Zahl der eigenen Kinder des Generalsekretärs der DEA mit dem Thema der Reportage zu tun hat, bleibt das Geheimnis der Journalisten.

Anders hingegen die Berichterstattung in der *Frankfurter Allgemeinen Zeitung*. In einer Reportage über die Arbeit von Pastor Gottfried

---

[329] Peter Wensierski, „Ein Geschenk des Herrn", *Der Spiegel* (2016) Nr. 16: S. 44–46.

[330] Christina Hertel u. Johannes Reichart, „Wie evangelikale Christen Flüchtlinge bekehren wollen", *Süddeutsche Zeitung* (7.6.2016), http://www.sueddeutsche. de/bayern/fluechtlinge-wie-evangelikale-christen-fluechtlinge-bekehren-wollen-1.3022011 [14.2.2017].

[331] Christina Hertel u. Johannes Reichart, „Wie evangelikale Christen Flüchtlinge bekehren wollen". Aber auch ein Artikel der *Frankfurter Allgemeinen Zeitung* rückt Evangelikale ins rechte Pegida- bzw. AfD-Lager. Vgl. hierzu Liane Bednarz, „Die Radikalen", *Frankfurter Allgemeine Zeitung* (31.1.2016): S. 9.

Martens in einer Gemeinde der *Selbstständigen Evangelisch-Lutherischen Kirche* (SELK) in Berlin-Steglitz unter Asylanten, wird über die Konversion von 850 persischsprachigen Gläubigen aus islamischem Hintergrund sowie weiteren 350 Taufanwärtern berichtet. Die Redakteure merken an:

> *„Die Vermutung liegt nahe, dass manche von ihnen die Hoffnung treibt, ihre Chancen auf Asyl zu verbessern. Doch wer sich mit den Taufschülern in Steglitz unterhält, merkt schnell, dass diese Erklärung zu kurz greift – und dass die Grenze zwischen Opportunisten und Erweckten nicht so leicht zu ziehen ist. Das, was sich da in Steglitz vollzieht, wirft zudem Fragen an die Kirchen in Deutschland auf. Über ihr Verhältnis zum Islam und zum biblischen Missionsbefehl."*[332]

Wer die öffentliche Rezeption der *Evangelikalen Bewegung* in den deutschen Medien untersucht, stellt fest, dass der Begriff *evangelikal* Mitte der 1970er Jahre erstmals in deutschen Medien aufgenommen wurde und anfangs vorwiegend im Zusammenhang innerkirchlicher theologischer Auseinandersetzungen zwischen der *Bekenntnisbewegung „Kein anderes Evangelium"* und der evangelischen Kirche verwendet wurde. Zunehmend wurde aber von den Medien die *Deutsche Evangelische Allianz* als Dachverband der Evangelikalen wahrgenommen. Vor allem seit der Jahrtausendwende stieg die Berichterstattung über Evangelikale in deutschen Medien stark an und seit dem Jahr 2008 geriet vor allem die Haltung Evangelikaler zu ethischen Fragen (und hier vor allem zur Homosexualität und zur sexuellen Orientierung) in den Vordergrund einer zunehmend kritischen und teilweise auch polemischen Berichterstattung, in denen Evangelikale wiederholt mit radikalen Islamisten und Salafisten gleichgestellt wurden. Vermehrt warnten die Medien vor einem wachsenden politischen Einfluss Evangelikaler sowohl in der evangelischen Kirche als auch in der Politik. Gleichzeitig erkannte man aber auch an, dass es Evangelikalen gelang, Menschen anzusprechen

---

[332]   Reinhard Bingener u. Friederike Böge, „Gehet hin und lehret alle Völker: Wer sich als Flüchtling christlich taufen lässt, hat bessere Aussichten auf Asyl. Oft aber ist das nicht der Grund, warum viele Muslime konvertieren", *Frankfurter Allgemeine Zeitung* (23.5.2016): S. 3.

und zum christlichen Glauben einzuladen, die von den traditionellen Kirchen enttäuscht oder entfremdet sind.[333] Zu einem ähnlichen Fazit gelangte Hansjörg Hemminger im Jahr 2016:

> *„Die evangelikale Bewegung wird in den letzten Jahren häufiger öffentlich kritisiert, als es früher der Fall war. Oft handelt es sich eher um Kritik am Konservatismus allgemein, das heißt, Evangelikale werden als politische ‚religiöse Rechte' verstanden. Das wird der Bewegung nicht gerecht, wie das Beispiel ‚Evangelikale und Islam' zeigt. Das Bild der evangelikalen Bewegung in den Medien nimmt auch meist keine Rücksicht auf die moralischen und theologischen Unterschiede innerhalb der Bewegung. Die Themen ‚Homosexualität' und ‚Abtreibung' dienen gegenüber den Evangelikalen als Ausgrenzungsmerkmale. Allerdings reagieren die Repräsentanten der evangelikalen Bewegung auf die insgesamt immer noch seltene und gemäßigte Kritik außerordentlich empfindlich und oft wenig konstruktiv."*[334]

## Die Ausgangslage in Österreich

Wer nach der öffentlichen Rezeption der Evangelikalen in Österreich fragt, wird rasch feststellen müssen, dass die Medien erst relativ spät die Bezeichnung *evangelikal* aufnehmen. Zum einen hängt dies sicher mit der geringen Anzahl der Evangelikalen in Österreich zusammen, deren Schätzungen sich zwischen 40.000 und 60.000 Anhängern bewegen.[335] zum anderen spielt an dieser Stelle sicher mit, dass evangelikale Freikirchen jahrzehntelang in der Regel im Sek-

---

[333]   Eine gute Zusammenfassung der derzeitigen Ausgangslage bietet ein Bericht in der Zeitschrift *Der Spiegel* aus dem Jahr 2015. Mareike Ahrens, Jan Friedemann, Peter Wensierski, „Böse Geister sind Realitäten", *Der Spiegel* (2015) Nr. 21: S. 30–32.

[334]   Hansjörg Hemminger, *evan/ge/li/kal*, S. 194.

[335]   Von 40.000 geht aus: Jason Mandryk, *Operation World: The Definite Prayer Guide to Every Nation*, 7th Edition, Colorado Spring: Biblica Publishing, 2010, S. 124. Aufgrund seiner eigenen konfessionskundlichen Forschungen würde der Autor derzeit von rund 60 000 Evangelikalen in Österreich ausgehen. Vgl. hierzu auch: Frank Hinkelmann, *Kirchen, Freikirchen und christliche Gemeinschaften in Österreich: Handbuch der Konfessionskunde*, Wien/Köln/Weimar: Böhlau, 2016.

teneck landeten und medial nicht beachtet oder diffamiert wurden. Allerdings hat sich hier in dieser Hinsicht in den vergangenen Jahren eine erstaunliche Veränderung ergeben.

Ein erster Bericht über Evangelikale in Österreich findet sich ausgerechnet in der deutschen Wochenzeitung *Die Zeit* im Jahr 2008. Unter der Überschrift *So groß ist unser Gott!* wird über evangelikale, freikirchliche Jugendgottesdienste in Wien berichtet. Gegen Ende der Reportage kommt der Leiter der *Bundesstelle für Sektenfragen* im Familienministerium zu Wort:

> „,Die Evangelikalen sind gerade im Jugendbereich sehr aktiv. Hier gibt es eine erstaunliche Breite von Veranstaltungen', sagt German Müller, Leiter der Bundesstelle für Sektenfragen im Familienministerium. Müller meint, die starke Gruppenbindung sei einer der entscheidenden Gründe für Jugendliche, sich einer evangelikalen Gemeinde anzuschließen. ‚Der soziale Gewinn kann so groß sein, dass man andere Dinge annimmt, die man vorher weniger wichtig genommen hat. Zum Beispiel den Glauben.' Viele jugendliche Freikirchenmitglieder siehe vor allem das Gemeinschaftserlebnis in eine der christlichen Splittergruppen."[336]

Allein die Tatsache, dass eine im Familienministerium angesiedelte *Bundesstelle für Sektenfragen* Freikirchen beobachtet, zeigt den historisch unterschiedlichen Hintergrund des katholisch geprägten Landes im Vergleich zu Deutschland und der Schweiz.

Im Frühjahr 2008 löst die Einladung der deutschen Islamwissenschaftlerin *Christine Schirrmacher* auf Initiative einer evangelikalen Gemeinde in das oberösterreichische Traun eine Kontroverse aus. Der Vortrag wird seitens der öffentlichen Veranstalter kurzfristig abgesagt, nachdem der Integrationsbeauftragte der *Islamischen Glaubensgemeinschaft in Österreich*, der gebürtige Iraker Omar Al Rawi droht, bei einer Nichtabsage die Presse einzuschalten. Zu diesem Schritt entscheidet sich jedoch stattdessen die Österreichische Evangelische Allianz (ÖEA) und es ist bemerkenswert, dass einige führende Medien des Landes zum ersten Mal in der Geschichte der

---

[336]    Michael Weiß, „So groß ist Gott", *Die Zeit* (2008) Nr. 13, http://www.zeit.de/ 2008/13/Evangelikale [14.2.2017].

Evangelikalen deren Anliegen aufnehmen und positiv vertreten.[337]
So heißt es in einem Kommentar von Florian Klenk:

*„Im Fall Schirrmacher gab Al Rawi in der Presse sogar zu, nur den ,Klappentext' (!) ihres Buches gelesen zu haben. ,Im Namen des Islam', so steht dort geschrieben, würden Frauen gesteinigt, vergewaltigt und unterdrückt. Das ist richtig, wie amnesty-Berichte aus Saudi-Arabien, Afghanistan, Pakistan und dem Iran zeigen. Al Rawi, selbst gebürtiger Iraker, muss das wissen.*

*Soll es nun anti-islamisch sein, diese Wahrheiten auszusprechen? Darf man die religiöse Apartheid nur noch als Übel patriarchaler Strukturen bezeichnen – und nicht mehr als Konsequenz einer autoritären, religiös fundierten Gesellschaftsordnung, die keine Demokratie duldet, sondern letztlich nur Gottes Wort? Sollen selbst kleine Initiativen wie das Trauner ,Personenkomitee Aufeinander Zugehen' ab sofort nur noch Leute einladen, die auch Al Rawi passen? Al Rawi, dem Zensor?*

*Schirrmacher ist Theologin und Professorin in Löwen/Belgien, sie berät Polizei- und Sicherheitsbehörden, sie ist in verschiedenen evangelischen Zirkeln tätig. Vor allem aber hat sie ein Buch über das Leben der Frauen unter der Scharia geschrieben, das im deutschen und schweizerischen Feuilleton durchwegs lobend rezensiert wurde. Nie hat sie eine hetzerische Rede gehalten, nie pauschal ,die Muslime' angegriffen. Im Gegenteil: Schirrmacher, die der evangelischen Kirche zugehört und in der Nähe evangelikaler Kreise stehen soll, fordert, dass ,alles dafür getan werden muss, dass die Migranten in Europa dauerhaft Heimat finden.' In ihrem Vortrag, den sie in der Pfarre St Joseph in Traun halten wollte, hatte sie aber auch vor zu kritisieren, ,dass manche islamischen Organisatio-*

---

[337] Vgl. Anne-Catherine Simon, „,Unterstellungen', ,Verleumdungen': Schirrmacher hält Vorwürfe für ,vielleicht klagbar'. Von Al-Rawi erwartet sie ein ,Unrechts-Eingeständnis'", *Die Presse* (31.3.2017), http://diepresse.com/home/panorama/oesterreich/386456/index.do?from=suche.intern.portal; Erich Kocina, „Islam-Vortrag: Eklat um Absage", *Die Presse* (28.5.2008), http://diepresse.com/home/panorama/oesterreich/386479/index.do?from=suche.intern.portal [31.3.2017] und Rainer Nowak, „Intervention gegen jede (Islam-) Kritik", *Die Presse* (28.5.2008), „http://diepresse.com/home/meinung/kommentare/386518/index.do?direct=386479&_vl_backlink=/home/panorama/oesterreich/386533/index.do&selChannel= [31.3.2017].

nen schon heute in Europa darauf drängen, dass nichts Negatives mehr über den Islam veröffentlicht werden dürfe, da dies Diskriminierung bedeute."[338]

Christine Schirrmachers Vortrag wird in weiterer Folge ganzseitig in einer der führenden Tageszeitungen abgedruckt[339] und selbst ein eher „links" orientiertes Organ wie der Wiener *Falter* bringt ein bemerkenswert kritisches Interview mit dem *Integrationsbeauftragten der Islamischen Glaubensgemeinschaft* und Wiener SPÖ Politiker Omar Al Rawi.[340]

Es sind dann aber vor allem Berichte über Evangelikale im internationalen Kontext, über die die Bezeichnung evangelikal in österreichischen Medien aufgenommen wird. So findet sich im Jahr 2009 in der Tageszeitung *Die Presse* ein Artikel, in dem Evangelikale in den USA und ihre Gemeinsamkeiten mit rechts-konservativen Gruppierungen innerhalb der römisch-katholischen Kirche beleuchtet werden. Hier findet sich folgende bemerkenswerte ergänzende Erklärung:

*„Hier scheint ein kurzer Einschub zu Terminologie und Sprachregelung angebracht. Oft werden die Begriffe ‚evangelikal', ‚fundamentalistisch', ‚protestantische Rechte' synonym verwendet. Das ist möglich, aber nicht ganz korrekt: Auch wenn die Grenzen nicht streng gezogen werden können, so gilt doch, dass der Fundamentalismus eine Extremform des Evangelikalismus darstellt. Evangelikale sind zum Beispiel der christlichen Ökumene gegenüber meist aufgeschlossen, protestantische Fundamentalisten nicht."*[341]

---

338    Florian Klenk, „Scharia in St. Joesph", http://www.florianklenk.com/2008/06/03/scharia-in-st-joseph/trackback/index.html [31.3.2017].

339    Vgl. Christine Schirrmacher, „Islam in Europa als Herausforderung für Staat, Gesellschaft und Kirche", *Die Presse* (28.5.2008) (http://diepresse.com/home/panorama/oesterreich/386533/index.do?direct=386479&_vl_backlink=/home/panorama/oesterreich/386479/index.do&selChannel= [31.3.2017].

340    Zitiert nach dem Abdruck auf Al Rawis Webpage: http://www.omaralrawi.net/index2.php?option=com_content&do_pdf=1&id=151 [28.12.2009]; Vgl. ferner: Florian Klenk, „Die brauchen wir nicht" [Interview mit Omar Al Rawi], *Der Falter* (11.6.2008), https://www.falter.at/archiv/FALTER_200806111652450015/die-brauchen-wir-nicht [31.3.2017].

341    Kurt Remele, „Die Prügler Gottes", *Die Presse* (14.2.2009) Spectrum S. 4.

Gut ein Jahr später findet sich in der Tageszeitung *Der Standard* ein Bericht über das Wachstum evangelikaler Kirchen in Südafrika.[342] Ein Jahr später bringt *Der Standard* eine Kolumne von Gerfried Sperl über religiösen Fundamentalismus. Allerdings ist seine Erklärung der Evangelikalen nur negativ formuliert. So heißt es:

> *„Es gibt sie in Norwegen, es gibt sie in Dänemark und in Schweden: kleine fundamentalistische Sekten, hervorgegangen aus protestantischen Strömungen, die in den USA und in Lateinamerika als ‚Evangelikale‘ zusammengefasst werden. Ihnen allen ist die tiefe Angst zu eigen, ihre historischen und religiösen Fundamente zu verlieren. Die Antwort, zurück zum Gestern, zur reinen christlichen Lehre und zur Geltung des Bibelworts, dass 1:1 auch für die Gegenwart gilt."*[343]

Auch österreichische Medien greifen genauso wie die deutschen Medien die Ermordung von zwei deutschen Bibelschülerinnen im Jemen auf. Allerdings geschieht dies in Form eines ausführlichen Artikels über Mission, Märtyrertum und Religionsfreiheit, in dem auch Evangelikale sachlich Erwähnung finden.[344]

Vor allem seit 2012 ist eine vermehrte Berichterstattung über Evangelikale in Österreich zu beobachten. So bringt *Der Standard* Anfang April 2012 eine Reportage über das *Jesus-Festival* in Linz, einer gemeinsamen Veranstaltung der örtlichen Pfingstgemeinde und des Missionswerks *Christus für alle Nationen*.[345]

Die katholisch geprägte Wochenzeitung *Die Furche* veröffentlicht im Mai 2012 ein mehrseitiges Dossier über evangelikales Christentum. Zu Beginn des Dossiers findet sich ein ausführlicher Beitrag des Leiters der *Evangelischen Zentralstelle für Weltanschauungsfragen* in Berlin, Rein-

---

[342]   Marc Engelhardt, „Ein paar tausend Kehlen für ein Halleluja", *Der Standard* (11.6.2010), http://derstandard.at/1276043588682/Ein-paar-tausend-Kehlen-fuer-ein-Halleluja [15.2.2017].

[343]   Gerfried Sperl, „Der Fundamentalismus hinter dem Massaker", *Der Standard* (25.7.2011),http://derstandard.at/1310512027578/Der-Fundamentalismus-hinter-dem-Massaker [15.2.2017].

[344]   Vgl. http://diepresse.com/home/panorama/religion/497183/index.do?from=suche.intern.portal [28.12.2009].

[345]   Markus Rohrhofer, „Der ‚Mähdrescher Gottes' erntet oberflächlich", *Der Standard* (2.4.2012) S. 4.

hard Hempelmann, der eine historische Skizze und einen Überblick über die heutige Evangelikale Bewegung im internationalen Kontext bietet.[346] Weitere Artikel gehen auf Evangelikale in Österreich[347] und in den USA[348] ein und zudem werden gemeinsame, evangelikal-katholische Initiativen in Österreich[349] vorgestellt. Alle Beiträge zeichnen sich durch detaillierte Kenntnis der Evangelikalen Bewegung aus, vor allem auch hinsichtlich des österreichischen Kontextes.

Auffallend ist, dass oftmals kritisch-polemische Beiträge über Evangelikale aus deutscher Feder stammen. So bezeichnet der Sprecher der deutschen Giordano-Bruno-Stiftung, Michael Schmidt-Salomon, in einem Interview in der Wochenzeitschrift *Profil* Evangelikale als die Gruppe von der, „die wohl größte fundamentalistische Gefahr innerhalb des Christentums" ausgeht und er merkt weiter an: „der christliche Fundamentalismus bedroht den Weltfrieden."[350] Auch die deutsche Wochenzeitung *Die Zeit* bringt im Mai 2012 einen kritischen Bericht über Evangelikale und lässt eine Aussteigerin aus einer evangelikalen Wiener Freikirche zu Wort kommen.[351]

Mit der gesetzlichen Anerkennung von fünf freikirchlichen religiös eingetragenen Bekenntnisgemeinschaften als staatlich anerkannte Religionsgemeinschaft, von denen eine auch die Bezeichnung evangelikal in ihrem Namen trägt,[352] als *Freikirchen in Österreich* im Frühherbst 2013[353] änderte sich noch einmal die öffentliche

---

[346]  Reinhard Hempelmann, „Eine gemeinsame Mission?", *Die Furche* (2012) Nr. 21, Dossier S. 21.

[347]  Stefan Jaris, „Evangelikal in Österreich", *Die Furche* (2012) Nr. 21, Dossier S. 22–23.

[348]  Andreas Weiß, „Mitt Romney sucht seine Wähler: Wie man sich Evangelikale angelt", *Die Furche* (2012) Nr. 21, Dossier S. 23.

[349]  Otto Friedrich, „Ein runder Tisch und andere Initiativen", *Die Furche* (2012) Nr. 21, Dossier S. 22.

[350]  Robert Buchacher (Interviewer), „‚Hexenverfolgung wie im Mittelalter': Der Sprecher der deutschen Giordano-Bruno-Stiftung, Michael Schmidt-Salomon, über Religionskritik, Atheismus und den weltweiten Vormarsch der Evangelikalen", *Profil* (2012) Nr. 22: S. 88–89.

[351]  Fabian Kretschmer, „Mit Jesus in die Hölle", *Die Zeit* (2012) Nr. 23: S. 13.

[352]  Bund Evangelikaler Gemeinden in Österreich.

[353]  Vgl. hierzu Anonym, „Freikirchen in Österreich staatlich anerkannt", *religion.ORF.at* (26.8.2013), http://religion.orf.at/stories/2600148 [28.3.2017];

Wahrnehmung von Evangelikalen in Österreich,[354] allerdings bleibt die öffentliche Rezeption der Evangelikalen in Österreich weiterhin eher marginal.

Zusammenfassend lässt sich festhalten, dass der Begriff evangelikal im Vergleich zu Deutschland erst relativ spät in Österreich in der öffentlichen und medialen Wahrnehmung angekommen ist. Es ist dabei festzustellen, dass die Medien evangelikal immer wieder mit freikirchlich gleichsetzen. Eine polemische Schärfe, wie sie vielfach in Deutschland vorzufinden ist, fehlt zur Gänze. Dies mag auch damit zusammenhängen, dass Österreich weiterhin als katholisch geprägtes Land konservativer geblieben ist als ein in weiten Teilen post-christliches, säkulares Deutschland.

## Die Ausgangslage in der Schweiz

Die Ausgangslage in der Schweiz ähnelt zu Beginn der Ausgangslage in Deutschland. Schon in den 1950er Jahren finden sich Berichte über Billy Graham[355] und seine Evangelisationen,[356] ohne dass jedoch die Bezeichnung *evangelikal* aufgenommen wird.

Erstmals wird der Begriff *evangelikal* in den Schweizer Medien im Jahr 1974 im Zusammenhang mit dem *Kongress für Weltevangelisation*

Michael Weiß, „‚Freikirchen in Österreich' vor der Anerkennung, *religion.ORF.at* (20.1.2013), http://religion.orf.at/stories/2567859 [31.3.2017] sowie Fabian Kretschmer, „Der stille Weg zum staatlichen Gütesiegel", *Der Standard* (12.8.2013), http://derstandard.at/1375626250240/Der-stille-Weg-zum-staatli chen-Guetesiegel [15.2.2017].

[354] Eine ausführliche Reportage über Freikirchen in Österreich findet sich in der österreichischen Monatszeitschrift *DATUM*: Christina Pausackl, „Auf Teufel komm raus", *DATUM* (2015) Nr. 2: S. 14–21.

[355] Vgl. zu Billy Graham die relativ früh (1955) aus Schweizer Feder erschienene Biographie von Alfred Stucki, *Charles Fuller und Billy Graham: Amerikas große Evangelisten*, Basel: Heinrich Mayer Verlag, 1955. Stucki erwähnt darin die für 1955 geplante Evangelisation mit Graham in der Schweiz (S. 67).

[356] Anonym, „Lokales: Billy Graham kommt nach Zürich", *Neue Zürcher Zeitung* (9.6.1955): S. b6; b-i., „Die Diskussion über Massenevangelisation", *Neue Zürcher Zeitung* (28.6.1955): S. b9; Hermann Wintsch, „Billy Graham auf dem Sportplatz, Hardturm", *Neue Zürcher Zeitung* (29.8.1969): S. c17.

im Sommer 1974 in Lausanne aufgenommen. Man merkt, dass die
Autorin den deutschen Kontext im Hintergrund hat, indem sie auf
den *Aufbruch der Evangelikalen* – so der Titel eines deutschen Buches
aus der Feder von Fritz Laubach zurückgreift. Kenntnisreich erklärt
sie den Hintergrund der Evangelikalen:

> *„Die heutige Situation in Europa ist nicht zu verstehen ohne die Impulse, die*
> *aus Amerika gekommen sind, und diese wiederum gehören zusammen mit*
> *Einflüssen, die über England nach der Gründung der Evangelischen Allianz*
> *1846 in die USA gelangten. Noch heute ist die Evangelische Allianz die größte*
> *Vereinigung evangelikaler Gemeinschaften. Im Unterschied zum Ökumeni-*
> *schen Rat hält sie bewusst daran fest, ‚kein Kirchenbund, sondern ein Chris-*
> *tenbund' zu sein. Damit ist eines der wesentlichen Merkmale aller Evangelika-*
> *len genannt: Ihre Gruppierung ist weder konfessionell noch kirchenpolitisch*
> *markiert, sondern allein aus der Überzeugung heraus, den evangelischen*
> *Glauben und das Bewusstsein der Gotteskindschaft zu besitzen.*
>
> *In den USA entstand in den Jahren 1946–1948 der sogenannte ‚new evan-*
> *gelism'[357] unter der Führung von H. Ockenga, E. Carnell und C. H. F. Henry,*
> *der sich bewusst von einem unreflektierten Fundamentalismus absetzte*
> *und sich bemühte, die evangelikale Bewegung auf eine neue Grundlage zu*
> *stellen. Die alten Voraussetzungen und der konservative Ausgangspunkt*
> *blieben bestehen, neue Bedingungen kamen jedoch hinzu. So gehört zu*
> *den Konsequenzen des Evangeliums die soziale Verantwortung, nicht*
> *aber die soziale Veränderung.*
>
> *Durch die Evangelisationsveranstaltungen Billy Grahams nach dem*
> *Krieg griff die Evangelikale Bewegung auf Europa über und fasste in vielen*
> *Gemeinden Fuß. Es kam zur Gründung verschiedener evangelikaler Ins-*
> *titutionen und Zusammenschlüsse unter denen die Bewegung ‚Kein an-*
> *deres Evangelium' in Deutschland die größte Publizität fand. 1966 wurde*
> *in Berlin der ‚Weltkongress für Evangelisation' durchgeführt, eine Reihe*
> *weiterer Großveranstaltungen folgten auf dem Fuß. In den letzten Jahren*
> *haben die evangelikalen Aktivitäten, zu denen die Zusammenschlüsse zu*
> *immer neuen Gruppierungen gehören, sprunghaft zugenommen."*[358]

---

[357]   Korrekt müsste es „new evangelicalism" heißen.
[358]   Ines Buhofer, „Zwischen Krumm und Gerade: Evangelikale vor dem Kongress
in Lausanne", *Neue Zürcher Zeitung* (6.7.1974): S. a59.

Wenige Wochen später erscheint in der *Neuen Zürcher Zeitung* ein Bericht derselben Autorin zum *Kongress für Weltevangelisation* in Lausanne.[359] Etwas mehr als ein Jahr später veröffentlicht die Autorin einen weiteren Bericht in der Zeitung, diesmal über Evangelikale in Deutschland.[360] Wiederum einige Wochen später schreibt die Autorin über Evangelikale in der deutschsprachigen Schweiz, die bis dato ausführlichste Darstellung der Schweizer Evangelikalen. Aufgrund der umfassenden Bedeutung dieses Dokumentes wird es an dieser Stelle trotz seiner Länge vollständig abgedruckt.

*„Das Bild der Evangelikalen in der Schweiz ist nicht weniger facettenreich als in Deutschland, aber es ist anders. Die Evangelikalen spielen weder in der allgemeinen noch in der kirchlichen Öffentlichkeit eine Rolle, ihre Existenz wird kaum bemerkt, und sie selbst vermeiden jedes Auftreten, das sie als besondere Gruppe kennzeichnen würde. Wer ihnen nachgeht, wagt nicht zu entscheiden, ob diese Situation von Vorteil oder von Nachteil ist. Wenn man die verhängnisvolle Polarisierung in Deutschland vor Augen hat, wird man aufatmend das mehr oder weniger friedliche Nebeneinander verschieden orientierter kirchliche Gruppen registrieren. Wenn man nach einer Profilierung gegensätzlicher theologisch-kirchlicher Standpunkte in der Schweiz Ausschau hält, wird man diesen Zustand eher bedauern. Vergleiche mit der Situation in Deutschland werden hiesigen Verhältnissen jedoch nicht gerecht. Sie zeigen eine völlig anders gelagerte kirchliche Ausgangssituation und spiegeln ein anderes geistiges Klima.*

*Impulse, die Anregungen und Bewegung mit sich bringen, kommen jedoch immer wieder aus Deutschland. Sowohl über die Fehta (sic!), die theologische Ausbildungsstätte der Evangelikalen im deutschsprachigen Raum, wie über persönliche Kontakte und über institutionelle Zusammenarbeit (z. B. in Fragen der Ausbildung, der theologischen Lehre und der Evangelisationstätigkeit) laufen zahlreiche Verbindungen zu den Evangelikalen in Deutschland und zu ihren Wortführern. Es kommt auch*

---

[359]  Ines Buhofer, „Grenzen markiert: Internationaler Kongreß für Weltevangelisation in Lausanne", *Neue Zürcher Zeitung* (2.8.1974): S. b17.

[360]  Ines Buhofer, „Die Wahrheitsfrage – falsch gestellt: Evangelikale in Deutschland", *Neue Zürcher Zeitung* (1./2.12.1975): S. a49–50.

immer wieder vor, dass sich Schweizer Evangelikale Erklärungen und Bekenntnissen anschliessen, die in Deutschland verfasst worden sind, ohne dass nach einer Differenzierung der eigenen Standpunkte gesucht wird.

Die Geschichte der Evangelikalen in der Schweiz deckt sich mit derjenigen pietistischer und freikirchlicher Gruppen, die teilweise im Zusammenhang einer Gegenbewegung zum theologischen Liberalismus entstanden sind und ihm gegenüber das biblizistische Erbe vertraten. Sie heute als Gruppe unter dem Namen Evangelikale zusammenzufassen, erscheint bereits gewagt, da sie einerseits wenig Notiz voneinander nehmen und wenig Kontakte untereinander haben, geschweige denn, dass sie an einer intensiven gemeinsamen Strategie interessiert wären. Anderseits möchte man sich von der Art absetzen, wie in Deutschland die evangelikale Position vertreten wird. Die bisher spärlichen Versuche, als Gruppe in Erscheinung zu treten, sind nicht sehr überzeugend, wollen es auch nicht sein. Wer z. B. die Schweizer Gruppe auf der Konferenz in Lausanne beobachtet hat, registrierte zwar ihre Bemühungen, sich an den Zug anzuhängen, der in Deutschland abgefahren war, aber auch, sich in einer gemeinsamen Distanzierung davon untereinander zu finden. Obwohl man in grundsätzlichen theologischen Fragen mit den verschiedenen Bekenntnisgruppen in Deutschland einig ist, in der Nähe zum Fundamentalismus, in der Betonung des Gemeinschaftsgedankens und der Sammlung der Gläubigen, in der Bedeutung, die man den reformatorischen Bekenntnisschriften neben der Bibel gibt, und in der Notwendigkeit der Evangelisation, lässt die Art, wie in der Schweiz die konservative, theologische Grundeinstellung vertreten wird, kaum Vergleiche mit Deutschland zu.

Man unterstreicht gern die Notwendigkeit der Diakonie als Zusammengehörigkeit von Leben und Lehre, man strebt keine organisatorische Einheit untereinander an, wie das z. B. in der Konferenz bekennender Gemeinschaften in Deutschland geschehen ist, man startet keine selbständigen Angriffe auf den Ökumenischen Rat, selbst wenn man antiökumenisch eingestellt sein sollte, und versucht, den Katholiken freundschaftlich zu begegnen, ohne dies offiziell zu unterstreichen. Vor allem aber: man sucht die Auseinandersetzung mit der etablierten Kirche nicht, und man versucht nicht, sie in Frage zu stellen. Man könnte geradezu vom Gegenteil, vom übergrossen Bemühen sprechen, sich nicht von der offiziellen Kirche abzugrenzen, sondern dazuzugehören. Es gibt Ausnahmen, wie z. B. die Arma (Arbeitsgemeinschaft gegen religiöse Machtpolitik), die die Politik einer Gegenposition zur offiziellen Kirche aufzubauen versucht. Wer nach den Motiven der grundsätzlich angestrebten Zusammengehörigkeit forscht, stösst auf Grundeinstellungen schweizerischen Verhaltens und Gemeinschaftsdenkens, das von den Befragten immer wieder als ‚Tradition' umschrieben und nicht näher erläutert wird. Wenn wirklich einmal eine Abgrenzung geschieht, so über einzelne Pfarrer und einzelne Gemeinden, aber nicht von einer geschlossenen evangelikalen Front her. Man versteht sich nicht so sehr als Gegenposition zur Kirche wie als Kern der Gemeinde, als ecclesiola in ecclesia. Freilich ist diese Situation gegenseitiger Respektierung auch dadurch bedingt, dass es in der Schweiz keine Kirchenbundspolitik gibt, die Angriffsflächen bietet wie in Deutschland die Politik der EKD, keine Landeskirche, der man den Fehdehandschuh hinwerfen kann. Die Kantonalkirchen bieten wenig Angriffsflächen und gestehen anderseits den Evangelikalen ihr Lebensrecht zu. So sind zum Beispiel Angehörige der Chrischona-Gemeinschaft, die sicher zu den Entschiedensten unter den Konservativen gehört und einen grossen Teil der Schweizer Evangelikalen stellt, meistens Teil der Gemeinde. Kern der Getreuen, mit nur wenigen eigenen Zusammenkünften.

Trotzdem gibt es Zentren evangelikaler Tätigkeiten in der Schweiz. Neben den Freikirchen, zusammengeschlossen im Verband unabhängiger evangelischer Körperschatten der Schweiz (früher Aarauer Verband) und dem Bund freier evangelischer Gemeinden gibt es innerhalb und ausserhalb der Landeskirche Gruppen und Gemeinschaften, die sich stark einem evangelikalen Auftrag verpflichtet fühlen, etwa die Evangelischen Gesellschaften in einzelnen Kantonen oder die schon erwähnte Chrischona. Die Evangelische Allianz, ein Bruderbund, bei der nicht Kirchen und Gruppen die Grundlage bilden, sondern die persönliche Zugehörigkeit, ist zwar wichtiger Träger des Gemeinschaftsgedankens und einer pietistisch-erwecklichen Frömmigkeit, aber die Allianz wehrt sich entschieden dagegen, als Zusammenschluss der Evangelikalen angesehen zu werden, und betont ihre Überparteilichkeit. Möglichkeiten der Zusammenarbeit evangelikaler Kräfte bietet vielmehr die Safe (Schweizerische Arbeitsgemeinschaft für Evangelisation), die im Anschluss an die Konferenz in Amsterdam 1971 auf Initiative der Pfingstler in der Schweiz gegründet wurde. Die Pfingstgruppen in der Schweiz, die etwa 10 000 Menschen umfassen, eine sehr

*differenzierte Erscheinung von über 30 verschiedenen Gruppen, die weder*
*zur Landeskirche noch zum Freikirchenverband gehören, haben ihre Aus-*
*senseiterrolle immer wieder mit einem speziellen Auftrag zu verbinden*
*gesucht. Obwohl von einigen evangelikalen Gruppen in der Schweiz nicht*
*voll anerkannt, spielen sie in der Safe keine kleine, aber auch keine unpro-*
*blematische Rolle. Sie ist für sie fast die einzige Plattform, zusammen mit*
*anderen evangelikalen Gruppen, ein starkes evangelistisches Interesse zu*
*artikulieren und zur Geltung zu bringen. Die Safe ist jedoch gesamthaft*
*ein so sehr pluralistisches Gebilde und von Spannungen so durchzogen,*
*dass sie als Ausgangsbasis für eine verstärkte Position der Evangelikalen*
*in der Schweiz auch wieder nicht geeignet erscheint. Daneben existiert*
*die Arbeitsgemeinschaft evangelikaler Missionen in der Schweiz, der rund*
*20 Missionen angehören, als zweites Sammelbecken evangelikaler Kräfte.*
*Es hat bisher keine Versuche gegeben, die verschiedenen evangelikalen*
*Kräfte in der Schweiz, die von den Methodisten und anderen Freikirchen*
*auf der einen Seite bis zu charismatischen Gruppen auf der anderen Seite*
*reichen, zusammenzubinden und zu formieren. Wie überhaupt die Frage*
*der Führung und der Profilierung ein Personalproblem darstellt, das offen*
*ist. Es gibt mehr Wünsche als tragfähige Bestrebungen, den Zusammen-*
*hang der Evangelikalen in der Schweiz untereinander zu stärken und zu*
*intensivieren. So einseitig diese Bestrebungen sind, bleibt zu hoffen, dass*
*daraus keine Parteilichkeit entsteht, die das geistige Klima nicht beleben,*
*sondern belasten würde."*[361]

Es sollte dann fast ein Jahrzehnt dauern, bis erneut über Evangelikale in der Schweiz berichtet wird. Anlass war die „Gründung eines
evangelikalen Hilfswerks" – so die Überschrift des Artikels über die
Gründung der „Allianz-Hilfe Schweiz" aus dem Jahr 1984.[362] Auch in
der zweiten Hälfte der 1980er finden sich nur vereinzelte Berichte
über evangelikale Aktivitäten in der Schweiz, wie über das Trai-
ningslager des *Bundes Evangelikaler Schweizer Jungscharen* (1986).[363]

---

[361]  Ines Buhofer, „Entschlossen, nicht aufzufallen", S. a44.

[362]  Anonym, „Gründung eines evangelikalen Hilfswerks"; *Neue Zürcher Zeitung*
       (14.12.1984): S. a35.

[363]  hf., „Zeltstadt und Riesentiere: Das Pfingstlager des Bundes Evangelikaler
       Schweizer Jungscharen", *Neue Zürcher Zeitung* (20.5.1968): S. a34.

Ab Mitte der 1990er Jahre finden sich vor allem im *Tages-Anzeiger* kritische Berichte zur ethischen Haltung der Evangelikalen. Hier sind es vor allem die Redakteure Michael Meier und Hugo Stamm[364], die mit ihren Reportagen in Erscheinung treten. So heißt es im Jahr 1996 zur Stellungnahme der *Schweizerischen Evangelischen Allianz* unter dem Titel *Christlicher Glaube und Homosexualität*:

*„Die Schweizerische Evangelische Allianz hält die praktizierte Homosexualität mit der Bibel für unvereinbar. Der evangelikale Dachverband verlangt in einer Resolution seelsorgerliche Begleitung und Heilungsmethoden für Schwule."*[365]

Einige Monate später ist von „evangelikaler Seelenklempnerei"[366] hinsichtlich seelsorgerlicher Angebot an Homosexuelle im evangelikalen Bereich die Rede. *Basileia* (Vineyard Bern), laut Meier ein „charismatischer Exot in der neureligiösen Landschaft", wird mit einem Beitrag unter dem Titel „Paradiesvögel des Glaubens im Delirium" vorgestellt.[367] Überhaupt sind es pfingstliche und neo-charismatische Gruppen, die zur Zielscheibe der kritischen Berichterstattung im *Tages-Anzeiger* werden. Hugo Stamm stellt fest:

*„Bei der Mobilisierung der Massen sind evangelikale und charismatische Bewegungen unerreicht. Ihre Evangelisationsveranstaltungen werden teilweise mit Millionenaufwand generalstabsmäßig organisiert und dauern manchmal mehrere Wochen. Charismatische Prediger und Heiler, oft aus den USA eingeflogen, treten in großen Hallen vor 10 000 und mehr Anhängern auf und peitschen mit einem rhetorischen Feuerwerk die Menge*

---

[364] Vgl. hierzu auch die verschiedenen Buchveröffentlichungen von ihm: Hugo Stamm, *Im Bann der Apokalypse: Endzeitvorstellungen Kirchen, Sekten und Kulten*, 2. Aufl., Zürich/München: Pendo, 1998 (hier behandelt er Evangelikale unter der Überschrift *Fundamentalisten*) sowie Hugo Stamm, *Sekten: Im Bann von Sucht und Macht: Ausstiegshilfen für Betroffene und Angehörige*, Stuttgart: Kreuz, 1995. Nachdruck im Mai 1996 im Deutschen Taschenbuch Verlag. Auf dem Rückklappentext der Ausgabe aus dem Kreuzverlag heißt es extra, dass auch „Evangelikale und charismatische Bewegungen" behandelt werden.

[365] Michael Meier, „Offensive gegen Schwule", *Tages-Anzeiger* (16.4.1996).

[366] Michael Meier, „Evangelikale Seelenklempnerei", *Tages-Anzeiger* (10.6.1997).

[367] Michael Meier, „Paradiesvögel des Glaubens im Delirium", *Tages-Anzeiger* (6.10. 1997).

*emotional auf. Mit der Beschwörung der satanischen Welt erzeugen sie Angst und Schuldgefühle und verstärken damit die massensuggestive Wirkung. Erst zum Schluss hin lässt der Prediger Jesus wirkungsvoll in die düstere Szene treten und das angebliche Heil für die Auserwählten in die Welt bringen. Die Botschaft von Schuld und Sühne wird auf intellektuell tiefem Niveau und den einfachen Schwarz-weiß-Schemen vermittelt: Wer Jesus nicht in sein Herz aufnimmt, ist verloren. [...]*

*Wer sich nicht innerlich wehrt und sich dem Ritual hingibt, kann sich der Massensuggestion nicht entziehen. Diese löst normalerweise ein euphorisches Empfinden aus, dass die Betroffenen als Heilserlebnis interpretieren. Sie sind überzeugt, dass Jesus in diesem Moment von ihrem Herzbesitz ergriffen hat."* [368]

Im Vorwort des Buches, aus dem dieses Zitat stammt, betont Stamm:

*„Der Fokus in diesem Buch ist deshalb in erster Linie auf die Führungsgestalten von vereinnahmenden Gruppen und ihre Kader gerichtet. Sie haben die doktrinären Systeme errichtet; sie sorgen für die Disziplinierung und Unterwerfung der Anhänger; sie verstricken Suchende im sektiererischen Netz. Sie sollen deshalb nicht geschont werden".* [369]

Hier wird der Eindruck suggeriert, dass es sich bei den *Evangelikalen* um Vertreter eines totalitären Glaubenssystems handelt, vor dem genauso zu warnen sei wie vor autoritären Sekten. Mit einer sachlichen Auseinandersetzung hat das wenig gemein. [370]

Um die Jahrtausendwende ist es schließlich ein innerkirchlicher Konflikt in der reformierten Kirche Eglisau, der die mediale Aufmerksamkeit in der Schweiz gewinnt. Es geht dabei um einen Abwahlbeschluss des als evangelikal geltenden Pfarrers Walter Gisin. Der *Tages-Anzeiger* schildert den Hintergrund des Konflikts:

*„Dieser Abwahlbeschluss der Kirchenpflege kommt nicht aus heiterem Himmel. Pfarrer Gisins evangelikale Ausrichtung ist seit Jahren umstrit-*

---

[368]   Hugo Stamm, *Sekten*, S. 46–47.
[369]   Hugo Stamm, *Sekten*, S. 7.
[370]   Vgl. hierzu beispielsweise auch den tendenziösen Aufsatz von Rosmarie Gerber, „Evangelikale – Atemnot im biblischen Korsett".

ten. *Schon bald nach seiner Wahl 1982 zum Gemeindepfarrer ging's los: eine Minderheit fühlte sich an den Rand gedrängt und schloss sich im Verein pro Landeskirche zusammen. Präsident Jörg Kugelshofer sagt: ‚Pfarrer Gisin hat eine fundamentalistische Glaubensauffassung.' Der 150-köpfige Verein macht seither in Opposition.*"[371]

Als Pfarrer Gisin jedoch in seinem Amt bestätigt wird, kommt es zu einem Auszug aus der reformierten Kirchenpflege.[372] Erst mit der Pensionierung Gisins geht der fast 25-jährige Konflikt zu Ende.[373]

Im Jahr 2007 berichtet der *Tages-Anzeiger* erneut über Evangelikale in der reformierten Kirche. Es geht um den Anspruch der *evangelisch-kirchlichen Synodenfraktion*, von der Zeitung als evangelikal bezeichnet, dass ein Mitglied der Fraktion in die Leitung der reformierten Kirche einzieht.[374] Auch in den folgenden Jahren wird immer wieder über die mehrheitlich evangelikal orientierte *evangelisch-kirchliche Fraktion* berichtet.[375]

Abgesehen von den wenigen obigen Beispielen wird der Begriff evangelikal in den Schweizer Medien allerdings vornehmlich für freikirchliche Gruppierungen und Organisationen verwendet, aber auch auf die *Schweizerische Evangelische Allianz* bezogen, obwohl diese den Begriff evangelikal als Selbstbezeichnung schon seit spätestens Anfang der 1990er Jahre ablehnt.[376]

---

[371]  Christoph Schilling, „Der Heilige Geist in Eglisau", *Tages-Anzeiger* (11.11.1999).

[372]  hhö., „Massenauszug aus der Kirchenpflege Eglisau", *Neue Zürcher Zeitung* (6.4. 2000): S. 49.

[373]  Anonym, „Happy End im Eglisauer Kirchenstreit", *Neue Zürcher Zeitung* (2.3. 2006): S. 53.

[374]  Michael Meier, „Ultrafromme wollen einen Sitz in der Kirchenregierung", *Tages-Anzeiger* (1.2.2007).

[375]  So beispielsweise im Mai 2009: Michael Meier, „Umkämpfte Wahlen ins reformierte Kirchenparlament", *Tages-Anzeiger* (9.5.2011) oder auch rib., „Kampfwahlen für das Kirchenparlament", *Neue Zürcher Zeitung* (12.5.2011): S. 20.

[376]  An dieser Stelle können nur einige Hinweise auf Medienberichte zu Freikirchen, evangelikalen Organisationen und der *Schweizerischen Evangelischen Allianz* unter der Verwendung des Begriffs evangelikal gegeben werden. Eine vollständige Auflistung würde den Rahmen dieses Buches aufgrund der großen Anzahl der Beiträge sprengen. Als Beispiele seien angeführt: Michael Meier, „Christliche Zeitschrift für türkische Einwanderer", *Tages-Anzeiger*

Peter Schmid, Mitglied der reformierten Kirchensynode des Kantons Zürich bietet im Jahr 2009 eine gute Zusammenfassung über das Verhältnis von „Deutschschweizer Medien und ‚Evangelikalen'":

*„Dem medialen Gebrauch des simplifizierenden Etiketts ‚evangelikal' steht in der Schweiz wenig entgegen, weil die Gemeinten die Definition nicht selbst beanspruchen. Von den öffentlich-rechtlichen Medien werden die Evangelikalen weitgehend ignoriert. Wenn private Medien sich mit Evangelikalen befassen und zu Klischees greifen, hat das mit dem Traditionsabbruch und mangelndem Basiswissen, aber auch mit der unübersichtlichen Szene und mangelhafter Kommunikation zu tun.*

*Ortsgebundene Aktivitäten und Ereignissen werden [...] nicht selten akkurat, ja nuanciert und wertungsfrei beschrieben. Journalistinnen und Journalisten der säkularen Medien bemühen sich um differenzierte Wahrnehmung. Doch scheinen regelmässig Klischees durch und Zerrbilder (Evangelikale sind freikirchlich) werden vermittelt. Für diese Klischees tragen Leiter, Sprecher und Theologen von Landeskirchen sowie Journalisten von Kirchenboten Mitverantwortung, indem sie*
*a) die Landeskirchen als ‚die Kirchen' darstellen*
*b) die innovatorische Bedeutung von Werken, Bewegungen und Netzwerken herunterspielen.*
*Einzelne Medien pflegen ein Feindbild mit den Begriffen*
*a) fundamentalistisch-intolerant-vormodern (oft mit US-Bezug)*
*b) Angst-Zwang-Köder-Vereinnahmung*

(15.4.2009); Matthias Herren, „Freikirchen kommen auf den Geschmack an Politik", *Neue Zürcher Zeitung* (6.3.2010): S. 17; Michael Meier, „Kaderschmiede für charismatische Pastoren", *Tages-Anzeiger* (2.9.2011); Hugo Stamm, „15 Prozent aller künftigen Lehrer gehören einer Freikirche an", *Tages-Anzeiger* (17.10.2011); Matthias Herren u. Ruth Spitzenpfeil, „Verdeckte evangelikale Mission am Engadiner Ski-Marathon", *Neue Zürcher Zeitung* (11.3.2012); Michael Meier, „Evangelikale Christen missionieren vermehrt Muslime", *Tages-Anzeiger* (3.8.2012); Andreas Schmid, „Erziehung mit Prügel und Schuldgefühl", *Neue Zürcher Zeitung* (5.4.2013); Volker Pabst, „Mission Nächstenliebe", *Neue Zürcher Zeitung* (19.4.2013); Michael Meier, „Er will Muslime zu Jesus bringen", *Tages-Anzeiger* (16.9.2013); Andreas Schmid, „Der Störprediger", *Neue Zürcher Zeitung* (27.2.2014); Michael Meier, „Ein Lobbyist für Gott", *Tages-Anzeiger* (11.7.2015).

c) *unterwandern-schleichend*
d) *missionieren-bekehren.*"[377]

Wer die Schweizer Medienberichte zur Evangelikalen Bewegung sichtet, findet zwar auch kritisch-polemische Artikel – dies vor allem im *Tages-Anzeiger*, im überwiegenden Teil der Berichterstattung zeigt sich jedoch eine kritisch-sachliche Darstellung der Evangelikalen. Die Bezeichnung *evangelikal* wird dabei vor allem für freikirchliche Gruppierungen sowie auf die *Schweizerische Evangelische Allianz* bezogen. Auffallend ist dabei die große Anzahl evangelikaler Organisationen, Gemeinden, Denominationen und einzelner Personen, die in die Berichterstattung aufgenommen werden. Dies findet sich nicht in vergleichbarer Form in Deutschland oder Österreich. Bemerkenswert ist ferner, dass der Begriff zwar unzählige Male in den Medien aufgenommen, eine Definition oder Begriffserklärung in den letzten zehn Jahren allerdings überraschend selten geboten wird.

---

[377]  Vortrag von Peter Schmid. *Evangelikale – Feindbild in den Medien?* Quelle: http://www.kirche-jugend.ch/kompo/af_Links_Downloads/evang_christentum/Referat_Peter_Schmid.pdf [28.12.2009].

# 7 Evangelikal – eine Definition in theologischer Perspektive

Eine theologische Definition der *Evangelikalen Bewegung* muss in den größeren historischen und geistesgeschichtlichen Kontext der vergangenen Jahrhunderte eingebettet werden.[378] Auch, wenn ihre Wurzeln in der Reformationszeit liegen, so sollten vor allem Aufklärung und Moderne weitreichende Wechselwirkungen mit der *Evangelikalen Bewegung* entwickeln. Joel A. Carpenter spricht in diesem Zusammenhang von einer „symbiotischen Beziehung" der Evangelikalen Bewegung mit der Moderne.[379] Dabei macht man es sich zu einfach und ist es historisch unzutreffend, die Evangelikale Bewegung grundsätzlich einzig als rückständige bzw. rückwärtsgewandte *Gegenbewegung* zur *Aufklärung* und *Moderne* zu verstehen, die den modernen, liberalen und säkularen gesellschaftlichen Mehrheitskonsens bzw. Zeitgeist ablehnt; eine These, die nicht selten von Historikern vertreten wird, die die Moderne gleichzeitig mit einer stetig wachsenden Säkularisation gleichsetzen.[380] Dem ist mit Martin E. Marty entgegen zu halten: „Evangelikalismus ist der charakteristisch protestantische Weg mit der Moderne umzugehen."[381] So bietet die *Evangelikale Bewegung* in einer zunehmend von der Kompartimentalisierung des Lebens geprägten Gesellschaft eine starke persönliche religiöse Erfahrung an. Auch betont die moderne Gesellschaft die Freiwilligkeit und Entscheidungsfreiheit des Einzelnen, ein Aspekt, den auch Evangelikale betonen und der sich in ihren theologischen Überzeugungen niederschlägt. Nicht zu Unrecht gelangt daher Martin Greschat zum Schluss:

---

[378] Vgl. hierzu beispielsweise: Erich Geldbach, „Evangelikalismus: Versuch einer historischen Typologie", Reinhard Frieling (Hg.), *Die Kirchen und ihre Konservativen: „Traditionalismus" und „Evangelikalismus" in den Konfessionen*, Bensheimer Hefte 62, Göttingen: Vandenhoeck & Ruprecht, 1984: S. 52–83.

[379] Joel A. Carpenter, *Revive us Again*, S. 234 f. mit Bezug auf Martin E. Marty.

[380] Vgl. Joel A. Carpenter, *Revive us Again*, S. 234.

[381] Martin E. Marty, „The Revival of Evangelicalism and Southern Religion", Hg. David E. Harrell Jr., *Varieties of Southern Evangelicalism*, Macon: Mercer University Press, 1981, S. 9.

*„Die evangelikale Frömmigkeitsform, in der die personale Wahl und Ent-
scheidung des einzelnen von grundlegender Bedeutung ist, verfügt auf
jeden Fall über sehr günstige Voraussetzungen, um angesichts der modernen Entwicklung nicht nur bestehen, sondern sogar zu reüssieren. In einer Gesellschaft, welche die eigene Wahl, die ‚individual choice‘ auf sämt-
lichen Ebenen zur Regel und Norm erhoben hat, erscheint die evangelikale
Forderung der Entscheidung ausgesprochen modern."* [382]

Eine historische Definition der Evangelikalen Bewegung umfasst daher folgende Aspekte:

1.  Die Evangelikale Bewegung muss in erster Linie als Frömmig-
    keitsbewegung[383] verstanden werden, die an die Erweckungs-
    bewegungen und den Pietismus der vorangegangenen Jahrhun-
    derte anschließt.[384]

2.  Die *Evangelikale Bewegung* ist von einem „prinzipiell einheitlichen,
    im wesentlichen durchgängig anzutreffenden religiös-theologi-
    schen Grundmuster"[385] gekennzeichnet. Daher ist es angemessen
    und zutreffend, sie bei aller Vielfältigkeit „als eine Gruppe, als
    eine Bewegung"[386] zu verstehen.

3.  Die *Evangelikale Bewegung* ist und bleibt als Bewegung stetig im Fluss
    und kann daher „aufgrund der dogmatischen Weite der Bewegung
    in der Gegenwart und aufgrund ihrer Vielgestaltigkeit in ihrer Ge-
    schichte nicht statisch, abgeschlossen [...] verstanden werden."[387]

Allerdings sind es die gemeinsamen Glaubensinhalte, die den eigentlichen verbindenden „Strang" der Evangelikalen Bewegung
bilden.[388] Daher wenden wir uns abschließend einem theologischen

---

[382]   Martin Greschat, *Die christliche Mitgift Europas – Traditionen der Zukunft*, S. 184.

[383]   Vgl. hierzu Martin Greschat, *Die christliche Mitgift Europas – Traditionen der Zu-
        kunft*, S. 180 ff., Gisa Bauer, *Evangelikale Bewegung*, S. 663,

[384]   Vgl. hierzu u. a. Adolf Pohl, „Die konservativen Evangelikalen und der Ökume-
        nische Rat der Kirchen", S. 361 f.

[385]   Martin Greschat, *Die christliche Mitgift Europas – Traditionen der Zukunft*, S. 182.

[386]   Ulrich Laepple, „Was heißt ‚evangelikale Theologie'? Chancen und Gefahren
        eines Aufbruchs", *Theologische Beiträge*, 8 (1977), S. 210.

[387]   Ulrich Laepple, „Was heißt ‚evangelikale Theologie'?", S. 210.

[388]   Robert K. Johnston, „Evangelikale Theologie". *RGG4. Bd. 2. C–E*. Hg. von Hans
        Dieter Betz. 4., völlig neu bearb. Aufl. Tübingen: Mohr-Siebeck, 1999, Sp. 1699.

Verständnis der Bezeichnung *evangelikal* zu, indem mehrere vorliegende Definitionen vorgestellt werden. Zuerst eine Definition, die Friedhelm Jung in seiner grundlegenden Dissertation zur *Deutschen Evangelikalen Bewegung*[389] anbietet. Er greift dabei vor allem auf Definitionsversuche aus dem deutschsprachigen Raum zurück.[390]

1. *„Die Betonung der absoluten Verbindlichkeit der Heiligen Schrift für Lehre und Leben. Die Bibel gilt als das vom Heiligen Geist eingegebene Wort Gottes, ohne daß es eine Übereinstimmung der Evangelikalen über die Art der Inspiration gibt.*
2. *Bekehrung und Wiedergeburt durch den Glauben an den Jesus Christus, den die Bibel und die drei altkirchlichen Symbole bezeugen, sind nötig zur Erlangung der ewigen Seligkeit.*
3. *Die Pflege geistlicher Gemeinschaft aller von Herzen an Jesus Christus Glaubenden. Die Evangelikalen sind der Überzeugung, dass Gott eine ecclesia invisibilis unter allen Kirchen und Gemeinden hat, die erst bei der Parusie Christi völlig offenbar werden wird.*
4. *Die Heiligung des persönlichen Lebens sowie Mission durch Verkündigung des Evangeliums und Diakonie betrachten die Evangelikalen als vorrangigen Auftrag Gottes für ihr Leben.*
5. *Die Erwartung der sichtbaren Wiederkunft Jesu Christi und die Hoffnung auf ein ewiges Leben im Reich Gottes lassen die Evangelikalem zurückhaltend sein gegenüber allen Versuchen, allein aus menschlicher Kraft ein irdisches Friedensreich zu errichten."*[391]

Eine zweite Definition greift auf die für den angelsächsischen Bereich wegweisende Arbeit von David Bebbington zurück,[392] der die *Evangelikale Bewegung* mit folgenden vier Charakteristika definiert: „Conversionism"[393], „Activism"[394], „Biblicism"[395], „Crucicentrism"[396].

[389] Friedhelm Jung, *Deutsche Evangelikale Bewegung*.
[390] Friedhelm Jung, *Deutsche Evangelikale Bewegung*, Endnote 25, S. 231–232.
[391] Friedhelm Jung, *Deutsche Evangelikale Bewegung*, S. 8.
[392] David W. Bebbington, *Evangelicalism in Modern Britain*.
[393] David W. Bebbington, *Evangelicalism in Modern Britain*, S. 5.
[394] David W. Bebbington, *Evangelicalism in Modern Britain*, S. 10.
[395] David W. Bebbington, *Evangelicalism in Modern Britain*, S. 12.
[396] David W. Bebbington, *Evangelicalism in Modern Britain*, S. 14.

Mark A. Noll, einer der führenden amerikanischen Historiker zur
Evangelikalen Bewegung, fasst in seinem Beitrag zur mehrbändigen
Geschichte der Evangelikalen im angelsächsischen Bereich die Defi-
nition von Bebbington folgendermaßen zusammen:

- *„conversionism, or ‚the belief that lives need to be changed';*
- *the Bible, or ‚the belief that all spiritual truth is to be found in its pages';*
- *activism, or the dedication of all believers, including laypeople, to lives
  of service for God, especially as manifest in evangelism (spreading the
  good news) and mission (taking the gospel to other societies);*
- *crucicentrism, or the conviction that Christ's death was the crucial
  matter in providing atonement for sin (that is, providing reconciliation
  between a holy God and sinful humans)."*[397]

Eine dritte Definition legt Martin Greschat vor. Für ihn gehören zu
den Grundüberzeugungen evangelikaler Frömmigkeit:

1. *„Die zentrale Rolle der Bibel, als der Autorität schlechthin;*
2. *das Dogma von der Erlösung der Menschheit durch Christi Opfertod
   am Kreuz;*
3. *ein personaler Glaube, der die Wahrheit dieser Aussage mit allen Sin-
   nen erlebt und erfahren hat – was mit Begriffen wie Umkehr, Bekehrung und Wiedergeburt zum Ausdruck gebracht wird und woraus ein
   Leben der Nachfolge und Heiligung in enger Verbundenheit mit Jesus
   Christus erwächst;*
4. *die Gemeinschaft der Gleichgesinnten in einer eigenen Gruppe, Kon-
   fession oder auch Kirche, wozu jedoch die Verbundenheit mit den
   Erweckten in anderen Konfessionen oder Denominationen stets da-
   zugehört. Insofern ist die evangelikale Frömmigkeit konfessionsüber-
   greifend und läßt sich in diesem Sinn [...] als ökumenisch charakterisieren. Dazu gehört*
5. *ganz wesentlich die Betonung der Mission und Evangelisation. Und
   wichtig ist schließlich*

---

[397]     Mark A. Noll. *The Rise of Evangelicalism. The Age of Edwards, Whitefield and the
Weselys.* A History of Evangelicalism Bd. 1. Leicester: IVP, 2004, S. 16.

6. *die Erwartung der baldigen Wiederkehr Christi auf Erden, sowohl zum Gericht als auch zur Herrschaft mit den Frommen.*"[398]

Eine vierte und letzte an dieser Stelle vorgestellte Definition des Begriffs *evangelikal* legt der Marburger Theologe Roland Werner unter dem Begriff „zielgerichtet evangelisch" vor. Für Werner umfasst *evangelikal* vier inhaltliche Dimensionen:

> „1. ,*Evangelikal sein*' *bedeutet nichts anderes, als* ,*orthodox*' *an Jesus Christus zu glauben*
>
> *Evangelikale Christen zeichnen sich dadurch aus, dass sie den historischen Kern des christlichen Glaubens ernst nehmen, bewahren und als Maßstab für Glauben und Leben anwenden wollen. Insofern ist die evangelikale Bewegung eine Bewegung, die zu den Wurzeln des Christentums durchstoßen möchte und in diesem Sinne eine Erneuerungsbewegung vom historischen Kern her darstellt. [...]*
>
> *2. ,Evangelikal sein*' *heißt persönlich Christus nachfolgen wollen*
>
> *Durch den direkten Bezug auf die Bibel nehmen evangelikale Christen den Ruf zur Umkehr, wie er im Zentrum der Verkündigung von Jesus stand:* ,*Die Zeit ist erfüllt und das Reich Gottes ist herbeigekommen. Tut Buße und glaubt an das Evangelium!*' *(Markus 1,15), ganz persönlich ernst. Für sie kann Glauben an Christus immer nur zur bewusst gewählten Nachfolge Christi führen. [...]*
>
> *3. ,Evangelikale*' *suchen die Einheit der Glaubenden in gemeinsamem Gebet und Zeugnis*
>
> *Das ist von Anfang an ein Kennzeichen der evangelikalen Bewegung gewesen. Dadurch entwickelt sie ein Potenzial, kirchenübergreifend zu wirken. So nimmt es nicht wunder, dass es z. B. in den USA die Bewegung der Evangelical Catholics gibt, und dass der charismatische Zweig der Evangelikalen nicht nur die römisch-katholische Kirche erreicht hat, sondern bis in die orthodoxen Kirchen hineinwirkt. [...]*

---

[398]  Martin Greschat, *Die christliche Mitgift Europas – Traditionen der Zukunft*, S. 181. Das Zitat ist Teil eines Aufsatzes unter dem Titel „Die Bedeutung evangelikaler Frömmigkeit im internationalen Kontext" (S. 180–194).

## 4. ‚Evangelikale' wollen etwas in dieser Welt bewegen

*Die Dynamik des evangelikalen Teils der Christenheit hängt mit seiner Überzeugung zusammen, dass der Missionsauftrag (Matthäus 28,18–20) als Vermächtnis von Jesus ernst zu nehmen ist. Ebenso sieht er sich als ‚in der Welt', aber nicht ‚von der Welt' (Johannes 17), als ‚Mitarbeiter Gottes' (1. Korinther 3,9), also als aktiver Mitgestalter der guten und heilsamen Pläne Gottes in dieser Welt.*[399]

Im Folgenden möchte ich in Anlehnung an obige und weitere Definitionsvorschläge eine eigene Definition vorlegen. Diese Definition gründet sich in der historischen und geistesgeschichtlichen Entwicklung der *Evangelikalen Bewegung* sowohl im angelsächsischen wie auch im deutschsprachigen Bereich; sie nährt sich weiter aus ihrer theologischen Prägung, deren Wurzeln in den Erweckungsbewegungen des 18. und 19. Jahrhunderts und im deutschsprachigen Bereich besonders im Pietismus und Neupietismus liegen und bezieht auch den globalen Charakter der Evangelikalen Bewegung ein, einer Bewegung, die heute die größte und wachsende Zahl ihrer Anhänger im Globalen Süden hat.[400] Diese Definition versteht sich nicht im Gegensatz zu den oben genannten, sondern bemüht sich vielmehr, den gegenwärtigen Ertrag und Stand theologischer Grundüberzeugung der Evangelikalen Bewegung zusammen zu fassen.

Evangelikale glauben,
1. dass die Heilige Schrift inspiriertes Wort Gottes und als für Lehre und Leben verbindlich anzusehen ist,
2. dass der Tod Jesu Christi am Kreuz die einzige Grundlage der Versöhnung zwischen dem heiligen Gott und dem sündhaften Menschen bildet,
3. dass Bekehrung und Wiedergeburt durch den Glauben an Jesus Christus den Anfangspunkt eines Lebens mit Gott bilden (Christ werden), der zur Erlangung des ewigen Heils notwendig ist,

---

[399]   Roland Werner, „Zielgerichtet evangelisch", Ulrich Eggers u. Markus Spieker (Hg.), *Der E-Faktor: Evangelikale und die Zukunft der Kirche*, Wuppertal, R. Brockhaus, 2005, S. 33–34.
[400]   Vgl. zum Globalen Süden vor allem: Philip Jenkins, *New Faces of Christianity*.

4. dass jeder Christ in der Nachfolge Jesu steht und dies einen Auftrag zur Verkündigung des Evangeliums in Wort und Tat genauso einschließt, wie einen Lebensvollzug, der sich an den ethischen Maßstäben der Heiligen Schrift ausrichtet,

5. dass es eine Gemeinschaft aller Christen gibt, die die konfessionellen Grenzen sprengt und überschreitet, bei gleichzeitiger Betonung der verbindlichen Zugehörigkeit zu einer örtlichen Gemeinde.

Im Folgenden sollen die fünf Punkte abschließend kurz ausgeführt und erklärt werden.

1. *Evangelikale glauben, dass die Heilige Schrift inspiriertes Wort Gottes und als für Lehre und Leben verbindlich anzusehen ist.*

Die Heilige Schrift gilt als einziger und gleichzeitig verbindlicher Maßstab für Lehre und Leben eines Christen, ohne dass eine normative Auslegungsform festgelegt wird. Da ein Priestertum alle Gläubigen vertreten wird, ist die Auslegung nicht an eine kirchliche Institution gebunden. Hier unterscheidet sich die Evangelikale Bewegung von einem Lehramt, wie es in der römisch-katholischen Kirche vertretenen wird.[401] Die Heilige Schrift gilt als inspiriert, ohne dass man jedoch von einer einheitlichen Inspirationslehre sprechen kann. Daher sind unter Evangelikalen auch verschiedenste Inspirationsverständnisse anzutreffen. Ähnliches gilt auch für das Schriftverständnis. Während ein Flügel der Evangelikalen für die Unfehlbarkeit und Irrtumslosigkeit des Wortes Gottes eintritt, gibt es durchaus auch Evangelikale, die die historisch-kritischen Methode als Grundlage ihres Schriftverständnisses bezeichnen.

Gleichzeitig schließt ein liberales Schriftverständnis, das die Inspiration der Heiligen Schrift leugnet, eine Zugehörigkeit zur Evangelikalen Bewegung aus.

---

[401] Vgl. die Ausführungen des Zweiten Vatikanischen Konzils, *Dogmatische Konstitution über die göttliche Offenbarung* (Verbum die) vom 18. November 1965.

2. *Evangelikale glauben, dass der Tod Jesu Christi am Kreuz die einzige Grundlage der Versöhnung zwischen dem heiligen Gott und dem sündhaften Menschen bildet.*

Jeder Mensch wird als Sünder geboren und kann aus eigener Kraft keine Erlösung finden. Sünde wird dabei nicht als Bagatelle, sondern als ein grundlegender Zustand verstanden, der den so gefallenen Menschen von Gott trennt. Auf diese grundsätzliche Zielverfehlung des Menschen antwortet Gott mit der Sendung seines Sohnes Jesus Christus, der auf der Erde lebte, am Kreuz starb und am Ostermorgen von den Toten auferstand. Nur durch diese stellvertretende Tat Jesu ist Versöhnung zwischen dem heiligen Gott und dem sündigen Menschen möglich geworden. Die Einladung Gottes zur Versöhnung ist jedem Menschen gegenüber ausgesprochen.

Gleichzeitig bedeutet diese theologische Überzeugung jedoch auch, dass Menschen, die den Sühnetod Jesu ablehnen, nicht der Evangelikalen Bewegung angehören können.

3. *Evangelikale glauben, dass Bekehrung und Wiedergeburt durch den Glauben an Jesus Christus den Anfangspunkt eines Lebens mit Gott bilden (Christ werden), der zur Erlangung des ewigen Heils notwendig ist.*

Am Beginn eines Lebens mit Gott steht die Wiedergeburt des Menschen, seine Bekehrung. Er erfährt die Vergebung seiner Sünde durch Jesus Christus und ist fortan als erlöster Mensch Christ und Kind Gottes. Als Zeichen der Wiedergeburt empfängt ein Christ den Heiligen Geist.

Sowohl die Wiedergeburt als auch der Empfang der Vergebung ist dabei weder an ein Sakrament noch an eine kirchliche Institution gebunden, sondern kann von jedem Menschen in einem persönlichen Gebet direkt von Gott empfangen werden. Die Erlösung und Vergebung ist auch nicht abhängig von einer Vorleistung des Menschen beispielsweise in Form von guten Werken.

4. *Evangelikale glauben, dass jeder Christ in der Nachfolge Jesu steht und dies einen Auftrag zur Verkündigung des Evangeliums in Wort und Tat genauso einschließt, wie einen Lebensvollzug, der sich an den ethischen Maßstäben der Heiligen Schrift ausrichtet.*

Gott hat einen Christen nicht nur erlöst, um ihn vor der ewigen Verdammnis zu bewahren. Christsein ist daher mehr als Selbstzweck und als Nachfolger Jesu ist die Verherrlichung und Anbetung Gottes primärer Fokus. Daher nehmen Gebet und Bibellese einen wichtigen Stellenwert für Evangelikale ein. Auch vertreten Evangelikale das allgemeine Priestertum aller Gläubigen. Dies schließt einen Lebensstil und einen Lebensvollzug mit ein, der sich an den ethischen Maßstäben der Heiligen Schrift ausrichtet. Evangelikale möchten die Liebe Gottes, die sie selbst erlebt haben an andere weiter geben, sowohl durch Worte (Verkündigung) als auch durch Taten (soziales Engagement in und für die Gesellschaft), ohne dabei anderen ihren Glauben jedoch aufzudrängen. Die Betonung liegt hierbei auf einem ganzheitlichen Ansatz, ohne dass dabei die Proklamation des Evangeliums aufgegeben wird.

> 5. *Evangelikale glauben, dass es eine Gemeinschaft aller Christen gibt, die die konfessionellen Grenzen sprengt und überschreitet, bei gleichzeitiger Betonung der verbindlichen Zugehörigkeit zu einer örtlichen Gemeinde.*

Für Evangelikale nimmt die örtliche Gemeinde eine wichtige Stellung ein. Hier wird geistliche Gemeinschaft sichtbar und hier soll sie gemäß der neutestamentlichen Lehre gelebt werden. Gleichzeitig wissen Evangelikale aber auch, dass es eine *ecclesia invisibilis*[402] aller Christen über die konfessionellen Grenzen hinaus gibt. Daher sucht man bewusst die Gemeinschaft mit Christen in anderen Konfessionen.

In vielfacher Hinsicht stellt die Evangelikale Bewegung daher die älteste ökumenische Bewegung dar, die Christen aufgrund gemeinsamer theologischer Überzeugungen und gemeinsam erlebter Glaubenswirklichkeit zum Teil einer transkonfessionellen Bewegung werden lässt, ohne dass diese zwangsläufig ihren Ausdruck in einem organisatorischen Zusammenschluss finden muss. Denn darin unterscheidet sich die Evangelikale Bewegung mit ihrem theologisch gewachsenen Verständnis von den Bekenntnissen und Glau-

---

[402]  Unsichtbare Kirche.

bensgrundlagen einzelner Kirchen und Konfessionen, da zahlreiche wichtige Fragen, die von einer Kirche geklärt und festgelegt werden müssen, bewusst offen bleiben. Beispielhaft seien hier nur die Tauffrage, das Abendmahlverständnis oder das Gemeindeverständnis angeführt.

Die hier gegebene theologische Definition des Begriffs evangelikal fasst die grundlegenden theologischen Überzeugungen der Evangelikalen Bewegung zusammen. Sie bedeutet aber gleichzeitig, dass der Begriff nicht konfessionell enggeführt werden darf und die Bewegung als transkonfessionell zu verstehen ist.

# 8 Bibliographie

Ahrens, Mareike; Jan Friedemann u. Peter Wensierski. „Böse Geister sind Realitäten". *Der Spiegel* (2015) Nr. 21: S. 30–32.

Anonym. „Amt für missionarischen Gemeindeaufbau". *Die Saat.* 27 (1980) Nr. 16: S. 5.

Anonym [Samuel Külling?]. „Bibeltreue theologische Fakultät". *Wort + Geist* (1970) Nr. 4.

Anonym. „Billy Graham. Zwölf Ernten im Jahr". *Der Spiegel* (23.6.1954): S. 21–26.

Anonym. „Bremer Pastor beleidigt andere Religionen". *Focus Online* (28.1.2015).

Anonym. „Evangelikale Gemeinden Innsbrucks evangelisieren". *Weckruf.* 30 (Dez. 1979/Jan 1980): S: 11.

Anonym. „Die Evangelikalen, die eigentlichen Vertreter der evangelischen Kirche". *Die Saat.* 24 (19. Juni 1977) Folge 12: S. 2.

Anonym. „Freikirchen in Österreich staatlich anerkannt". *religion. ORF.at* (26.8.2013).

Anonym. „Für und wider eine neue evangelikale Weltorganisation". *Kirche und Welt.* 7 (1974): S. 301.

Anonym. „Graham. Laue Seelen". *Der Spiegel* (1966) Nr. 26: S. 75–76.

Anonym. „Großes Publikum. Pegida-Pastor". *taz am Wochenende* (7.2.2015).

Anonym. „Gründung eines evangelikalen Hilfswerks". *Neue Zürcher Zeitung* (14.12.1984): S. a35.

Anonym. „Happy End im Eglisauer Kirchenstreit". *Neue Zürcher Zeitung* (2.3.2006): S. 53.

Anonym. „Heiliger Krieg". *Der Spiegel* (1977) Nr. 22: S. 61–62.

Anonym. „Lokales. Billy Graham kommt nach Zürich". *Neue Zürcher Zeitung* (9.6.1955): S. b6.

Anonym. „Missionen arbeiten mehr mit Allianz zusammen". *idea schweiz* (2000) Nr. 18: S. 6.

Anonym. „1981: Bereitschaft zur Zusammenarbeit". *Die Saat.* 26 (23.12.1979): S. 5.

Anonym. „PEK-Resolution. Unsere Stellung zu anderen bibeltreuen Gemeinden". *Wort + Geist.* (1972) Nr. 8: S. 9.

Anonym. „Personalien". *Der Spiegel* (1966) Nr. 12: S. 157.

Anonym. „Schulungswoche in Gröbming". *Die Saat.* 20 (1973) Folge 23: S. 6.

Anonym. „Verlautbarung der Konferenz Evangelikaler Missionen 1970". *Weckruf.* 21 (April/Mai1970): S: 8.

Anonym. „Vermehrtes Auftreten von freikirchlichen Gruppen". *Die Saat.* 26 (1979) Nr. 9: S. 7.

Anonym. „Wenn Maischberger mit dem Styropor-Gemächt hantiert". *Focus Online.* (12.2.2014). Anonym. „Zweite Schulungswoche in Gröbming". *Weckruf.* 22 (1971) Nr. 1: S. 9–10.

Arbeitsgemeinschaft Evangelikaler Gemeinden in Österreich (Hg.). *Evangelikale in* Österreich. Wien: BAO, 1997.

Arbeitsgemeinschaft Evangelikaler Gemeinden in Österreich (Hg.). *Evangelikale in Österreich.* 2. überarb. Aufl. Wien: BAO, 2003.

Arbeitsgemeinschaft Evangelikaler Gemeinden Tirols (Hg.). *Evangelikale Freikirchen in Tirol.* 2. verbesserte Auflage. Innsbruck: Selbstverlag, 1994.

Balbier, Uta Andrea. „Billy Grahams Crusades der 1950er Jahre. Zur Genese einer neuen Religiosität zwischen medialer Vermarktung und nationaler Selbstvergewisserung". Frank Bösch u. Lucian Hölscher (Hg.). *Kirchen – Medien – Öffentlichkeit. Transformationen kirchlicher Selbst- und Fremddeutungen seit 1945.* Göttingen: Wallstein, 2009: S. 66–86.

Balbier, Uta Andrea. *Billy Graham in West Germany. German Protestantism between Americanization and Rechristianization, 1954-70.* Zeithistorische Forschungen/Studies in Contemporary History. Online-Ausgabe. 7 (2010), H. 3. URL: http://www.zeithistorische-forschungen.de/16126041-Balbier-3-2010 [18.4.2013].

Bauer, Gisa. *Evangelikale Bewegung und evangelische Kirche in der Bundesrepublik Deutschland. Geschichte eines Grundsatzkonflikts (1945 bis 1989).* Arbeiten zur Kirchlichen Zeitgeschichte. Reihe B: Darstellungen. Bd. 53. Göttingen: Vandenhoeck & Ruprecht, 2012.

Bauer, Gisa. „Internationale Einflüsse auf die westdeutsche evangelikale Bewegung". Siegfried Hermle & Jürgen Kampmann (Hg.). *Die evangelikale Bewegung in Württemberg und Westfalen. Anfänge und Wirkungen.* Bielefeld: Luther-Verlag, 2012: S. 75–95.

Bauer, Gisa. „Wie entsteht eine protestantische ‚neue soziale Bewegung'? Die Vorgeschichte der evangelikalen Bewegung in Westdeutschland 1945 bis 1966". *MzKZG.* 5 (2011): S. 89–127.

Baumann, Martin & Jörg Stolz (Hg.). *Eine Schweiz – viele Religionen. Risiken und Chancen des Zusammenlebens.* Bielefeld: transcript Verlag, 2007.

Bebbington, David W. *The Dominance of Evangelicalism. The Age of Spurgeon and Moody.* A History of Evangelicalism 3. Leicester: IVP, 2005.

Bebbington, David. *Evangelicalism in Modern Britain. A History from the 1730s to the 1980s.* Grand Rapids. Baker, 1992.

Becker, Jenny. „Im Himmel ist gerade eine Riesenparty!". *Spiegel Wissen* (2013) Nr. 2: S. 66-69.

Bednarz. Liane. „Die Radikalen". *Frankfurter Allgemeine Zeitung* (31.1.2016): S. 9.

Behr, Alfred. „Beharrliche Schwaben auf dem Heiligen Berg. Bismarck, der Papst und der Sultan halfen: 100 Jahre Evangelische Karmelmission. *Frankfurter Allgemeine Zeitung.* (26.6.2004): S. 7.

Berkhof, Hendrikus. „Berlin gegen Genf. Unser Verhältnis zu den ‚Evangelikalen'". *Ökumenische Rundschau.* 24 (1975): S. 497–512.

Betz, Ulrich. „Evangelikale in Deutschland. Skizze einer neuen geistlichen Bewegung im deutschen Protestantismus". *Ökumenische Rundschau.* 22 (1973): S. 309–319.

Betz, Ulrich, Theo Wendel, Hartmut Steeb (Hg. im Auftrag der Deutschen Evangelischen Allianz). *Zwischenbilanz. Evangelikale unterwegs zum Jahr 2000.* Stuttgart: Deutsche Evangelische Allianz, 1991.

Beyerhaus, Peter et al. (Redaktion). *Alle Welt soll sein Wort hören. Lausanner Kongreß für Weltevangelisation. Dokumente.* Bd. 1 & 2. Neuhausen: Hänssler, 1974.

Beyerhaus, Peter. *Christliches Zeugnis in unserer Zeit. Der Glaubenskampf der Bekennenden Evangelischen Gemeinschaften in Deutschland in autobiografischer Perspektive dargestellt. Bd. 1.* Nürnberg: VTR. 2015.

Beyerhaus, Peter. „Lausanne zwischen Berlin und Genf". Walter Künneth und P. Beyerhaus (Hg.) *Reich Gottes oder Weltgemeinschaft? Die Berliner Ökumene-Erklärung zur utopischen Vision des Weltkirchenrats.* Bad Liebenzell: Verlag der Liebenzeller Mission, 1975: S. 294–313.

Beyreuther, Erich. *Die Erweckungsbewegung.* Die Kirche in ihrer Geschichte Bd. 4 R. Göttingen: Vandenhoeck & Ruprecht, 1963.

Beyreuther, Erich. *Der Weg der Evangelischen Allianz in Deutschland.* Wuppertal: R. Brockhaus, 1969.

Beyreuther, Erich. „Die Rückwirkung amerikanische kirchengeschichtlicher Wandlungen auf das evangelische Deutschland im 19. und 20. Jahrhundert". *Ökumenische Rundschau.* 13 (1964): S. 237–257.

b-i. „Die Diskussion über Massenevangelisation". *Neue Zürcher Zeitung* (29.8.1955): S. b9.

Bingener, Reinhard. „Aufruhr der evangelikalen Christen. Der Streit über den Umgang mit Homosexualität wird zu einem Richtungsstreit". *Frankfurter Allgemeine Zeitung.* (21.2.2016): S. 8.

Bin[gener]., Reinhard. „EKD nimmt Evangelikale gegen Kritiker in Schutz. Rat der Evangelischen Kirche rügt Berichterstattung über Tod von Bibelschülerinnen. *Frankfurter Allgemeine Zeitung* (7.9.2009): S. 4.

Bingener, Reinhard u. Friederike Böge. „Geht hin und lehret alle Völker. Wer sich als Flüchtling christlich taufen lässt, hat bessere Aussichten auf Asyl. Oft aber ist das nicht der Grund, warum viele Muslime konvertieren". *Frankfurter Allgemeine Zeitung* (23.5.2016): S. 3.

Bingener, Reinhard u. Rüdiger Soldt. „Brüder, öffnet euch". *Frankfurter Allgemeine Zeitung.* (25.1.2014): S. 3.

Bittner, Wolfgang. *Kirchenträume – Kirchenträumer. Begegnungen mit „Evangelikalen" und „Fundamentalisten" in der Volkskirche. Referat von Pfr. Dr. Wolfgang Bittner (Stettlen) vor dem Pfarrkapitel*

*Winterthur vom 25. März 1993 im Rahmen einer Begegnung mit „Evangelikalen"*. idea schweiz Dokumentation 144/93.

Blattmann, Janique Christine. *Das Christliche Missionsverständnis. Ein Vergleich zwischen freikirchlich-evangelikaler und römisch-katholischer Sicht*. Innsbruck: Unveröffentlichte Diplomarbeit, 2003.

Bleyl, Henning. „Der Pegida-Pastor". *taz* (30.1.2015).

Börner, Fritz. *Freikirchlicher Gemeindebau in Österreich: Eine Untersuchung der Gemeinden der Arbeitsgemeinschaft Evangelikaler Gemeinden in Österreich (ARGEGÖ), mit einem historischen Rückblick in Kirchengeschichte und die Geschichte der Bekennergemeinden auf österreichischem Boden*. Linz: Eigenverlag, 1989.

Bösch, Walter. *Damit sie alle eins seien. Eine Studie über die Einheit unter den geistlichen Leitern freikirchlicher Gemeinden in der Stadt Wien*. Unveröffentlichte Diplomarbeit. Wien, 2008.

Bosch, David J. *Mission im Wandel. Paradigmenwechsel in der Missionstheologie*. Gießen: TVG Brunnen, 2012.

Brecht, Martin, „Einleitung". *Geschichte des Pietismus. Bd. 1. Der Pietismus vom siebzehnten bis zum frühen achtzehnten Jahrhundert*. Göttingen: Vandenhoeck & Ruprecht, 1993: S. 1–10.

Breckner, Moritz (Interview). „Diener: ,Homosexuelle können in Gemeinden mitarbeiten'". *prokompakt* (2015) Nr. 50: S. 6–7.

[Bremer, Jörg] jöb. „Papst besucht Freikirche. Vatikan: Privates Treffen/Franziskus: Bitte um Vergebung". *Frankfurter Allgemeine Zeitung* (29.7.2014): S. 5.

Brot für Brüder (Hg.). *Evangelikale Missionsgesellschaften und Hilfswerke in der Schweiz. Eine Dokumentation*. 2., revidierte Aufl. Maschinenschriftliches Manuskript, 1987.

Buchacher, Robert [Interviewt von]. „,Hexenverfolgung wie im Mittelalter'. Der Sprecher der deutschen Giordano-Bruno-Stiftung, Michael Schmidt-Salomon, über Religionskritik, Atheismus und den weltweiten Vormarsch der Evangelikalen". *Profil* (2012) Nr. 22: S. 88–89.

Buhofer, Ines. „Entschlossen, nicht aufzufallen". *Neue Zürcher Zeitung* (27./28.12.1975): S. a44.

Buhofer, Ines. „Grenzen markiert. Internationaler Kongress
für Weltevangelisation in Lausanne". *Neue Zürcher Zeitung*
(2.8.1974): S. b17.

Buhofer, Ines. „Die Wahrheitsfrage – falsch gestellt. Evangelikale in
Deutschland". *Neue Zürcher Zeitung* (1./2.12.1975): S. a49–50.

Buhofer, Ines. „Zwischen Krumm und Gerade. Evangelikale vor dem
Kongress in Lausanne". *Neue Zürcher Zeitung* (6.7.1974): S. a59.

Busch, Eberhard. „Der Pietismus in Deutschland seit 1945".
*Geschichte des Pietismus. 19. und 20. Jahrhundert.* Bd. 3. Göttingen:
Vandenhoeck & Ruprecht, 2000: S. 533–562.

Bush, Roger J. *Einzug in feste Burgen? Ein kritischer Versuch, die
Bekennenden Christen zu verstehen.* Hannover: Lutherisches
Verlagshaus, 1995.

Carpenter, Joel A. *Revive Us Again. The Reawakening of American
Fundamentalism.* Ney York: Oxford University Press, 1997.

Cross, Terry. „Sind Pfingstler Evangelikale? Eine Betrachtung der
Theologischen (sic!) Differenzen und Gemeinsamkeiten".
*Freikirchenforschung* 19 (2010): S. 114–138.

Denkler, Thorsten. „Warum Orlando kein Angriff auf die offene
Gesellschaft war". *Süddeutsche Zeitung* (13.8.2016).

Drach, Markus C. Schulte von [Interview von]. „Fundamentalisten
gewinnen in der evangelischen Kirche immer mehr an
Einfluss". *Süddeutsche Zeitung* (11.4.2016).

Dworak, Matthias. *Die Evangelisationsbewegung der Deutschen
Evangelischen Allianz nach 1949.* Gießen: Unveröffentlichte
wissenschaftliche Hausarbeit, 1998.

Eggers, Ulrich. „Fromme Wünsche: Der E-Faktor und die Kirche der
Zukunft". Ulrich Eggers u. Markus Spieker (Hg.). *Der E-Faktor.
Evangelikale und die Kirche der Zukunft.* Wuppertal: R. Brockhaus,
2005: S. 228–247.

Eichinger, Reinhold & Christoph Windler. *Handbuch für Missionare
in Österreich. Hintergrundinformation für die Vorbereitung und
Durchführung eines wirkungsvollen Dienstes.* Erstellt im Auftrag
des Bundes Evangelikaler Gemeinden in Österreich. Jenbach:
BEG, 1999.

Ellingsen, Mark. *The Evangelical Movement. Growth, Impact, Controversy, Dialog.* Minneapolis: Augsburg Publishing House, 1988.

Engelhardt, Marc. „Ein paar 1000 Kehlen für ein Halleluja". *Der Standard* (11.6.2010).

epd. „Der Blick über den Zaun. Die Bekenntnisbewegung ‚Kein anderes Evangelium' gibt Grundsatzerklärung ab". *Gemeindegruss.* 62 (1968): S. 12–15.

epd. „Extremismuspanne. Kritik an Schrift der Bundeszentrale". *Frankfurter Allgemeine Zeitung* (19.12.2008): S. 42.

Eschbach, Urs. „Lausanne 1974". *Kirche und Welt.* 6 (1973): S. 732–733.

Eschbach, Urs. „Lausanne 74". *Kirche und Welt.* 7 (1974): S. 454–455 u. 488–489.

*Evangelisches Allianzblatt* (1965) Nr. 7: S. 129 u. 138.

Ewing, John W. *Goodly Fellowship. A Centenary Tribute to the Life and Work of the World's Evangelical Alliance 1846-1946.* London/ Edinburgh: Marshall, Morgan & Scott, 1946.

Feddersen, Jan. „Aufschrei der Konservativen". *taz* (10.4.2014).

Fischer, Hans. „Ein Personalakt erzählt ... Georg Traar als Gruß zu seinem 70. Geburtstag zur Erinnerung an die Zeit von 1925 bis 1949: Von der geistlichen Hilfskraft zum Superintendenten von Wien". *Amt und Gemeinde.* 20 (1969): S. 61–62.

Fleisch, Paul. *Die Heiligungsbewegung. Von den Segenstagen in Oxford 1874 bis zur Oxford-Gruppenbewegung Frank Buchmans.* Hg. u. eingeleitet von Jörg H. Ohlemacher. Gießen: TVG Brunnen, 2003.

Fleischhauer, Jan. „Unser Hassprediger". *Spiegel online* (10.2.2015).

Freidel, Morten. „Total close mit Gott. Die Hills Song-Gemeinde steht für den Erfolg charismatischer Freikirchen. Am Sonntag wird sie zehn Jahre alt. Ist ihr Glaube wirklich frei und unverkrampft?". *Frankfurter Allgemeine Zeitung* (27.9.2014): S. 7.

Friedrich, Otto. „Ein runder Tisch und andere Initiativen". *Die Furche* (2012) Nr. 21: S. 22.

Funck, Helmut. „Die Evangelikalen". *Quelle des Lebens.* 14 (1971): S. 54–58.

Funck, Helmut. „Die ‚Evangelikalen'". *Weckruf.* 22 (April/Mai 1971) Nr. 2: S. 6–8.

Funck, Helmut. „Österreich bekommt eine Bibelschule". *Quelle des Lebens*. 13 (1970): S. 118.

Gäbler, Ulrich. „Auferstehungszeit". *Erweckungsprediger des 19. Jahrhunderts. Sechs Porträts*. München: C. H. Beck, 1991.

Gärtner [Zeitschrift]. „Bangkok war nicht manipuliert". *Kirche und Welt*. 6 (1973): S. 442.

Geldbach, Erich. „Evangelikalismus. Versuch einer historischen Typologie". Reinhard Frieling (Hg.). *Die Kirche und ihre Konservativen. „Traditionalismus" und „Evangelikalismus" in den Konfessionen*. Bensheimer Hefte 62. Göttingen: Vandenhoeck & Ruprecht, 1984: S. 52–83.

Geldbach, Erich. „Montt, Reagan, Junge Freiheit und ‚idea'. Evangelikalismus und Politik". *Zeitschrift für Theologie und Gemeinde*. 17 (2012): S. 12–25.

Gerber, Eduard. *Sekten, Kirche und die Bibel im neuen Jahrtausend*. Murten: Licorne, 1999.

Gerber, Rosmarie. „Evangelikale – Atemnot im biblischen Korsett". Jacques Vontobel (Projektleitung). *Das Paradies kann warten. Gruppierungen mit totalitärer Tendenz*. Zürich: Werd Verlag, 1992: S. 147–158.

Geyer, Christian. „Gott ist schuld, nicht der Pastor". *Frankfurter Allgemeine Zeitung*. (12.2.2015): S. 9.

Girock, Hans-Joachim. „Kommt eine neue Reformation? Polarisierung im Protestantismus – Die Geister scheiden sich". *Die Zeit* (1974) Nr. 23: S. 44.

gna. „Beginn des ‚Christival 96' in Dresden". *Frankfurter Allgemeine Zeitung* (15.5.1996): S. 1.

Gnadauer Verband. „Stellungnahme des Gnadauer Verbandes zu aktuellen Fragen". *Glaubensbote*. 95 (1972): S. 86–87.

Göbel, Malte. „Das ist psychische Vergewaltigung". *taz* (17.4.2009).

Gräff, Friederike. „Stark im Glauben". *taz* (14.2.2014).

Greschat, Martin. *Die christliche Mitgift Europas – Traditionen der Zukunft*. Stuttgart et al.: W. Kohlhammer, 2000.

Hardman, Keith J. *Charles Grandison Finney, 1792-1875. Revivalist and Reformer*. Grand Rapids, 1990.

Hauzenberger, Hans. *Einheit auf evangelischer Grundlage: Von Werden und Wesen der Evangelischen Allianz.* Gießen/Zürich: Brunnen/ Gotthelf Verlag, 1986.

Haidmueller, Ulrike. „Die Fundis sind los". *taz* (5.8.2010).

Hemminger, Hansjörg. *evan|ge|li|kal. Von Gotteskindern und Rechthabern.* Gießen: Brunnen, 2016.

Hempelmann, Reinhard. „Eine gemeinsame Mission?". *Die Furche* (2012) Nr. 21: S. 21.

Hempelmann, Reinhard. *Evangelikale Bewegungen. Beiträge zur Resonanz des konservativen Protestantismus.* EZW-Texte 206. Berlin: Evang. Zentralstelle für Weltanschauungsfragen, 2009.

Henry, Carl F. H. u. W. Stanley Mooneyham (Ed.). *One Race, One Gosepl, One Task. World Congress on Evangelism. Berlin 1966.* Official Reference Volumes. Minneapolis, World Wide Press, 1967.

Heptner, Bernd. „Glaubensfragen. Bibel und Biologiebuch in Hessen". *Frankfurter Allgemeine Zeitung* (6.7.2007): S. 2.

Hermann, Rainer u. Reinhard Bingener. „Wann wird ein Helfer zum Missionar?" *Frankfurter Allgemeine Zeitung* (26.6.2009): S. 6.

Hermle, Siegfried. „Die Evangelikalen als Gegenbewegung". Siegfried Hermle, Claudia Lepp u. Harry Oelke (Hg.). *Umbrüche. Der deutsche Protestantismus und die sozialen Bewegungen in den 1960er und 1970er Jahren.* Göttingen: Vandenhoeck & Ruprecht, 2007: S. 325–352.

Hermle, Siegfried. „Die Kirche – ein Herd der Unruhe? Die kirchliche Situation in den 1960er und 1970er Jahren in Deutschland". Siegfried Hermle & Jürgen Kampmann (Hg.). *Die evangelikale Bewegung in Württemberg und Westfalen. Anfänge und Wirkungen.* Bielefeld: Luther-Verlag, 2012: S. 43–62.

Herren, Matthias. „Freikirchen kommen auf den Geschmack von Politik". *Neue Zürcher Zeitung* (6.3.2010): S. 17.

Herren, Matthias u. Ruth Spitzenpfeil. „Verdeckte evangelikale Mission am Engadiner Ski-Marathon". *Neue Zürcher Zeitung* (11.3.2012).

Hertel, Christina u. Johannes Reichart. „Wie evangelikale Christen Flüchtlinge bekehren wollen". *Süddeutsche Zeitung* (7.6.2016).

Hf. „Zeltstadt und Riesentiere. Das Pfingstlager des Bundes Evangelikaler Schweizer Jungscharen". *Neue Zürcher Zeitung* (20.5.1968): S. a34.

hhö. „Massenauszug aus der Kirchenpflege Eglisau". *Neue Zürcher Zeitung* (6.4.2000): S. 49.

Hille, Rolf. „Exkurs: Was heißt eigentlich ‚evangelikal'? Notizen zur Geschichte und begrifflichen Bestimmung der weltweiten evangelikalen Bewegung". Christian Herrmann (Hg.). *Wahrheit und Erfahrung – Themenbuch zur Systematischen Theologie. Bd. 1. Einführende Fragen der Dogmatik und Gotteslehre.* Wuppertal: Brockhaus, 2004: S. 210–213.

Hinkelmann, Frank. *Die Evangelikale Bewegung in Österreich. Grundzüge ihrer historischen und theologischen Entwicklung 1945-1998.* Studien zur Geschichte christlicher Bewegungen reformatorischer Tradition in Österreich. Bd. 8. Hg. von Frank Hinkelmann, Franz Graf-Stuhlhofer und Thomas Schirrmacher. Bonn: VKW, 2014.

Hinkelmann, Frank. *Geschichte der Evangelischen Allianz in Österreich. Von ihren Anfängen im 19. Jahrhundert bis in die Gegenwart.* Studien zur Geschichte christlicher Bewegungen reformatorischer Tradition in Österreich. Bd. 1. Hg. von Frank Hinkelmann, Franz Graf-Stuhlhofer und Thomas Schirrmacher. Zweite, überarbeitete und erweiterte Aufl. Bonn: VKW, 2012.

Hinkelmann. Frank. „Gilt Religionsfreiheit auch für Evangelikale in Europa?" Klaus W. Müller u. Bernd Brandl (Hg.). *Menschenrechte – Freiheit – Mission. Eine globale Herausforderung. Referate der Jahrestagung 2010 des Arbeitskreises für Evangelikale Missiologie (AfeM).* Nürnberg/Bonn: VTR/VKW, 2010: S. 127–138.

Hinkelmann, Frank. *Kirchen, Freikirchen und christliche Gemeinschaften in Österreich. Handbuch der Konfessionskunde.* Wien: Böhlau, 2016.

Hinkelmann, Frank. „Österreich – ‚Felix Austria' oder ‚Friedhof der Missionare'? Eine Zwischenbilanz der missionarischen Ausgangslage". *evangelikale missiologie.* 25 (2009): S. 128–136.

Hinson, E. Glenn. „Christlicher Fundamentalismus. Hoffnung oder Katastrophe für das europäische Christentum?". *Ökumenische Rundschau.* 41 (1992): S. 449–463.

Hochgeschwender, Michael. *Amerikanische Religion. Evangelikalismus, Pfingstlertum und Fundamentalismus.* Frankfurt/Leipzig: Verlag der Weltreligionen, 2007.

Holm, Carsten u. Udo Ludwig. „Für Gott in alle Welt". Der Spiegel (2003) Nr. 52: S. 44–48.

Holthaus, Stephan. *Die Evangelikalen. Fakten und Perspektiven.* Lahr: Johannis, 2007.

Holthaus, Stephan (Hg.). *Die Evangelikalen – wie sie wirklich sind. Daten und Fakten, die jeder kennen sollte.* idea Dokumentation. Bon: VKW, 2011.

Holthaus, Stephan. *Heil – Heilung – Heiligung. Die Geschichte der deutschen Heiligungs- und Evangelisationsbewegung (1874-1909).* Gießen: TVG Brunnen, 2005.

Holthaus, Stephan. *Konfessionskunde. Handbuch der Kirchen, Freikirchen und christlichen Gemeinschaften.* Hammerbrücke: Jota Publikationen, 2008.

Hornig, Frank. „Die Grenzgängerin". *Der Spiegel* (2007) Nr. 49: S. 44–45.

Hupertz, Heike. „Schulmäßig. Arte untersucht den christlichen Fundamentalismus". *Frankfurter Allgemeine Zeitung* (19.9.2006): S. 42.

idea. „Wichtige Aufgaben der Weltmission für evangelikale Christen". *Gemeindegruss* (1974) Nr. 3: S. 14.

idea schweiz (Hg.). „Evangelikale weltweit. Die wichtigsten Referate und Ergebnisse der 9. Vollversammlung der weltweiten evangelischen Allianz in der philippinischen Hauptstadt Manila". *idea schweiz Dokumentation.* 13/92. Luzern: idea schweiz, 1992.

Jacobsen, Cornelia. „Billy bietet Bestes. Der amerikanische Evangelist Graham verkauft erfolgreich Religion". *Die Zeit* (1966) Nr. 44: S. 12.

Jaris, Stefan. „Evangelikal in Österreich". *Die Furche* (2012) Nr. 21: S. 22–23.

Jenkins, Philip. *Gottes Kontinent? Über die religiöse Krise Europas und die Zukunft von Islam und Christentum.* Freiburg/Basel/Wien: Herder, 2006.

Jenkins, Philip. *New Faces of Christianity. Believing the Bible in the Global South.* New York: Oxford University Press, 2006.

Jewett, Robert & Ole Wangerin. *Mission und Verführung. Amerikas religiöser Weg in vier Jahrhunderten.* Göttingen: Vandenhoeck & Ruprecht, 2008.

Johnston, Robert K. „Evangelikale Theologie". *RGG4. Bd. 2. C–E.* Hg. von Dieter Betz. 4., völlig neu bearb. Aufl. Tübingen: Mohr-Siebeck, 1999: Sp. 1699–1701.

Jung, Friedhelm. *Die deutsche Evangelikale Bewegung. Grundlinien ihrer Geschichte und Theologie.* Biblia et Symbiotica 8. Bonn: VKW, 1994.

Jung, Friedhelm. „Die Entstehung der ‚Bekenntnisbewegung ‚Kein anderes Evangelium'". Siegfried Hermle & Jürgen Kampmann (Hg.). *Die evangelikale Bewegung in Württemberg und Westfalen. Anfänge und Wirkungen.* Bielefeld: Luther-Verlag, 2012: S. 63–73.

Jung, Friedhelm. *Was ist evangelikal?* idea Dokumentation 1/2007. Dillenburg: Christl. Verlagsgesellschaft, 2007.

Jung, Friedhelm. „Die Wurzeln der Evangelikalen". *ideaSpektrum* 38.2008, S. 18–19.

Junker, Detlef. „Fromme Politik. Die Evangelikalen in den Vereinigten Staaten". *Frankfurter Allgemeine Zeitung* (27.4.2011). S. 8.

Kägi, Hansjörg. *Die Evangelikalen – Eine Übersicht über Geschichte und Theologie der Bewegung.* Sonderdruck des Artikels von Pfr. Dr. Hansjörg Kägi: ‚Evangelikalismus – Versuch eines Überblicks über Geschichte und Theologie' in: Basileia – Festschrift für Eduard Buess, Basel 1993 mit Ergänzungen des Autors. idea schweiz Dokumentation 143/93.

Kamann, Matthias. „Chef der Evangelikalen will Homo-Verdammung stoppen". *Die Welt.* (14.12.2015).

Kamann, Matthias. „Schwule müssen den Kanzeln der Frommen fernbleiben". *Die Welt.* (25.2.2016).

Kennedy, Robert L. Turning Westward. *Anglo-American Evangelical and German Pietist Interactions through 1954.* Aberdeen: Unveröffentlichte Dissertation, 1988.

Kent, John. „Evangelicals and Evangelicalism". *Expository Times.* 101 (October 1989): S. 24–25.

Kern, Julia. „Adam, Eva und der Stegosaurus". *Frankfurter Allgemeine Zeitung* (23.6.2013): S. 48.

Kim, Elijah J. F. *The Rise of the Global South. The Decline of Western Christendom and the Rise of Majority World Christianity.* Eugene: Wipf & Stock, 2012.

Klee, Ernst. „Ein Herzensfrommer Brüderbund. Die Evangelikalen verdammen eine angebliche Politisierung der Kirche". *Die Zeit* (1988) Nr. 7: S. 65.

Klenk, Florian. „Die brauchen wir nicht". [Interview mit Omas Al Rawi.] *Der Falter.* (11.6.2008).

Klenk, Florian. „Scharia in St. Joseph" (3.6.2008). http://www. florianklenk.com/2008/06/03/scharia-in-st-joseph/trackback/ index.html [31.3.2017].

Kocina, Erich. „Islam-Vortrag: Eklat um Absage". *Die Presse* (28.5.2008).

Kortzfleisch, Siegfried v. „Massiver Antikommunismus". *Frankfurter Allgemeine Zeitung.* (15.8.1969): S. 9.

Kretschmer, Fabian. „Mit Jesus in die Hölle". *Die Zeit* (2012) Nr. 23: S. 13.

Kretschmer, Fabian. „Der stille Weg zum staatlichen Gütesiegel". *Der Standard* (12.8.2013).

Kriele, Martin. „‚Sekte' als Kampfbegriff". *Frankfurter Allgemeine Zeitung* (6.4.1994): S. 10.

Krüger, Richard. „Von der Berliner zur Kasseler Erklärung. Stand der Beziehungen zwischen DEA und BFP um 1980". *Freikirchenforschung.* 19 (2010): S. 104–113.

Kumany, Stefan. „Wenn Worte wehtun. Maischberger-Talk über Homosexualität". *Spiegel Online* (12.2.2014).

Laepple, Ulrich. „Die evangelikale Bewegung Amerikas und die Chicago Declaration. Schuld und Verpflichtung im Zusammenhang mit dem sozialen und politischen Auftrag". *Theologische Beiträge.* 7 (1974): S. 223–232.

Laepple, Ulrich. „Was heißt ‚evangelikale Theologie'? Chancen und Gefahren eines Aufbruchs". *Theologische Beiträge.* 8 (1977): S. 207–222.

Lamprecht, Oda u. Christian Baars. *Mission Gottesreich. Fundamentalistische Christen in Deutschland.* Berlin: Ch. Links Verlag, 2009.

Larsen, Timothy. „The Reception Given: ‚Evangelicalism in Modern Britain' since Its Publication in 1989". Michael A. G. Haykin & Kenneth J. Stewart (Ed.). *The Emergence of Evangelicalism. Exploring Historical Continuities.* Nottingham: IVP, 2008: S. 21–36.

Lau, Jörg, „Ein ungehaltener Vortrag: Islamwissenschaftlerin auf Druck von Verbandsvertretern ausgeladen", *Die Zeit* (4.6.2008).

Laubach, Fritz. *Aufbruch der Evangelikalen.* Wuppertal: Brockhaus, 1972.

Lauer, Julia [Interviewerin]. „‚Manchmal müssen wir zuerst die Schrift erfinden'. Der evangelikale Missionar Fritz Goering über Bibelübersetzungen in seltene Sprachen und die Rettung von Muslimen". *Frankfurter Allgemeine Zeitung* (3.12.2011): S. 10.

Lean, Garth. *Wilberforce - Lehrstück christlicher Sozialreform.* Theologie und Dienst. Bd. 3. Gießen: Brunnen, 1974.

Lehmann, Hartmut. „Aufgaben der Pietismusforschung im 21. Jahrhundert". Hartmut Lehmann. *Transformation der Religion in der Neuzeit. Beispiele aus der Geschichte des Protestantismus.* Göttingen: Vandenhoeck & Ruprecht, 2007: S. 104–119.

Lehmann, Hartmut. „Die Bedeutung des Pietismus für die neueste Kirchengeschichte im internationalen Kontext". Hartmut Lehmann. *Religiöse Erweckung in gottferner Zeit. Studien zur Pietismusforschung.* Göttingen: Wallstein, 2010: S. 133–143.

Lehmann, Hartmut. „Grenzüberschreitungen und Grenzziehungen im Pietismus". Hartmut Lehmann. *Transformation der Religion in der Neuzeit: Beispiele aus der Geschichte des Protestantismus.* Göttingen: Vandenhoeck & Ruprecht, 2007: S. 120–127.

Lehmann, Hartmut. „Kontinuitäten und Diskontinuitäten in der Geschichte des Christentums im 20. Jahrhundert: Ein Essay". Katharina Kunter u. Jens Holger Schjørring (Hg.). *Europäisches*

und Globales Christentum/European and Global Christianity.
Göttingen: Vandenhoeck & Ruprecht, 2012: S. 27–41.

Lehman, Hartmut. „Perspektiven für die Pietismusforschung".
Theologische Rundschau. 77 (2012): S. 226–240.

Lehmann, Hartmut. „Pietism in the World of Transatlantic
Religious Revivals". Hartmut Lehmann. Religiöse Erweckung
in gottferner Zeit. Studien zur Pietismusforschung. Göttingen:
Wallstein, 2010: S. 21–30.

Lehmann, Hartmut. „Pietism Research at a Crossroad". Hartmut
Lehmann. Religiöse Erweckung in gottferner Zeit. Studien zur
Pietismusforschung. Göttingen: Wallstein, 2010: S. 144–153.

Lehmann, Hartmut. „Zur Charakterisierung der entschiedenen
Christen im Zeitalter der Säkularisierung". Hartmut Lehmann.
Transformation der Religion in der Neuzeit. Beispiele aus der
Geschichte des Protestantismus. Göttingen: Vandenhoeck &
Ruprecht, 2007: S. 128–143.

Lehmann, Hartmut. „Erledigte und nicht erledigte Aufgaben
der Pietismusforschung. Eine nochmalige Antwort an
Johannes Wallmann". Pietismus und Neuzeit. Bd. 31. Göttingen:
Vandenhoeck und Ruprecht, 2005: S. 13–20.

Lehmann, Hartmut. „Four Competing Concepts for the Study of
Religious Reform Movements, Including Pietism, in Early
Modern Europe and North America". Fred van Lieburg (Hg.).
Confessionalism and Pietism. Religious Reform in Early Modern
Europe, Mainz: Verlag Philipp von Zabern, 2006: S. 313–322.

Le Ker, Heike. „Massive Kritik am Auftritt von ‚Homoheilern'".
Spiegel Online (17.4.2009).

Lieburg, Fred van. „Wege der niederländischen Pietismusforschung:
Traditionsaneignung, Identitätspolitik und
Erinnerungskultur". Pietismus und Neuzeit. Bd. 37. Göttingen:
Vandenhoeck & Ruprecht, 2012: S. 211–253;

Lieburg, Fred van. „Conceptualizing Religious Reform
Movements in Early Modern Europe". Fred van Lieburg (Hg.).
Confessionalism and Pietism: Religious Reform in Early Modern
Europe. Mainz: Verlag Philipp von Zabern, 2006: S. 1–9.

Lindemann, Gerhard. *Für Frömmigkeit in Freiheit. Die Geschichte der Evangelischen Allianz im Zeitalter des Liberalismus (1846-1879).* Münster: LIT-Verlag, 2011.

Little Paul E. „Int. Kongreß für Weltevangelisation in Lausanne vom 16. bis vom 20. Juli 1974". *Wort + Geist* (1974) Nr. 5: S. 12.

Löhr, Hermut. „Die Mission des neuen Jerusalem. Marcia Pally spürt den religiösen Wurzeln der amerikanischen Politik nach und entwirft ein eher grobes Bild des Evangelikalismus". *Frankfurter Allgemeine Zeitung* (26.2.2009): S. 34.

Lohlker, Rüdiger im Interview. „Evangelikale des Islams". *Christ & Welt* (10.1.2013).

Lotz, Denton. „*The Evangelization of the World in this Generation*": *The Resurgence of a Missionary Idea Among the Conservative Evangelicals.* Unveröffentl. Dissertation. Hamburg, 1970.

Lotz, Denton. „Wer sind die Evangelikalen? Versuch einer Klärung". *Evangelische Kommentare.* 7 (1974): S. 428-430.

Lühmann, Hannah. „Was würde Rick Warren sagen?". *Faz.Net* (18.10.2013).

Mandryk, Jason. *Operation World. The Definite Prayer Guide to Every Nation.* Colorado Spring: Biblica, 2010.

Mann, Wilfried. „Arbeitsgemeinschaft evangelikaler Missionen (AEM)". *Lexikon für Theologie und Gemeinde.* Bd. 1. Wuppertal: R. Brockhaus, 1992: S. 113-114.

Marsden, George M. *Fundamentalism and American Culture. The Shaping of Twentieth-Century Evangelicalism 1870-1925.* 22. Aufl. New York: Oxford University Press, 1982.

Marsden, George M. *Reforming Fundamentalism. Fuller Seminary and the New Evangelicalism.* 2. Aufl. Grand Rapids: Eerdmans, 1995.

Marty, Martin E. „The Revival of Evangelicalism and Southern Religion". Hg. David E. Harrell Jr. *Varieties of Southern Evangelicalism.* Macon: Mercer University Press, 1981: S. 7-21.

Matter, Kurt. „Evangelistenkonferenz auf St. Chrischona (3.-7. Juli 1972)". *Glaubensbote.* 95 (1972): S. 151-152.

Matter, Kurt. „Evangelistenkonferenz auf St. Chrischona (2.-5. Juli 1973)". *Glaubensbote.* 96 (1973): S. 152-153.

Mayer, Thomas. „Wiedergeborene Christen". Die evangelikale Bewegung und die ihr zugehörigen Gemeinden in Salzburg – Bestimmung, Differenzierung, Abgrenzung. Salzburg: Unveröffentlichte Diplomarbeit, 1998.

McCune, Roland. Promise Unfulfilled. The Failed Strategy of Modern Evangelicalism. Greenville: Ambassador Emerald International, 2004.

Meier, Michael. „Christliche Zeitschrift für türkische Einwanderer". Tages-Anzeiger. (15.4.2009).

Meier, Michael. „Er will Muslime zu Jesus bringen". Tages-Anzeiger (16.9.2013).

Meier, Michael. „Evangelikale Christen missionieren vermehrt Muslime". Tages-Anzeiger. (3.8.2012).

Meier, Michael. „Evangelikale Seelenklempnerei". Tages-Anzeiger (10.6.1997).

Meier, Michael. „Kaderschmiede für charismatische Pastoren". Tages-Anzeiger (2.9.2011)

Meier, Michael. „Ein Lobbyist für Gott". Tages-Anzeiger (11.7.2015).

Meier, Michael. „Offensive gegen Schwule". Tages-Anzeiger (16.4.1996).

Meier, Michael. „Paradiesvögel des Glaubens im Delirium". Tages-Anzeiger (6.10.1997).

Meier, Michael. „Ultrafromme wollen einen Sitz in der Kirchenregierung". Tages-Anzeiger. (1.2.2007).

Meier, Michael. „Umkämpfte Wahlen ins reformierte Kirchenparlament". Tages-Anzeiger. (9.5.2011).

Meijas, Jordan. „Bibleman: Billy Grahams letzter Kreuzzug". Frankfurter Allgemeine Zeitung. (27.6.2005): S. 42.

Mersch, Britta. „Vor uns die Sintflut". Spiegel Online (19.9.2006).

Merveldt, Elke v. „Billy Graham bekehrt 20.000 Berliner. Der amerikanische Evangelist im Olympiastadion – Würstchen, Coca-Cola und Posaunen". Die Zeit (1954) Nr. 26: S. 2.

Miklas, Hermann. „Evangelikal und evangelisch – ist das das Gleiche?" evang.st für die evangelische Steiermark. Nr. 1 (2012): S. 18.

Müller, Claus Peter. An Christi Himmelfahrt gegen die ‚Homo-Umpoler'. In Marburg zieht ein ‚Kongress für Psychotherapie und Seelsorge' allerlei Hass auf sich. *Frankfurter Allgemeine Zeitung* (18.5.2009): S. 4.

[Müller, Claus Peter] cpm. „Demonstration gegen Psychotherapie-Kongress. Marburg Oberbürgermeister: Gegner der Veranstaltung missachten Meinungsfreiheit". *Frankfurter Allgemeine Zeitung* (22.5.2009): S. 4.

[Müller, Claus Peter] cpm. „Streit um Psychotherapie-Kongress an Marburger Universität. Kritiker werfen den Veranstaltern Homophobie vor/Hochschule: kein präventives Redeverbot". *Frankfurter Allgemeine Zeitung* (20.5.2009): S. 51.

Naters, Elke u. Sven Lager. „Ihr glaubt echt an die Bibel?" *Die Zeit* (2.8.2012) Nr. 32.

Neufeld, Irene. „Ein Erlebnis in Gröbming", *Quelle des Lebens*, 13 (1970) Nr. 2: S. 35.

Noll, Mark A. *Das Christentum in Nordamerika.* Kirchengeschichte in Einzeldarstellungen IV/5. Leipzig: Evangelische Verlagsanstalt, 2000.

Noll, Mark A. *The Rise of Evangelicalism. The Age of Edwards, Whitefield and the Wesleys.* Leicester: IVP, 2004.

Noll, Mark A., Bebbington, David W. & Rawlyk, George A. (Hg.). *Evangelicalism, Comparative Studies of Popular Protestantism in North America, the British Isles, and Beyond, 1700-1990.* New York: Oxford University Press, 1994.

Nowak, Rainer. „Intervention gegen jede (Islam-) Kritik". *Die Presse* (28.5.2008).

Odin, Karl-Alfred. „Von Ketzerhüten abgeraten. Die Blockbildung im Protestantismus. Stellungnahme der methodistischen Kirche". *Frankfurter Allgemeine Zeitung.* (28.1.1977): S: 5.

O[din]., K[arl].[-]A[lfred]. „Botschaft aus Uppsala an alle Leidenden". *Frankfurter Allgemeine Zeitung* (20.7.1968): S. 3.

Odin, Karl-Alfred. „Ende des Streits in der Mission gesucht". *Frankfurter Allgemeine Zeitung.* (24.9.1975): S. 4.

O[din]., [Karl].[-]A][lfred]. „„Gemeindetag unter dem Wort. Aufruf zum christlichen Glauben. Frage nach dem künftigen Weg der Evangelikalen. *Frankfurter Allgemeine Zeitung.* (18.5.1977): S. 6.

Odin, Karl-Alfred. „Genf und Rom auf dem schwierigen Wege zur Kooperation". *Frankfurter Allgemeine Zeitung* (21.5.1968): S. 2.

Odin, Karl-Alfred. „Hauptaufgabe des Ökumenischen Rates: das Gespräch mit den Orthodoxen". *Frankfurter Allgemeine Zeitung* (24.8.1972): S. 4.

Odin, Karl-Alfred. „In Deutschland gilt die Mission weithin als erledigt". *Frankfurter Allgemeine Zeitung* (22.8.1972): S. 4.

Oppermann, Matthias. „Erweckung und Wiedergeburt". *Die Zeit* (2005) Nr. 22: S. 10.

Orde, Klaus von. „Paul Deitenbeck – Protagonist der Evangelikalen in Westfalen". Siegfried Hermle & Jürgen Kampmann (Hg.). *Die evangelikale Bewegung in Württemberg und Westfalen. Anfänge und Wirkungen.* Bielefeld: Luther-Verlag, 2012: S. 285–303.

Pabst, Volker. „Mission Nächstenliebe". *Neue Zürcher Zeitung* (19.4.2013).

Pally, Marcia. *Die hintergründige Religion. Der Einfluss des Evangelikalismus auf die US-amerikanische Politik.* Berlin: Berlin University Press, 2008.

Pally, Marcia. „Die neuen Evangelikalen. Amerikas reaktionäre Christen vollziehen eine linke Wende und entdecken das Christentum für sich". *Die Zeit* (2011) Nr. 46: S. 64.

Pally, Marcia. *Die neuen Evangelikalen in den USA. Freiheitsgewinne durch fromme Politik.* Berlin: Berlin University Press, 2010.

Pausackl, Christina. „Auf Teufel komm raus". *DATUM* (2015) Nr. 2: S. 14–21.

Peters, Benedikt. *George Whitefield. Der Erwecker Englands und Amerikas.* Bielefeld: CLV, 1997.

Pohl, Adolf. „Die konservativen Evangelikalen und der Ökumenische Rat der Kirchen". *Ökumenische Rundschau.* 15 (1966): S. 361–366.

Pollock, John. *John Wesley.* Stuttgart: Christliches Verlagshaus, 1990.

Rademacher, Stefan (Hg.). *Religiöse Gemeinschaften in Bern. Ein Handbuch.* Bern: Ott Sachbuchverlag AG, 2008.

Rampler, Reinhold. *Evangelikal – eine österreichische Lesart. Ein Beitrag zum Verständnis der deutschsprachigen evangelikalen Bewegung unter besonderer Berücksichtigung der wichtigsten evangelikalen Vereinigungen in Österreich.* Wien: Unveröffentlichte Diplomarbeit, 1988.

Rasche, Uta. „Wo Gut und Böse klar getrennt werden. Riesige Parkplätze, aber keine Friedhöfe: die evangelikale Bewegung hat in Deutschland großen Zulauf – und politischen Einfluß". *Frankfurter Allgemeine Zeitung* (30.10.2005): S. 6.

Raupp, Werner. *Christian Gottlob Barth. Studien zu Leben und Werk.* Stuttgart: Calwer, 1998.

Rawlyk, George A. & Mark A. Noll (Hg.). *Amazing Grace. Evangelicalism in Australia, Britain, Canada and the United States.* Grand Rapids: Baker, 1993.

Referat für Weltanschauungsfragen, Sekten und religiöse Gemeinschaften (Hg.). *Die Evangelikalen. Entwicklung – Theologische Prägung – Praxis.* Dokumentation 3/1981. Wien: Referat für Weltanschauungsfragen, 1981.

Referat für Weltanschauungsfragen (Hg.). *Evangelikale. Entwicklung – Schwerpunkte – Praxis – Stellungnahme.* Werkmappe „Sekten, religiöse Sondergemeinschaften, Weltanschauungen" Nr. 71/1994. Wien: Referat für Weltanschauungsfragen, 1994.

Referat für Weltanschauungsfragen (Hg.). *Evangelikale: Entwicklung – Schwerpunkte – Praxis – Stellungnahmen.* Mödling: Missionsdruckerei St. Gabriel, 1994.

Referat für Weltanschauungsfragen (Hg.). *Freikirchen, Evangelikale, Pfingstkirchen. Bekenntnisgemeinschaften in Österreich.* Werkmappe „Sekten, religiöse Sondergemeinschaften, Weltanschauungen" Nr. 94/2. Wien: Referat für Weltanschauungsfragen, 2008.

Referat für Weltanschauungsfragen (Hg.). *Religiöse Bekenntnisgemeinschaften in Österreich. Neun Beschreibungen.* Werkmappe „Sekten, religiöse Sondergemeinschaften, Weltanschauungen" Nr. 83/2000. Wien: Referat für Weltanschauungsfragen, 2001.

Referat für Weltanschauungsfragen (Hg.). *Schwerpunkte evangelikaler Theologie.* Werkmappe „Sekten und religiöse Sondergemeinschaften in Österreich" Nr. 3/83. Wien: Referat für Weltanschauungsfragen, 1983.

Reingrabner, Gustav. „Sechzig Jahre Evangelischer Presseverband in Österreich". *Glaube und Heimat.* Evangelischer Kalender für Österreich. 39 (1985): S. 43–51.

Reingrabner, Gustav. „Wolke der Zeugen. Georg Traar". *Glaube und Heimat.* Evangelischer Kalender für Österreich. 45 (1991): S. 46.

Rhyner, A. „Bundestagung für evangelikale Publizistik". *Wort + Geist* (1974) Nr. 5: S. 13.

rib. „Kampfwahlen für das Kirchenparlament". *Neue Zürcher Zeitung* (12.5.2011): S. 20.

Riecker. *Ruf an alle. George Whitefield. Bahnbrecher der modernen Evangelisation und Erweckungsträger in zwei Kontinenten.* Wuppertal: R. Brockhaus, 1962.

Rohrhofer, Markus. „Der ‚Mähdrescher Gottes' erntet oberflächlich". *Der Standard.* (2.4.2012).

Roquez, Valeska von. „Hoch das Bein und lobt den Herrn. Über Amerikas religiöse Rechte im Elektronik-Zeitalter". *Der Spiegel* (1987) Nr. 13: S. 154–157.

Rosell, Garth M. *The Surprising Work of God. Harold Ockenga, Billy Graham, and the Rebirth of Evangelicalism.* Grand Rapids: Baker, 2008.

Rott, Ludwig. „Aus der theologischen Arbeit der Evangelikalen". *Theologische Beiträge.* 8 (1977): S. 82–87.

Rühle, Alex. „Gott beweist: Darwin ist tot". *Süddeutsche Zeitung* (30.6./1.7.2007).

Schaaf, Julia. „Gotteswort und Teufels Einfluß. Evangelikale Christen treten zunehmend offensiv auf. Drohen uns jetzt amerikanische Zustände? Sind das alles Fundamentalisten? Eine Orientierungshilfe im Dickicht der Religion". *Frankfurter Allgemeine Zeitung* (3.12.2006): S. 63.

Scharpff, Paulus. *Geschichte der Evangelisation. Dreihundert Jahre Evangelisation in Deutschland, Grossbritannien und USA.* Gießen: Brunnen Verlag, 1964.

Scheffbuch, Rolf. „Evangelikal. Ein neuer Begriff für eine neue Sache". *Licht & Leben*. 84 (1973): S. 140–141.

Schilling, Christoph. „Der Heilige Geist in Eglisau". *Tages-Anzeiger* (11.11.1999).

Schirrmacher, Christine. „Islam in Europa als Herausforderung für Staat, Gesellschaft und Kirche". *Die Presse* (28.5.2008).

Schirrmacher, Thomas. „Mission Gottesreich oder: Die Kriminalisierung der Evangelikalen". *Professorenforum-Journal*. 10 (2009): S. 13–27.

Schirrmacher, Thomas. „Sind Evangelikale schießwütige Mörder?". *Bonner Querschnitte* 434. (2016) Nr. 39: S. 1–4.

Schirrmeister, Benno. „Der Wille zum Krach. Bremer Krawall-Pastor Latzel". *taz*. (29.1.2015).

Schmid, Andreas. „Erziehung mit Prügel und Schuldgefühl". *Neue Zürcher Zeitung*. (5.4.2013).

Schmid, Andreas. „Der Stör-Prediger". *Neue Zürcher Zeitung* (27.2.2014).

Schmid, Edgar. *Glaubensbote*. 95 (1972): S. 150.

S[chmid]. E[dgar]., „Internationaler Kongress für Weltevangelisation in Lausanne". *Glaubensbote*. 97 (1974): S. 166–168.

S[chmid]. E[dgar]., „Was heißt eigentlich ‚evangelikal'?" *Glaubensbote*. 97 (1974): S. 66–67.

Schmid, Georg. „Der Augenblick christlicher Entscheidung. Thesen zum evangelikalen Fundamentalismus". *Neue Zürcher Zeitung* (21.2.1990): S. b23.

Schmid, Peter. *Evangelikal Feindbild in den Medien?* [Im Internet veröffentlichter Vortrag].

Schmidt, Wolf. „Allah statt Playstation". *taz* (27.7.2009).

Schmidt, Wolf. „Auftritt der Homo-Umpoler". *taz* (16.4.2009).

[Schm]oll., [Heike]. „Bekenntniswechsel". *Frankfurter Allgemeine Zeitung* (10.5.2008): S. 10.

[Schm]oll., [Heike]. „Evangelikale Minderheit". *Frankfurter Allgemeine Zeitung* (2.2.1998): S. 10.

[Schm]oll., [Heike]. „Die Evangelikalen haben keine
Berührungsängste mehr". *Frankfurter Allgemeine Zeitung*
(19.6.1995): S. 8.

[Schm]oll., [Heike]. „Evangelisation auch in kirchenfremden
Räumen". *Frankfurter Allgemeine Zeitung* (12.11.1997): S. 4.

Schmoll, Heike. „Kirchliche Selbstbestimmung und
Hochschulautonomie. Übergang des Berufungsrechts
auf Universitäten Gerät in Spannung zu den
staatskirchenrechtlichen Vorgaben". *Frankfurter Allgemeine
Zeitung* (4.2.2010): S. 8.

Schmoll, Heike. „Minus und Plus. Über eine Evangelisationsaktion
des Predigers Reinhard Bonnke". *Frankfurter Allgemeine Zeitung*
(11.10.1995): S. 14.

Schmoll, Heike. „Werbung für Gott. Die missionarische
Großveranstaltung Pro Christ". *Frankfurter Allgemeine Zeitung*
(11.11.1997): S. 16.

Schneider, Peter. „Was ist evangelikal? Versuch einer Klärung".
*Neues Leben*. 19 (Aug. 1974): S. 5.

Schneider, Peter. „Was ist evangelikal? Versuch einer Klärung". *Die
Saat*. 21 (1974) Folge 11: S. 8.

Schrupp, Ernst. „Die Evangelikalen". *Weckruf*. 31 (1980) Folge 1–2:
Beilage.

Schrupp, Ernst. „Fünfzig Jahre Bibelschule Wiedenest". *Weckruf*. 20
(April/Mai 1969): S. 8.

Schrupp, Ernst. „Wesen und Wollen der Evangelikalen und ihrer
Allianz". *Theologische Beiträge*. 8 (1977): S. 275–279.

Schulz, Otmar. „Noch in dieser Generation. Gedanken zum
Weltkongreß für Evangelisation". *Deutsches Pfarrerblatt*. 66
(1966): S. 796–798.

Siepmann, Christian. „Missionare in der Mensa". *Uni Spiegel* (2008)
Nr. 6: S. 22–24.

Sigrist, Peter. „Evangelikal – was heißt das?". *Kirche und Welt*. 6
(1973): S. 744–745.

Simon, Anne-Catherine. „‚Unterstellungen', ‚Verleumdungen':
Schirrmacher hält Vorwürfe für ‚vielleicht klagbar'. Von Al-

Rawi erwartet sie ein ‚Unrechts-Eingeständnis'". *Die Presse.* (28.5.2008).

Smith, Eugene L. „Die ökumenische Bewegung und die konservativen Evangelikalen". *Ökumenische Rundschau.* 17 (1968): S. 52–57.

Soldt, Rüdiger. „Mit dem Glauben zur Tat. Die Pietisten prägen Württemberg und die dortige Landeskirche bis heute – oft im Streit mit der Obrigkeit". *Frankfurter Allgemeine Zeitung* (27.5.2015): S. 4.

Soldt, Rüdiger. „Die Predigt. Der Pastor der Freikirchlichen Gemeinde in Eichenau sorgt für Schlagzeilen". *Frankfurter Allgemeine Zeitung* (6.10.2015): S. 4.

[Soldt, Rüdiger] rso. „Weiter Streit über Bildungspläne in Baden-Württemberg. ‚Behauptungen sind Schwachsinn'/gegen Petition". *Frankfurter Allgemeine Zeitung.* (11.1.2014): S. 4.

Sperl, Gerfried. „Der Fundamentalismus hinter dem Massaker". *Der Standard* (25.7.2011).

Stamm, Hugo. 15 Prozent aller künftigen Lehrer gehören einer Freikirche an". *Tages-Anzeiger.* (17.11.2011).

Stamm, Hugo. *Im Bann der Apokalypse. Endzeitvorstellungen in Kirchen, Sekten und Kulten.* 2. Aufl. Zürich/München: Pendo, 1998.

Stamm, Hugo. *Sekten. Im Bann von Sucht und Macht. Ausstiegshilfen für Betroffene und Angehörige.* Stuttgart: Kreuz, 1995.

Stange, Jennifer. „Kreuze vorm Kanzleramt". *taz* (23.9.2012).

Steinböck, Anna. *Die evangelikale Bewegung.* Wien, 1984. Unveröffentlichte Diplomarbeit.

Stettner, Maria. *Missionarische Schülerarbeit.* München: Herbert Utz Verlag, 1999.

Stiller, Brian C.; Todd M. Johnson; Karen Stiller & Marck Hutchinson (Hg.). *Evangelicals Around the World. A Global Handbook for the 21st Century.* Nashville: Thomas Nelson, 2015.

Stoldt, Till-R. „Gibt es christliche Salafisten?". *Welt am Sonntag* (24.2.2013).

Stolz, Jörg. „Evangelikalismus als Milieu". *Schweizerische Zeitschrift für Soziologie.* 25 (1999): S. 89–119.

Solz, Jörg; Olivier Favre, Caroline Gachet u. Emmanuelle Buchard. *Phänomen Freikirchen. Analysen eines wettbewerbsstarken Milieus.* Zürich: Pano-Verlag, 2014.

Stratmann, Hartmut. *Kein anderes Evangelium. Geist und Geschichte der neuen Bekenntnisbewegung.* Hamburg: Furche, 1970.

Stucki, Alfred. *Charles Fuller und Billy Graham. Amerikas große Evangelisten.* Basel: Verlag Heinrich Mayer, 1955.

Tilmann, Wolfgang u. Hannes Leitlein. „Im Glauben zerrissen". *Christ & Welt* (23.1.2016).

Thielmann, Wolfgang. „Der Wächterrat steht vor der Tür". *Christ & Welt* (20.3.2016).

Tidball, Derek J. *Reizwort Evangelikal. Entwicklung einer Frömmigkeitsbewegung.* Stuttgart: Edition Anker, 1999.

Toe[pfer]., [Stefan]. „Christen sind anders. Evangelikaler Intensivkurs in der Heiliggeistkirche". *Frankfurter Allgemeine Zeitung* (16.9.2011): S. 47.

T[raar], G[eorg]. „Ein Wort der Einleitung". *Die Saat.* 17 (5. Juli 1970): S. 7.

Traar, Georg. „Mission – Träger der Erweckung Gottes. Aus der Arbeit der 2. Konferenz bibelgläubiger Missionen". *Die Saat.* 17 (5. Juli 1970): S. 7.

Trotier, Kilian. „Schwimmen mit Gott. Die Evangelikalen zelebrieren ihren Glauben als Schau und Event". *Die Zeit* (2012) Nr. 17: S 64.

ura. „Hilfe aus ‚christlicher Nächstenliebe'". *Frankfurter Allgemeine Zeitung* (9.8.2001): S. 3.

Urban, Martin. *Ach Gott, die Kirche! Protestantischer Fundamentalismus und 500 Jahre Reformation.* 2. Aufl. München: dtv Verlagsgesellschaft, 2016.

Urban, Martin. „Provozieren, um zu mobilisieren". *Süddeutsche.de* (19.5.2010).

Voigt, Karl Heinz. *Die Evangelische Allianz als ökumenische Bewegung.* Stuttgart: Christliches Verlagshaus, 1990.

Wallmann, Johannes. „Pietismusforschung. Gesamt- und übergreifende Darstellungen und Aufsatzbände (I)". *Theologische Rundschau.* 76 (2011): S. 222–254.

Wallmann, Johannes. „Pietismusforschung. Gesamt- und übergreifende Darstellungen und Aufsatzbände (II)". *Theologische Rundschau.* 76 (2011): S. 296–322.

Walter, Georg. *Der Angriff auf die Wahrheit. Wie Postmoderne, Charismatik, Neoevangelikalismus, Gnostizismus und Psychologie das Evangelium verändern.* Bielefeld: CLV, 2008.

Ward, W. Reginald. *Early Evangelicalism. A Global Intellectual History, 1670-1789.* Reprinted. Cambridge: Cambridge University Press, 2020.

Ward, W. Reginald. *The Protestant Evangelical Awakening.* Reprinted. Cambridge: Cambridge University Press, 2002.

Weiß, Andrea. „Mitt Romney sucht seine Wähler. Wie man sich Evangelikale angelt". *Die Furche* (2012) Nr. 21: S. 23.

Weiß, Michael. „‚Freikirchen in Österreich' vor der Anerkennung. *religion.ORF.at.* (20.1.2013).

Weiß, Michael. „So groß ist Gott". *Die Zeit* (2008) Nr. 13.

Wensierski, Peter. „Ein Geschenk des Herrn". *Der Spiegel* (2016) Nr. 16: S. 44–46.

Werner, Karl. *Christian Gottlob Barth.* Bd. 3. Calw: Vereinsbuchhandlung, 1869.

Werner, Roland. „Zielgerichtet evangelisch". Ulrich Eggers u. Markus Spieker (Hg.). *Der E-Faktor. Evangelikale und die Kirche der Zukunft.* Wuppertal: R. Brockhaus, 2005: S. 27-40.

Windler, Christoph (zusammengestellt von). *Dokumentation. 1. Gemeindegründungstreffen der Arbeitsgemeinschaft Evangelikaler Gemeinden in Österreich. Spital am Pyhrn, 20.-21.1.1995.* Maschinenverfielfältigte Dokumentation. Hollabrunn, 1995.

Wintsch, Hermann. „Billy Graham auf dem Sportplatz Hardturm". *Neue Zürcher Zeitung.* (29.8.1969): S. c17.

Zo[pfi, Jakob?]. „Amsterdam eine Wasserscheide?" *Wort + Geist* (1971) Nr. 11: S. 4–10.

Zo[pfi, Jakob?]. „Der Deutsche Evangelische Kirchentag 1969 – und die Bekenntnisbewegung". *Wort + Geist* (1969) Nr. 11: S. 22–23.

# Weitere Veröffentlichungen von Frank Hinkelmann im Verlag für Kultur und Wissenschaft

## Mehr als Studenten, Klapperkisten und Traktate
Operation Mobilisation in Österreich (1961–2011)

Studien zur Spiritualität, Transformation und Gemeindebau in Österreich, Bd. 2

Pb. 198 S. Bonn: VKW, 2011

ISBN 978-3-86269-031-2

€ 17,50 (DE) · € 17,80 (AT)

Seit über 50 Jahren ist Operation Mobilisation in Österreich tätig. Das Buch stellt die facettenreiche Entstehung und Entwicklung des Missionswerks vor Augen und legt einen besonderen Schwerpunkt auf das Wirken von OM Österreich. Vorangestellt ist ein kurzer Streifzug durch die Kirchengeschichte Österreichs sowie ein Überblick über die konfessionelle Landschaft der letzten Jahrzehnte. Zahlreiche erstmalig veröffentlichte Quellen geben Einblicke aus erster Hand in die Arbeit einer außergewöhnlichen Missionsbewegung.

## Geschichte der Evangelischen Allianz in Österreich

Von ihren Anfängen im 19. Jahrhundert bis zum Ausgang des 20. Jahrhunderts

Studien zur Geschichte christlicher Bewegungen reformatorischer Tradition in Österreich, Bd. 1

Pb. 300 S. 2. überarb. & erweiterte Aufl.,
Bonn: VKW 2012

ISBN 978-3-86269-031-2

€ 22,00 (DE) · € 22,60 (AT)

Das Buch stellt die Entstehungsgeschichte der Allianz in Österreich im 19. und 20. Jahrhundert dar und bietet eine umfassende, aus den Quellen belegte Geschichte der Evangelischen Allianz in Österreich, die auch zahlreiche, bisher als verschollen geglaubte Dokumente einer breiten Leserschaft zugänglich macht.

## Die Evangelikale Bewegung in Österreich

Grundzüge ihrer historischen und theologischen Entwicklung (1945–1998)

Studien zur Geschichte christlicher Bewegungen reformatorischer Tradition in Österreich, Bd. 8

Pb. 726 S. Bonn: VKW, 2014

9783862691005

€ 49,80 (DE) · € 51,20 (AT)

In diesem Buch legt der Autor erstmals eine umfassende, aus den Quellen belegte Geschichte der Evangelikalen Bewegung in Österreich vor, die auch zahlreiche, bisher unbekannte Dokumente einer breiten Leserschaft zugänglich macht.

## GOTTesdienst feiern

Geschichte, Theologie und Praxis
des christlichen Gottesdienstes.
Ein Kompendium

Pb. 150 S. Bonn: VKW, 2015

9783862691005

€ 14,80 (DE) · € 15,30 (AT)

Christen aller Konfessionen feiern Gottesdienst. Dabei sind die Gottesdienstformen in den unterschiedlichen Kirchen durchaus vielfältig und unterschiedlich. Viele Christen sind jedoch nur mit der Gottesdienstform der eigenen kirchlichen Tradition vertraut. Hier möchte das Buch beitragen, den Horizont zu erweitern und den eigenen Gottesdienstaufbau kritisch zu reflektieren. Ausgehend vom biblischen Befund werden die geschichtliche Entwicklung des Gottesdienstverständnisses, eine Theologie des christlichen Gottesdienstes sowie die Praxis des christlichen Gottesdienstes ausführlich dargestellt.

## Von Österreich in alle Welt

Geschichte der österreichischen,
protestantischen Weltmission

Pb. 166 S. Bonn: VKW, 2017

ISBN 978-3-86269-134-0

€ 15,00 (DE) · € 15,20 (AT)

Auf anschauliche Art und Weise schildert das Buch die wechselvolle Geschichte der österreichischen, protestantischen Weltmission bis Ende des 20. Jahrhunderts. In einem Anhang werden zudem vielfach unbekannte und schwer aufzufindende Dokumente abgedruckt, so beispielsweise die in Österreich nicht mehr vorhandene Biographie des ersten burgenländischen Missionars Samuel Böhm. Eine Liste aller österreichischen protestantischen Missionare bis 1999 rundet das Buch ab.